Kunstunterricht in der Grundschule

Meike Aissen-Crewett

westermann

Die Kopiervorlagen in diesem Band wurden nach den Regeln der neuen Rechtschreibung überarbeitet.

1. Auflage Druck 5
Herstellungsjahr 1999

Lektorat: Dietlinde Hedwig Heckt
Herstellung: westermann druck GmbH, Braunschweig
ISBN 3-14-**16 2009**-1

Inhalt

Vorwort

Dies ist ein praxisbezogenes Buch, kein theoretischer Beitrag zur Kunstpädagogik, keine neue kunstpädagogische Theorie. Es ist aus der (bei der Autorin mehr als ein Vierteljahrhundert währenden) Praxis heraus verfaßt, nicht von der Theorie her gedacht. Dies bedeutet aber nun keineswegs, daß dies ein „Kochbuch“ ist, das dazu bestimmt ist, in ihm schnell Rezepte für Techniken nachzuschlagen. Kunstunterricht ist nicht in erster Linie eine Veranstaltung zur Vermittlung von künstlerischen Techniken – auch wenn auf sie nicht verzichtet werden kann, sind ohne sie doch weder Kunst noch Kunstunterricht möglich (deshalb auch eine Reihe von Anregungen hierzu in Kapitel 17). Praxisbezogen ist dieses Buch insofern, als es „Innenansichten“ des Kunstunterrichts als einer Interaktion zwischen drei Polen gibt: erstens der Lehrerin und dem Lehrer, zweitens den Schülerinnen und Schülern und drittens den künstlerisch-ästhetischen Aktivitäten. Eine solche Praxis muß immer auch über das eigene oder empfohlene Tun reflektieren. So hätte die Autorin nichts dagegen, würde man dieses Buch eine *reflektive* Praxis des Kunstunterrichts in der Grundschule nennen.

Praxisbezogen ist dieses Buch auch insofern, als es sich an die (werdenden und praktizierenden) Grundschullehrerinnen und Grundschullehrer richtet, und zwar in der ganzen Vielfalt, die diese Bezeichnung bezogen auf den Kunstunterricht beinhaltet, also an Klassenlehrerinnen und Klassenlehrer, die über keine kunstpädagogische Fachausbildung verfügen; an Fachlehrerinnen und Fachlehrer für Kunst, die zwar auf künstlerischem Gebiet ausgewiesen sind, auf grundschulpädagogischem und kunstdidaktischem Gebiet jedoch nicht ausgebildet sind; schließlich an Kunsterzieherinnen und Kunsterzieher. Ihnen allen möchte ich mit diesem Buch helfen, an sie alle wende ich mich – und dies ist durchaus in einem persönlichen Sinne zu verstehen: dieses Buch versucht, einen Dialog mit den Leserinnen und Lesern einzugehen; daraus erklärt sich die in diesem Buch gewählte direkte Anrede. Aber es geht nicht nur um die Kommunikation zwischen Autorin und Leserinnen und Lesern, sondern auch um das Sich-selbst-Begegnen in der ästhetischen Erfahrung. Diesem Zwecke dienen die den Abschluß eines jeden Kapitels bildenden „Aktivitäten für die Leserin und den Leser”. Die dort vorgeschlagenen Aktivitäten verstehen sich nicht als ein Repetitorium dessen, was in dem jeweiligen Kapitel behandelt worden ist, sondern vielmehr als Anregungen für eine sowohl reflektive wie aktiv handelnde Auseinandersetzung mit den angesprochenen Fragen.

Dieses Buch, so hoffe ich, unterscheidet sich von anderen Büchern über den Kunstunterricht in der Grundschule, als es nach dem Warum des Kunstunterrichts fragt (Kapitel 1), den Kunstunterricht nicht isoliert, sondern in seiner Verbindung mit anderen Unterrichtsfächern sieht (Kapitel 2), nicht nur die herkömmlichen Techniken des Zeichnens und Malens (Kapitel 6), Druckens (Kapitel 7) und plastischen Arbeitens (Kapitel 8) berücksichtigt

(die, da die Praxis mit ihnen keine großen Probleme hat und es darüber genügend Literatur gibt, eher knapp behandelt werden), sondern auch die neuen Medien (Kapitel 9).
Die Didaktiken des Kunstunterrichts befassen sich üblicherweise lediglich mit dem „Regelfall" oder mit dem „Regelschüler". Demgegenüber möchte ich die Aufmerksamkeit schärfen für das, was nicht als Regelfall gilt:

- In der Regelfall-Didaktik des Kunstunterrichts erscheinen die Schülerinnen und Schüler als Einzelkämpfer; ich stelle dagegen die Frage nach der Bedeutung von Gruppenaktivitäten im Kunstunterricht (Kapitel 10).
- In der Regelfall-Didaktik des Kunstunterrichts sind die Schülerinnen und Schüler nichtbehindert; ich stelle dagegen die Frage nach der Berücksichtigung von besonderen Bedürfnissen, gemeinhin Behinderungen genannt, und damit auch nach der immer drängenderen Bedeutung des behindertenintegrierenden Unterrichts auch im Fache Kunst (Kapitel 11).
- In der Regelfall-Didaktik des Kunstunterrichts sind die Schülerinnen und Schüler deutsch; ich stelle dagegen die Frage nach den besonderen Anforderungen an den Kunstunterricht in der multikulturellen Gesellschaft (Kapitel 12).
- In der Regelfall-Didaktik des Kunstunterrichts sind die Schüler männlich; ich stelle dagegen die Frage nach der Bedeutung der Geschlechtsspezifizität für den Kunstunterricht (Kapitel 13).

Ich wünsche mir, daß dieses Buch allen Kolleginnen und Kollegen in der Grundschule bei ihrer Arbeit im Kunstunterricht hilfreich sein möge.

Januar 1992
Meike Aissen-Crewett

Kapitel 1

Brauchen wir überhaupt Kunstunterricht in der Grundschule?

Zur Realsituation des Kunstunterrichts

Brauchen wir überhaupt Kunstunterricht in der Grundschule? Welche Frage, mögen Sie denken. Schließlich haben wir ihn. Aber wir sollten uns vergegenwärtigen, wie dieser Kunstunterricht in der Grundschule oft aussieht.[1]

Das Bild, das der Kunstunterricht in der Grundschule bietet, läßt sich nicht unbedingt in strahlenden Farben malen. Dunkle Stellen sind nicht zu übersehen; einige davon seien erwähnt.

Grundschullehrerinnen und Grundschullehrer werden in Sachen Kunst von den Hochschulen nicht immer angemessen ausgebildet. Oft genug wird die künstlerische Seite überbetont und die didaktische Seite vernachlässigt. Da kommen Praktikantinnen und Praktikanten, Referendarinnen und Referendare, Lehrerinnen und Lehrer in die Schule, die keine oder eine unzulängliche Vorstellung davon haben, wie man eine Stunde hält, wie man mit Schülerinnen und Schülern umgeht und ihnen den Zugang zur Kunst und zur ästhetisch-künstlerischen Betätigung verschafft, wie man die künstlerische Praxis, die man an den Hochschulen gelernt hat, in die Alltagstätigkeit der Kunsterzieherin und des Kunsterziehers umsetzt.

Kunstunterricht genießt im Vergleich zu den Kernfächern oder Lernfächern allemal ein eher niedriges Ansehen. Er wird als etwas angesehen, das nicht viel bringt, aber auch nicht viel schadet und das man deshalb gewähren lassen kann. Angesichts dieser Unterschätzung braucht es dann auch nicht zu verwundern, daß die ohnedies niedrige Stundenzahl für den Kunstunterricht (in der Regel 2 Wochenstunden) bei der Planung des Stundenplans gegenüber den anderen Fächern auch oft noch hintansteht, als erster von Unterrichtsausfall betroffen ist und oft an die „eigentlichen“ Schulstunden angehängt oder auf einen Zeitraum plaziert wird, zu dem Aufmerksamkeit und Energie der Kinder erschöpft sind — so wie wenn Kunstunterricht eine Art von Erholung von der Mühsal der Lernfächer wäre und nicht seine spezifische Form von Konzentration und Anstrengung erforderte.

Was sind die Folgen dieser Situation? Wir lehren unsere Kinder im Kunstunterricht oft, was leicht und schnell herzustellen ist, was für attraktiv und ansprechend empfunden wird, eine Art von kurzatmiger „Schnellkunst“, von McDonald's-Kunst, die weder bei der Zubereitung (sprich: Produktion)

[1] Dieses Kapitel entspricht im wesentlichen dem Beitrag *Meike Aissen-Crewett:* Kunstunterricht in der Grundschule? In: Beispiele 4 (1986) H. 2, 6–8.

noch beim Verzehr (sprich: Rezeption) Mühe erfordert und deshalb auch wenig zum kreativ-künstlerischen Wachstum beiträgt.
Die Lehre, die Kinder aus dieser Art von Kunstunterricht ziehen müssen, ist oft genug die: Kunstunterricht stellt nur geringe Anforderungen, also produziere, was gefällt, was Eindruck macht. So wenig positiv diese Diagnose ausfällt (zugegeben: sie ist etwas überpointiert), so falsch wäre es, diese Situation den Grundschullehrerinnen und Grundschullehrern anzulasten. Sie bemühen sich nach Kräften um einen guten Unterricht auch im Fach Kunst. Anzulasten ist diese Lage im wesentlichen einer Kultus- und Schulverwaltung, die das Fach Kunst „unter ferner liefen“ handelt, und einer Hochschulausbildung, die sich oft eher an einer Möchtegern-Akademieausbildung orientiert als an den Bedürfnissen und Notwendigkeiten des Kunstunterrichts in der Grundschule.

Die Mythologie des Kunstunterrichts

Die Vernachlässigung des Kunstunterrichts in der Grundschule sollte aber nicht vordergründig unter situationsbedingen oder organisatorischen Aspekten gesehen werden. Die Gründe hierfür liegen vor allem in einem tief verwurzelten Glauben, Kunst brauche eigentlich gar nicht gelehrt zu werden. Diese Einstellung läßt sich an einer Reihe von Glaubenssätzen festmachen:

- Kinder sind von Natur aus phantasievoll, kreativ und künstlerisch (darum: Bringe ihnen nichts über Kunst bei; du zerstörst nur, was die Natur geschenkt hat).
- Kunst ist eine Gabe, ein Talent, mit dem man geboren wird – oder nicht (darum: 1. Talentierte bringen es in der Kunst auch ohne Kunstunterricht zu etwas. 2. Verschwende deine Zeit nicht mit Versuchen, ohnedies Untalentierte zu fördern).
- Kunst ist ein Spiel (darum: Kunst verlangt keine Anstrengung, kein Bemühen, kein Lernen – sonst wäre es keine Kunst).
- Kunst ist Spaß (darum: verdirb diesen Spaß nicht durch durch planmäßigen Unterricht)
- Kunst ist eine universelle Sprache, die jeder versteht (darum: Das Verständnis für Kunst hat nichts mit Erziehung zu tun).
- Man muß nichts über Kunst wissen, um zu entscheiden, was man künstlerisch-ästhetisch mag (darum: Kenntnisse über Kunst helfen nicht dem Urteilen über Kunst).
- Kunst spricht für sich selbst (darum: Lehrerinnen und Lehrer werden als Vermittler für Kunst nicht benötigt).

Einige dieser Mythen bedürfen einer näheren Beleuchtung.[2]

Mythus 1: Das Kind ist ein naiver Künstler

In der kunstpädagogischen Literatur, vor allem der älteren, sind Äußerungen zahlreich, aus denen Bewunderung für die „natürliche“ künstlerische Veranlagung von Kindern und ihre kreativen Fähigkeiten spricht. Erwachsene sehen die Kindheit als eine Zeit der Unschuld, der freudevollen Entdeckung und des phantasiereichen Spiels. Die Mystifizierungen und Romantisierungen der Kindheit reichen

[2] Vgl. auch *Elliot W. Eisner:* Die Mythologie der Kunsterziehung. In: Zeitschrift für Kunstpädagogik 6 (1977), 1–6.

von dem Staunen über die „Unschuld" des Kindes, die es gälte zu bewahren, bis hin zur Vorstellung von einem unerschöpflichen Potential von Phantasie und Kreativität beim Kinde und dem Glauben an eine geradezu magische Kraft kindlicher Ausdrucksäußerungen auf bildnerischem Gebiet. In diesem idyllischen Bild tritt der Erzieher als der Schurke auf, der die Kinder ihrer Unschuld beraubt. Erstrebt man einen den Bedürfnissen des Kindes gerecht werdenden Kunstunterricht, muß man hingegen von der Idee der „Kindlichkeit des Kindes" Abschied nehmen.[3]

Mythus 2: Kunst braucht nicht gelehrt zu werden

Es liegt in der Konsequenz der irreführenden Auffassung vom Kind als einem naiven Künstler, daß die Entwicklung des Kindes möglichst unbeeinflußt durch die Erziehung bleiben soll. Nach dieser Vorstellung können die Kunsterzieherin und der Kunsterzieher außer einer mehr technischen Hilfestellung und einer gelegentlich emotional-anregenden Unterstützung eigentlich wenig ausrichten. In der Tat: Wenn man glaubt, das Kind sei in Sachen Kunst gleich einem Pflänzlein, das sich selbst entfaltet – eine bis in die Romantik zurückreichende Vorstellung –, dann kommt der Kunsterzieherin und dem Kunsterzieher lediglich die Rolle des das Wachstum fördernden Gärtners zu; eines geplanten Kunstunterrichts bedarf es dann nicht. Wir brauchten uns über das oft beklagte „Versiegen der schöpferischen Kräfte" während der Pübertät nicht zu beklagen, würden wir in der Grundschule nicht den Eindruck erwecken, Kunst sei lediglich etwas Spielerisches, das keiner besonderen Kenntnisse und Anstrengungen bedürfe. Die Grundschule muß hingegen Fähigkeiten entwickeln und Kenntnisse vermitteln, die bei einem Schwinden der kindlichen Naivität in der Adoleszenz ein Vertrauen in die dann sicherlich in ihren Äußerungsformen gewandelten, aber nach wie vor vorhandenen kreativen und künstlerischen Kräfte stärkt.

Mythus 3: Jede bildnerische Betätigung ist ohne weiteres Kunstunterricht

Mit der Auffassung des Kunstunterrichts als lediglich unterstützendem Moment von sich selbst entwickelnden Kräften hängt es zusammen, daß Kunstunterricht schon dann als gegeben angesehen wird, wenn Kinder sich in „irgendeiner Weise" bildnerisch betätigen. Diese Ansicht geht einher mit der Einschätzung jeglicher bildnerischer Ausdrucksäußerung durch Kinder als „spontaner Kinderkunst". Die Präferenz für spontane Kinderkunst rationalisieren wir dann oft mit dem Hinweis, Grundschulkinder verfügten noch nicht über die feinmotorischen Fähigkeiten oder kognitiven Operationen, die künstlerische Aktivitäten erfordern. Zur gleichen Zeit aber, da wir Kinder für einen wirklichen Kunstunterricht als unfähig erklären, verlangen wir von ihnen, lesen und schreiben zu lernen. Wenn Kinder Buchstaben zu Wörtern und Wörter zu Sätzen formen, lernen sie damit zugleich die Bedeutung komplexer visueller Systeme zu enkodieren und dekodieren. Im Kunstunterricht soll dann dasselbe Kind zu vergleichbaren Operationen nicht fähig sein?

---

[3] Dazu ausführlicher *Hermann Giesecke:* Das Ende der Erziehung. Neue Chancen für Familie und Schule. Stuttgart 1985.

Welchen Stellenwert sollte Kunstunterricht in der Grundschule haben?

Die Einstellung, die unseren Kindern in bezug auf Kunst vermittel wird, ist keine sehr positive. Kunst gilt als Zierrat, als Tand, kaum wert, in das Curriculum aufgenommen zu werden, eine Art Bonus zum Ausspannen nach der Mühsal strapaziöser Lernfächer. Welcher Stellenwert aber sollte dem Kunstunterricht in der Grundschule zukommen? Die Auseinandersetzung mit ästhetischen und künstlerischen Fragen ist ein notwendiger Teil des Erziehens und Unterrichtens. Der tief verwurzelte Glaube, ästhetisches und künstlerisches Handeln und Wertschätzen könnten ohne ein tiefgehendes Erziehen und Unterrichten erfahren, verstanden und geschaffen werden, ist ein Irrglaube. Die Auseinandersetzung mit Kunst und ästhetischen Fragen darf nicht als eine besondere Möglichkeit für angeblich begabte Schülerinnen und Schüler angesehen werden.

Alle Schülerinnen und Schüler müssen eine Grundausbildung in der Kunst und ästhetischen Fragen erhalten, nicht nur in eigentätiger Form, sondern auch auf kenntnisreich aktiv rezipierende Weise. Kunst darf nicht in der Rolle des Toleriertwerdens verharren, sondern muß einen eigenständigen, voll akzeptierten Platz in Curriculum und Unterricht erhalten. Dies bedeutet aber auch, daß Kunst nicht lediglich als Spaß und Spiel angesehen werden darf, als Entspannung für die Mühsal der „Lern-" oder „Kernfächer"; vielmehr muß erkannt werden, daß es ebenso Arbeit wie Intelligenz erfordert, Kunst zu produzieren wie zu rezipieren. Über das Verfertigen von bildnerischen Produkten hinaus sollte von unseren Schulen, vor allem den Grundschulen, erwartet werden, daß sie mündige Bürger erziehen, die um die Bedeutung der Kunst, ihre historischen Beziehungen und ihre Bedeutung für unser Alltagsleben wissen.

Daß Kunst zu unserem Leben gehört und damit auch Gegenstand des Unterrichts sein sollte, wird ernsthaft kaum bestritten werden. Damit ist allerdings noch nicht die Frage nach dem tatsächlichen Stellenwert des Kunstunterrichts beantwortet, auch nicht, ob Kunst in der Grundschule gelehrt werden sollte. Tatsächlich finden sich Stimmen, die, obwohl für sie die Bedeutung des Kunstunterrichts außer Frage steht, gerade deshalb dafür plädieren, Kunst außerhalb der Schule zu betreiben, weil nur in außerschulischen Freiräumen unreglementiert, den subjektiven Möglichkeiten des Einzelnen entsprechend, gelernt werden könne.

Derartigen Vorschlägen muß entschieden widersprochen werden; denn was wäre die Folge der Verweisung des Kunstunterrichts aus der Grundschule auf außerschulische künstlerisch-ästhetische Aktivitäten? Ein Blick in private Malschulen oder in die von Museen veranstalteten Malkurse zeigt, daß diese nur von solchen Kindern besucht werden, deren Eltern schon ein Interesse an Kunst haben oder, oft genug aus Gründen des Sozialprestiges, den Besuch durch ihre Kinder wünschen. Buchstäblich „vor der Tür" bleiben sozial wie auch sozialisatorisch benachteiligte Kinder, die solche außerhalb der Schule abgehaltenen kunstpädagogische Veranstaltungen, mit sehr geringen Ausnahmen, nicht besuchen. Die Folgen einer Verweisung künstlerisch-ästhetischer Aktivitäten auf Institutionen außerhalb der

Grundschule wären also zutiefst undemokratisch; sie würde dazu führen, die Kunst für „die besseren Leute" zu reservieren, für die Begüterten oder Talentierten. Das oft genug anzutreffende Vorurteil würde bekräftigt, die Schule sei für Kunstunterricht letztlich nicht zuständig. Man stelle sich nur den – berechtigten – Entrüstungssturm vor, schlüge man vor, Mathematik aus dem Curriculum der Grundschule zu streichen. Warum sollte man sich nicht gleichermaßen ob des Vorschlags entrüsten, Kunstunterricht aus der Grundschule zu verbannen?
Kunstunterricht gehört in die Grundschule, in der die Grundlagen für das spätere Fühlen, sinnliche Erfahren, Denken und Handeln gelegt werden. Es ist die Grundschule, die verpflichtet ist, eine grundlegende ästhetisch-künstlerische Erziehung zur Verfügung zu stellen. Es ist die Institution der Grundschule, die verantwortlich für die gleichmäßige Ausbildung der Anlagen und Fähigkeiten *aller* Kinder ist – und somit auch für die Ausbildung der ästhetischen und bildnerisch-kreativen Anlagen und Fähigkeiten.

Aktivitäten für die Leserin und den Leser

1. Versuchen Sie, Argumente zu entwickeln, um Ihre Kolleginnen und Kollegen, die nicht das Fach Kunst unterrichten, von den Zielen und dem Nutzen des Kunstunterrichts zu überzeugen.

2. Versuchen Sie, Argumente zu entwickeln, um die lokalen Handwerksmeister von den Zielen und dem Nutzen des Kunstunterrichts zu überzeugen.

3. In einer Diskussion über den Kunstunterricht wird die Ansicht vertreten, daß Kunstunterricht für die Erlernung nützlicher Fähigkeiten für das spätere Berufsleben nichts bringe. Welche alternativen Eigenschaften, zu deren Förderung der Kunstunterricht beiträgt, würden Sie dieser Auffassung entgegenstellen?

4. In einer Diskussion über den Kunstunterricht wird die Meinung vertreten, Kunst habe nur mit den Händen, nicht mit dem Kopf zu tun, Kunstunterricht diene also nicht der Förderung des Intellekts. Versuchen Sie, Argumente zu entwickeln, die zeigen, daß auch der Kunstunterricht zur Entwicklung des (erweiterten bzw. anders verstandenen) Intellekts beiträgt.

Kapitel 2

Integration des Kunstunterrichts in das Grundschul-Curriculum

Kunstunterricht in der Grundschule kann nicht lösgelöst vom Unterricht in den anderen Fächern gesehen und praktiziert werden. Wenn über den Stellenwert des Kunstunterrichts im Kanon der Schulfächer gesprochen wird, wird oft verkannt, daß das Fach Kunst mit anderen Fächern durchaus eine Symbiose eingehen kann und dies in der Grundschule auch tun muß. Diesen oft vernachlässigten, aber gerade für die Grundschule so wichtigen Aspekt der Integration des Faches Kunst in das Gesamtcurriculum der Grundschule möchte ich etwas näher beleuchten.

Die Wechselbeziehung unter den Unterrichtsfächern: Kunst als integrierende Kraft

Das Fach Kunst bildet nur einen kleinen Bereich in einem Curriculum, das eine Reihe von Fächern umfaßt. Lernen ereignet sich nicht in fein säuberlich abgegrenzten Schulfächern, Lernen findet gerade dann am besten statt, wenn es sich ganzheitlich vollzieht. Die Schulfächer entsprechen ja nicht einer natürlichen Einteilung. Sie stellen vielmehr die künstliche Bildung von Einheiten dar, die eigentlich ein Ganzes bilden. Kunstunterricht kann deshalb nicht getrennt von den anderen Fächern gesehen werden. Kunsterziehung begreift sich vielmehr als Teil der „Basiserziehung", wobei dieser Begriff die Herausbildung und Förderung der Fähigkeiten und Fertigkeiten meint, die zu den Voraussetzungen des Lernens gehören, wie die Fähigkeit, Symbole zu erkennen, diese zu unterscheiden und zu deuten, Phantasie und Kreativität zu entwickeln und diese nutzbar zu machen, die Wahrnehmung zu schärfen, Wesentliches zu erfassen.

In diesem Sinne sollte Kunstunterricht das gesamte Curriculum durchdringen. Dahinter steht die Überzeugung, daß es kein Lehr- und Lerngebiet gibt — Sprachunterricht, naturwissenschaftsbezogener Unterricht, Sozialkunde, Mathematik usw. —, das durch die Integration des Kunstunterrichts nicht gefördert werden kann. Dabei gilt es, die Gemeinsamkeiten zwischen den klassischen Lernfächern und dem Kunstunterricht zu entdecken. Worin bestehen die Anknüpfungspunkte zwischen Kunstunterricht und den anderen Fächern? Worin besteht die *Ästhetik der nichtkünstlerischen Schulfächer?* Was hat Kunstunterricht mit den anderen Fächern gemeinsam?[1]

Wie **Deutsch** verfügt Kunst über ein Vokabular und eine Grammatik, näm-

[1] Ich folge hier der Darstellung *Meike Aissen-Crewett:* Vom Kunst- und Musikunterricht zur ästhetischen Erziehung in der Grundschule. In: Grundschullehrer 2 (1986), H. 12, 4–7, hier 6.

lich die Elemente und Prinzipien der Gestaltung. Die Grundprinzipien einer bildnerischen Komposition sind die Grundlagen für die Herstellung eines bildnerischen Werks wie auch für dessen Verstehen. Durch solche Gestaltungselemente und -prinzipien wird die Kreativität in Richtung auf eine nachvollziehbare Aussage strukturiert. Kunst zu verstehen bedeutet, die visuelle Sprache zu verstehen.
Wie eine **Fremdsprache** ist Kunst eine visuelle Sprache, die gelernt und verstanden werden kann. Kunst ist eine Form der Kommunikation, die man durch Erziehung und Praxis lesen und sprechen lernen kann. Kunst zu „sprechen" bedeutet, eine visuelle Aussage zu machen. Wenn Kunst unverständlich oder seltsam erscheint, „wie Chinesisch", dann rührt dies daher, daß ihre Sprache nicht verstanden wird.
Wie **Mathematik** besitzt Kunst gewisse konstante Regeln für die bildnerische Organisation. Eine wirkungsvolle Komposition erfordert Nachdenken, Planen, eine bestimmte Ordnung. Alle Teile müssen vor dem Hintergrund des Ganzen bedacht und geplant werden. Begriffe wie Linearperspektive und Farbtheorie sind kennzeichnende Beispiele dafür, daß Kunst durchaus analytisch ist.
Wie die **Naturwissenschaften** befaßt sich Kunst mit der natürlichen Ordnung und Beziehung der Elemente untereinander. Elemente wie Linie und Farbe haben einzigartige Eigenschaften, die wie in einem Labor in unterschiedlichen Experimenten und Projekten erforscht werden können, um so ihre besonderen Fähigkeiten zu entdecken, um herauszufinden, wie diese Eigenschaften manipuliert werden können und wie die verschiedenen Elemente sich zueinander verhalten und miteinander kommunizieren. Durch Wissen und Experimentieren entdecken wir die Möglichkeiten der Kunst.
Wie **Sozialkunde** fördert Kunst das Bewußtsein und das Verständnis für das Zusammenleben von Menschen und für Kulturen. Kunst spiegelt die Ideen und Ideale von Gesellschaften, Staaten und Religionen wider. Kunst wird beeinflußt von Kommerz, von Krieg und Frieden. Kunst kann uns helfen, vergangene Kulturen zu verstehen. Kunst kann dazu beitragen, unsere Identität zu finden und diese zukünftigen Generationen zu vermitteln.
Wie **Musik** basiert Kunst auf der Verfeinerung der Sinne und fördert zugleich deren Wachstum. Wie Musik Aufschluß darüber gibt, wie man hört und zuhört, so gibt die Art des Befassens mit Kunst darüber Aufschluß, wie man sieht und hinsieht. Bei der Musik wie bei der Kunst ist die Wahrnehmung von Feinheiten wesentlich für die Erfassung von Variationen. In der Musik wie in der Kunst besteht die größte Vollkommenheit darin, Subtilität und Sensitivität mit Kreativität und Fertigkeit ins Gleichgewicht zu bringen.

Ästhetisch-künstlerische Aktivitäten und die nichtkünstlerischen Fächer

Dem Konzept der Integration des Kunstunterrichts in den Kanon der nichtkünstlerischen Fächer liegt die Auffassung zugrunde, daß der Kunstunterricht und die nichtkünstlerischen Fächer gemeinsame Komponenten haben, die sie als Teil der Basiserziehung ausweisen. Wenn Schülerinnen und Schüler z. B. im Sachunterricht Pflanzen studieren, so kann ihre Untersuchung der Bestandteile der Pflanze dadurch gefördert und ergänzt werden, daß sie auf die ästhetischen Dimensionen achten, auf Strukturen, Formen, Farben, Symmetrie, Muster usw. Eine derartige Annäherungsweise besinnt sich auf die sinnliche Wahrnehmung, von der der Physiker und Pädagoge *Martin Wagenschein* gesagt hat, sie begegne Naturerscheinungen zunächst auf eine nichtspezialisierte Weise, indem wir diese „als ein Gegenüber empfinden und auf uns wirken lassen noch ohne Vorurteil und Eingriff, auch wir also unbefangen, noch nicht festgelegt auf einen bestimmten Aspekt, sei es der physikalische, der ästhetische oder sonst einer".[2]

Eine solche Integration von ästhetisch-künstlerischen Arbeitsformen

fördert gleichermaßen das Lernen im Fach Kunst wie das Lernen in den nichtkünstlerischen Fächern.

Die Erfahrung zeigt, daß diese Form des integrativen Lernens ein erhöhtes Engagement und bessere Lernhaltungen bei Schülerinnen und Schülern zur Folge hat. Über diese unmittelbare Auswirkung auf die Lernhaltung hinaus erkennen die Schülerinnen und Schüler, daß die meisten Gegenstände, Phänomene und Prozesse ästhetische Komponenten aufweisen. Die Ästhetik nimmt eine konkrete Bedeutung an; die Schülerinnen und Schüler erkennen die Relevanz ästhetischer Aspekte, z. B. in bezug auf Kleidung, Wohnungseinrichtung, Design von Gebrauchsgegenständen usw. Die Integration der Kunst in das Nichtkunst-Curriculum bringt für das Fach Kunst zugleich den Vorteil, daß es von der Peripherie näher in das Zentrum der schulischen Aktivitäten gerückt wird. Kunstunterricht ist nicht mehr isoliert von den Lernfächern, er wird vielmehr als zentraler Bestandteil des gesamten erzieherischen Unternehmens anerkannt. Ästhetisch-künstlerische Aktivitäten können also auch in nichtkünstlerische Fächer eingebracht werden. Hierbei können jedoch Mißverständnisse über den Charakter ästhetisch-künstlerischer Aktivitäten entstehen.

Sachunterricht

Ein solches Mißverständnis ist etwa in der Ansicht begründet, daß schon dann Kunst praktiziert würde, wenn z.B. im Sachunterricht gelegentlich gezeichnet und gemalt wird. Das Zeichnen von Bäumen, Pflanzen, Blumen,

---

[2] *Martin Wagenschein:* Naturphänomene sehen und verstehen. Stuttgart 1980, 90. Zur ästhetischen Annäherungsweise in den naturwissenschaftsbezogenen Fächern vgl. auch *Meike Aissen-Crewett:* Ästhetische und naturwissenschaftliche Erfahrung. Überlegungen zum naturwissenschaftsbezogenen Unterricht. In: Gert Selle (Hrsg.): Experiment Ästhetische Bildung. Aktuelle Beispiele für Handeln und Verstehen. Reinbek 1990, 77–94.

Tieren und anderen Naturgegenständen im Sachunterricht oder das Zeichnen einer Landkarte im Geographieunterricht kann aber nicht schon allein deswegen als ästhetisch-künstlerische Aktivität bezeichnet werden, weil hier künstlerische Medien und Techniken verwendet werden. Nicht jede Tätigkeit, bei der Farbe und Pinsel verwendet wird, ist auch Kunst. Wissenschaftliche Zeichnungen und künstlerischer Ausdruck unterscheiden sich schon der Intention nach. Eine wissenschaftliche Zeichnung erstrebt eine genaue Erfassung von Naturphänomenen und erlaubt keine künstlerisch motivierte Abweichung der Wiedergabe des abzubildenden Gegenstandes.
Wenn also Kinder im Sachunterricht angehalten werden, Blumenblüten genau zu zeichnen, um so die einzelnen Bestandteile kennenzulernen, so hat dieses Unterfangen nichts mit Kunstunterricht zu tun, bei dem gerade die individuelle höchstpersönliche ästhetische Erfahrung im Vordergrund steht, eine durchaus sehr subjektive Angelegenheit also – ganz im Gegensatz zum Sachunterricht, in dem es in erster Linie um die „objektive" Erkenntnis geht. Im Sachunterricht wird die Blume als Naturobjekt verstanden, das mit möglichster Genauigkeit erforscht und gezeichnet werden soll. Im Kunstunterricht fungiert die Darstellung der Blume dagegen eher als ein persönliches Symbol, das die individuelle höchstpersönliche Sichtweise und die individuellen ästhetischen Erfahrungen reflektiert. Im Kunstunterricht geht es um die persönlichen ästhetischen Gefühle und Erfahrungen, die die Blume hervorruft, im Sachunterricht hingegen um eine möglichst exakte wissenschaftliche Erfassung. Zeichnen im Sachunterricht beschneidet gerade die persönliche ästhetische Ausdrucksfähigkeit. Damit wird nicht postuliert, das Zeichnen im Sachunterricht zu unterlassen. Nur handelt es sich hierbei eben nicht um Kunstunterricht.
Ähnliches gilt auch für das Anfertigen von Landkarten im Geographieunterricht, sei es in Zeichnungen und Malereien oder in Ton und Salzteig, was in dem früheren Heimatkundeunterricht eine gelegentlich anzutreffende Tätigkeit war. Wenn eine Landkarte im Sachunterricht angefertigt wird, muß sie genau sein und erlaubt keine „künstlerischen Freiheiten". Wenn ein Berg z.B. in der Realität östlich von einem Fluß liegt, dann hilft die „künstlerische Freiheit", ihn stattdessen westlich zu plazieren, dem Geographieunterricht nicht weiter. Allerdings ist damit eine Kombination von wissenschaftlich genauem und phantasiereichem künstlerisch-ästhetischem Vorgehen nicht ausgeschlossen. Man kann z. B. beim Anfertigung einer Landkarte oder eines Landschaftsreliefs dann künstlerisch-ästhetisch arbeiten, wenn man eine Zweiteilung einführt, nämlich in einen naturwissenschaftlichen Teil, in dem der genaue Verlauf von Flüssen, Bergketten, Grenzen usw. verzeichnet wird, und in eine imaginativ-künstlerische Phase, in der die Kinder ihre eigenen Darstellungen oder Symbole für Bäume, Berge, Schiffe, dekorative Details usw. einbringen können.

Sprachunterricht

Gedichte und Geschichten können zu künstlerisch-ästhetischen Aktivitäten anregen und haben dies seit alters getan. Illustrationen zu Märchen, Geschichten, Romanen und Gedichten sind allemal wichtige künstlerische Ausdrucksäußerungen. Gerade bei

Kindern bilden Märchen und Geschichten, und zwar sowohl gelesene wie auch erzählte und selbst erfundene, einen Anlaß, sie in Illustrationen umzusetzen.[3]
Im Gegensatz zum Zeichnen im Sachunterricht handelt es hierbei durchaus um eine Aktivität, die als künstlerisch-ästhetisch zu bezeichnen ist, schaffen die Kinder doch ihre eigenen Symbole und verwirklichen, angeregt durch die Geschichte, ihre eigenen Vorstellungen, Eindrücke und Erfahrungen.
Dies setzt allerdings voraus, daß die Kinder wirklich die Geschichte zu ihrer eigenen machen, und dies meint, sie in ihre eigene Erfahrung umsetzen und so verarbeiten; die Geschichte darf also nicht als eine fremde gleichsam nur kopiert werden. Eine Wechselwirkung zwischen Kunstunterricht und Sprachunterricht kann aber umgekehrt auch dadurch hergestellt werden, daß die Kinder zu bildnerischen Arbeiten, die nicht aus unmittelbarem Anlaß einer Geschichte entstanden sind, ihre Erfahrungen und Gefühle beschreiben und daraus eine eigene Geschichte entwickeln. So können in Wechselwirkung die sprachlichen und die künstlerisch-ästhetischen Fertigkeiten gefördert werden.[4]

Sozialkunde

Für Schülerinnen und Schüler beginnt Sozialkunde in ihrer unmittelbaren Um- und Mitwelt. Da sie natürlicherweise an dem interessiert sind, was um sie herum passiert, sind Themen des Alltags sehr geeignet für den Kunstunterricht. Auch ohne entsprechende Themenstellung befassen sich ihre Zeichnungen und Malereien mit der Welt um sie herum. Durch gezielte Themenstellungen aus dem Bereich

der Sozialkunde können Probleme aus dem Bereich der alltäglichen Lebenswelt ästhetisch-künstlerisch bearbeitet werden – und dies heißt immer auch, den Bezug der eigenen Gefühle, Gedanken und Erfahrungen auf die alltägliche Lebenswelt herzustellen.[5]

[3] Vgl. im Literaturverzeichnis die Arbeiten von *Diener* (1990), *Grünewald* (1983: Märchenhexe, 1984, 1986), *Heinl, Hinkel* (1984: Schlaraffenland), *Kalben, Roloff, Seufert* (1989), *Walch, Weindl* (1982: Märchenbilder), *Wilhelm* (1985).

[4] Vgl. hierzu auch *Reiner Büttner:* Erziehung zum selbständigen und schöpferischen Verhalten durch die Nutzung der Fachspezifik sowie der Koordination des sprachlichen und bildnerischen Gestaltens in der Unterstufe. Diss. PH Dresden 1983; *Axel von Criegern:* Didaktische Illustration und pädagogisches Gestalten am Beispiel Sprachbuch. In: H.G. Schütz; W. Schiementz (Hrsg.): Kunstpädagogische Einsichten. Baltmannsweiler 1987, 213–221.

[5] Insofern hilfreich sind die Unterrichtsbeispiele bei *Johannes Eucker; Brigitte Ruppik:* Kunstunterricht 1–2: Unterrichtsentwürfe zur Ästhetischen Erziehung. Weinheim u. a. 1983.

Kunstunterricht im Verhältnis zu anderen künstlerisch-ästhetischen Fächern

So wie sich Kunstunterricht seiner Verwandtschaft mit den nichtkünstlerischen Fächern bewußt ist und diese Wechselbeziehung fruchtbar zu machen sucht, so gilt dies erst recht für die Beziehung zu anderen ästhetisch-künstlerischen Fächern. Ein in diesem Sinne interdisziplinärer Künsteunterricht (also nicht Kunstunterricht, da nicht beschränkt auf den Unterricht in bildender Kunst, sondern erweitert auf andere Kunstformen) strebt die Zusammenarbeit verschiedener ästhetischer Ausdrucksformen an. Einbezogen werden also neben der bildenden Kunst auch Musik, Tanz und Drama. Wenn ein Tanz oder ein Drama gestaltet wird, so können auch die bildende Kunst und die Musik herangezogen werden. Die Vorteile eines derartigen Multikünsteprogramms sind vielfältig.[6] Ermöglicht werden hierdurch:

- die Erfahrung, daß und wie ästhetische Eigenschaften aus verschiedenen Künsten sich zu einer einzigen Form vereinigen;
- die vertiefte Erfahrung der Unterschiede und Gemeinsamkeiten der Künste;
- ein feineres Verständnis für die Eigenschaften, die die einzelnen Künste ausmachen;
- eine Erkenntnis davon, wie eine Kunstform Material aus anderen Künsten assimilieren kann, ohne selbst beeinträchtigt oder geschwächt zu werden.

Gemeinsame Konzepte in den Künsten: Improvisation als Beispiel

Wenn man in dem hier diskutierten Sinne die Grenzen des eigenen Faches und der eigenen Kunstform überschreitet, tut man gut daran, sich auf die Konzepte zu besinnen, die den verschiedenen Künsten gemeinsam sind.[7] Greifen wir z. B. ein Konzept heraus, das vielen Künsten gemeinsam ist, nämlich die *Improvisation*, und untersuchen wir ihre Möglichkeiten als Verbindungsfaktor zwischen verschiedenen Kunstformen. Unter Improvisation verstehen wir einen aus dem Augenblick heraus entstehenden spontanen Akt, wobei eine bestimmte Anregung als Ausgangspunkt dient. Die Improvisation appelliert an die Erfindungsgabe der Beteiligten, an ihre kreativen Eigenschaften wie Flexibilität, Flüssigkeit und Imagination. Die Teilnehmer an improvisierten Situationen müssen es verstehen, auf den Augenblick zu reagieren, und auf ihre Fähigkeit vertrauen, eine Idee zu entfalten und zu entwickeln. Nachstehend einige Vorschläge für einige Improvisationsaktivitäten in den verschiedenen Künsten.

Zeichnerische Improvisation. Kind A beginnt mit einer Zeichnung, Kind B setzt mit seinen eigenen Ideen, die möglichst andere sind wie die von A, die Zeichnung fort, dann folgt Kind C in gleicher Weise. Das Spiel kann mit mehreren oder nur zu zweien gespielt werden, es kann kurz oder lang dau-

[6] Vgl. hierzu *Meike Aissen-Crewett:* Vom Kunst- und Musikunterricht zur ästhetischen Erziehung in der Grundschule. In: Grundschullehrer 2 (1986), H. 12, 4–7, hier 4.

[7] Dazu ausführlicher *Meike Aissen-Crewett:* Das Ästhetische und die Elemente der Künste. In: GRUNDSCHULE 19 (1987), H. 10, 58–61; H. 11, 41–45.

ern. Die hinter diesem Spiel stehende Idee besteht darin, auf eine vorgegebene Situation mittels Improvisation in einer möglichst unerwarteten Richtung zu reagieren, was dann wiederum die Improvisation eines anderen hervorrufen soll. Derartige Improvisationen kann man auch mit Farben durchführen. Denkbar ist auch, daß man auf gegenteilige Weise verfährt, d.h. die Zeichung oder Farbmalerei in einer möglichst mit dem anderen harmonierenden Weise weiterführt.

Musikalische Improvisation. Wählen Sie zwei oder drei Musikstücke aus, die in hartem Kontrast zueinander stehen (z. B. *Mozarts Eine kleine Nachtmusik* und *Ravels Bolero* oder klassische Musik und Pop-Musik). Während die Schülerinnen und Schüler den beiden unterschiedlichen Musiken lauschen, können sie mit Kreide oder einem weichen Stift über ein Blatt Papier gleiten; wichtig ist hierbei, daß keine bestimmte Darstellung intendiert wird, sondern die Schülerinnen und Schüler sich ganz der Suggestion der Musiken sowie ihren Gefühlen und Assoziationen in Linien hingeben. Auch Farben können hierbei benutzt werden. Nach dem Ende der beiden Musikstücke werden die Arbeiten miteinander besprochen, wobei besonders auf die Unterschiede und Ähnlichkeiten in der Linienführung, der Farbwahl usw. geachtet wird. Die Schülerinnen und Schüler berichten über ihre Gefühle und Assoziationen.

Wortbild-Assoziationen. Sie sprechen Worte aus, die starke emotionale Bedeutungen implizieren, z. B. Explosion, Orkan, Feuersbrunst. Die Schülerinnen und Schüler improvisieren in zwei bis drei Minuten kurze Skizzen, mit oder ohne Farbe. Eine weitere Möglichkeit besteht darin, daß die Kinder auf diese Worte mit kurzen pantomimischen Körperaktionen reagieren.

Skulptur-Automaten. Die Schülerinnen und Schüler bilden eine lebende Gruppenskulptur, wobei jedes Gruppenmitglied eine „gefrorene" Bewegungsstellung einnimmt. Jeweils für eine kurze Zeit wird eine harte Beat-Musik eingespielt, während der die Schülerinnen und Schüler sich auf der Stelle heftig bewegen. Beim Ausschalten der Musik nehmen sie eine „gefrorene" Stellung ein. Dieser Vorgang läßt sich beliebig oft wiederholen und variieren.

Sinnes- und Körpererfahrungen als Motivation für einen fächerübergreifenden Künsteunterricht

Sinnes- und Körpererfahrungen können eine sehr enge Verbindung zu den Künsten eingehen und so einen Anlaß für die Verbindung unterschiedlicher, mehrere Kunstbereiche umfassender ästhetisch-künstlerischer Aktivitäten und Erfahrungen bilden.

Puls- und Herzschlag. Die Kinder fühlen ihren Puls und ihren Herzschlag, dann schlagen Sie eine Trommel oder ein Schlagzeug in dem Rhythmus, den sie fühlen. Sie können auch zu diesem Rhythmus schreiten oder Linien zeichnen, die den Rhythmus darstellen.

Die eigene Stimme. Kinder erforschen ihre eigenen Stimmen, indem sie verschiedene Laute ausprobieren: den höchsten Laut, den tiefsten, den traurigsten, den lustigsten usw. Anschließend identifizieren Kinder aus einem Musikstück oder aus einer Geräuschaufnahme vergleichbare Laute.

Kinetische Körperskulptur. Stufe 1: Vier Schülerinnen und Schüler bilden eine Gruppe, von denen drei eine lebende Skulptur darstellen, während der vierte als Designer, Regisseur, Bildhauer usw. agiert. Er arrangiert die drei zu einer Plastik, wobei sie wie eine Maschine immer wiederkehrende Bewegungen ausführen. Stufe 2: Die restliche Klasse läßt sich durch diese kinetische Körperskulptur zur Zeichnung einer imaginären Bewegungsmaschine anregen. Stufe 3: Die Schülerinnen und Schüler schreiben einen kleinen Aufsatz über die Abenteuer, die Menschen mit der Bewegungsmaschine erleben.

Ein Bild „bilden“. Mehrere Schülerinnen und Schüler stellen eine Personengruppe aus einem Gemälde nach. Dazu bedarf es eines genauen Studiums der Haltungen der Personen auf dem Gemälde.

Bildende Kunst und Musik

Bildende Kunst und Musik eignen sich in besonderem Maße zu einer Symbiose gerade in der Grundschule. Das Musik-Malen hat eine Reihe von positiven Funkionen: Hemmungen werden abgebaut; es tritt eine allgemeine Entspannung und Lockerung ein; die Konzentrationsfähigkeit wird gestärkt; die Frustrationstoleranz wird erhöht; die allgemeinen Antriebskräfte werden aktiviert; die Phantasie wird intensiviert und zugleich strukturiert. Das Musik-Malen kann mit der graphischen und malerischen Umsetzung von einfachen Klängen und Geräuschen beginnen und schließlich zur zeichnerischen und malerischen Erarbeitung und Umsetzung von Musikstücken übergehen. Musik-Malen ermöglicht den Schülerinnen und Schülern vor allem, persönliche Gefühle und Assoziationen in den Unterricht einzubringen. Dabei sollten Sie darauf achten, daß die Schülerinnen und Schüler sich auf die Musikstücke konzentrieren und erst aus dieser Konzentration auf das einzelne Musikstück zu ihren persönlichen Erfahrungen überleiten und diese in das Verständnis der Musik einbringen.[8]

Aktivitäten für die Leserin und den Leser

1. Bereiten Sie detaillierte Planungen für drei Stunden vor, deren Gegenstand die Wechselwirkung zwischen bildender Kunst sowie alternativ Lesen, Mathematik oder Sport ist.

2. Experimentieren Sie für sich selbst, und auch mit Schülerinnen und Schülern, mit verschiedenen Projekten, z. B.

a) Environment von Licht, Musik, Farbe, Material;
b) Mixed-Media-Theater (Kombination von Theater, Tanz, Musik, Film);
c) Interaktionen von Klang, Körperbewegung, Licht;
d) Interaktionen von Sprache, Klang, Bild, Bewegung.

Achten Sie dabei darauf, daß zunächst Einzelbausteine entwickelt werden, die dann zu Zweier- Dreier, Viererkombinationen vereinigt werden.

3. Beschreiben Sie aus Ihren Klassenbeobachtungen einige Versuche der Wechselwirkung zwischen dem Fach Kunst und anderen Fächern. Beschreiben Sie für jeden Fall, auf welche Faktoren besonders zu achten ist, um eine wechselseitige Befruchtung zu erzielen.

---

[8] Hierzu verweise ich auf *Meike Aissen-Crewett:* Schülerzentriertes Musik-Malen. In: Musik und Bildung 19 (1987), 185–190; *dies.:* Musik-Malen: z. B. Mendelssohn Bartholdy. In: Musik und Bildung 20 (1988), 507–508, 517–521, jeweils mit ausführlichen Literaturnachweisen. Vgl. ferner die im Literaturverzeichnis aufgeführten Arbeiten von *Fitza* (1983, 1986), *Heise, Maier* (1984), *Stohlmann, Thume.*

Kapitel 3

Methoden des Kunstunterrichts

„Methoden des Kunstunterrichts“ meint das „Wie“ des Kunstunterrichts. Dabei kann es nicht um die Vermittlung von fixen Rezepten geben; die gibt es ohnedies nicht. Viel wichtiger ist es, daß Sie sich sensibilisieren, daß Sie Phantasie für die unterschiedlichen Situationen des Kunstunterrichts entwickeln, für die Schwierigkeiten von Schülerinnen und Schülern und für die Maßnahmen und Einstellungen, durch die Sie den Schülerinnen und Schülern helfen können, Schwierigkeiten zu überwinden.

Die Verschiedenheit von Unterrichtsmethoden

In der Theorie kann man drei Hauptunterrichtsstile unterscheiden:
1. Die direktive Methode. Sie basiert auf der Auffassung, man müsse nur klare Anweisungen an die Schülerinnen und Schüler geben, um einen effektiven Unterricht zu erreichen. Der Unterricht wird als eine Einbahnstraße angesehen, die von der Lehrerin und dem Lehrer ausgeht und zu den Schülerinnen und Schülern hinführt.
2. Das entdeckende Lernen. Dies ist eine Methode, die in starkem Maße auf die Fähigkeiten der Schülerinnen und Schüler setzt – das ganze Gegenteil also zur direktiven Methode, bei der allein die Lehrerin und der Lehrer den Unterricht bestimmen. Kann man die direktive Methode als lehrerzentriert bezeichnen, so läßt sich das entdeckende Lernen als eine Form des schülerzentrierten Unterrichts charakterisieren. Entdeckendes Lernen heißt, die Fähigkeiten von Schülerinnen und Schülern zum selbstbestimmten Lernen zu entwickeln.

3. Die sokratische Methode oder Fragemethode. Sie zielt darauf ab, Schülerinnen und Schüler dazu anzuleiten, Fragen zu stellen und sie hierauf die Antworten selbst finden zu lassen. Diese Methode verlangt von Ihnen als Lehrerin und Lehrer ein stärkeres Eingehenkönnen auf die Fragen und Probleme der Schülerinnen und Schüler, ein Zuhörenkönnen, auch die Bereitschaft und Fähigkeit, sich in seiner eigenen Position in Frage stellen und seine eigenen Unterrichtsmethoden hinterfragen zu lassen. Die sokratische Methode eignet sich in besonderem Maße für den Kunstunterricht.
Nicht alle Schülerinnen und Schüler sind für alle Lernstile gleichermaßen bereit. Deshalb ist es in der Regel ratsam, sich auf die Vorteile der verschiedenen Methoden zu besinnen und diese miteinander zu kombinieren. Alle diese Methoden werfen auch unterschiedliche Probleme auf und fordern unterschiedliche Präsentationsformen, Motivationen und Beziehungsstile zwischen Lehrerinnen und Lehrern einerseits und Schülerinnen und Schülern andererseits. Von Ihnen als Lehrerin und Lehrer ist also Flexibilität gefordert: der Unterrichtsstil sollte,

entsprechend den je spezifischen Anforderungen, die sich von seiten der Schülerinnen und Schüler, dem Material, der Aufgabe, den Unterrichtszielen usw. stellen, von allen Unterrichtsmethoden profitieren.
Aber zusätzlich zu diesen allgemeinen, eher theoretisch fundierten Unterrichtsmethoden gibt es eine andere Ebene der Methodologie, die viel unmittelbarer ist, die an den auftretenden technischen Problemen orientiert ist. Wenn Sie beim Malen eine besondere Art und Weise der Entwicklung des Bildes vorschlagen (Beispiel: *„Beginne zuerst mit den großen Feldern und gehe dann zu der Ausgestaltung im kleineren über, verwende entsprechend Pinsel mit zunehmend kleineren Größen“*), dann arbeiten Sie auf einer höchst unmittelbaren Ebene der Unterrichtsmethodologie. Wenn Sie sich über die effektivste Unterrichtsmethode zur Schriftgestaltung Gedanken machen oder sich bei der Einführung einer neuen Technik, z. B. des Linolschnitts, und eines neuen Werkzeugs, z. B. des Linolschneidemessers, überlegen, wie Sie am besten einen sparsamen Umgang mit dem Material sicherstellen oder Unfälle mit dem Schneidemesser vermeiden können, dann haben wir es mit einem ganz unmittelbaren, praktischen Aspekt der Methodologie zu tun.
Andere Fragen, die sich im Zusammenhang mit der Unterrichtsmethodologie stellen, können etwa so lauten: Wie bekomme ich die Schülerinnen und Schüler dazu, sich der Formen und Farben bewußt zu werden, die ein Bild differenzieren könnten? Was kann ich tun, um die Augen von Schülerinnen und Schülern für neue Erfahrungen zu öffnen, ihre Wahrnehmungen zu sensibilisieren, an ihre latenten Vorstellungen und Gefühle heranzukommen? Welche Fragen könnte ich stellen, um Vorstellungen, Ideen, Erfahrungen bei Schülerinnen und Schülern zu aktivieren oder zu präzieren? Aber bevor wir uns mit diesen Fragen befassen, wollen wir uns zunächst einigen Grundproblemen der Unterrichtsmethodologie zuwenden.

Einige Grundprobleme der Unterrichtsmethodologie

Kunst als Unterrichtsgegenstand kann für Schülerinnen und Schüler positive, aber auch negative Erfahrungen zur Folge haben. Ob das eine oder das andere der Fall ist, hängt ganz wesentlich von der Unterrichtsmethode ab, die Sie wählen. Unzulängliche Unterrichtsmethoden können bei Kindern zu einer tiefgreifenden Abneigung gegenüber Kunst führen, die oft zeitlebens anhält. Als Folge solch unzureichender Unterrichtsmethoden kann sich bei den Schülerinnen und Schülern die Ansicht einstellen, die künstlerische Tätigkeit sei eine Verschwendung von Zeit und Anstrengung. Die Folgen von unzureichenden Unterrichtsmethoden können sich z. B. in einer Aversion gegen originelles Denken sowie gegen jede Form von künstlerischem Bemühen äußern oder in dem Gefühl der Unsicherheit in bezug auf künstlerisch-ästhetische Entscheidungen.

Die Motivierung von Schülerinnen und Schülern

Ein wichtiger Bestandteil der Methodologie des Kunstunterrichts besteht in der rechtzeitigen und ausreichenden Motivierung von Schülerinnen und Schülern. Dabei gilt es, an den Erfahrungen der Schülerinnen und Schüler ansetzen, die sie tagtäglich machen: zuhause, beim Spielen, in der Schule, auf der Straße usw. Die Mehrzahl dieser Erfahrungen sprechen gleichermaßen Gefühle und Intellekt der Kinder an und eignen sich so in besonderem Maße als Ausgangspunkt und Thema für künstlerisch-ästhetische Aktivitäten. Wenn Sie als Kunsterzieherin und Kunsterzieher die Schülerinnen und Schüler als fühlende und denkende Menschen wahrnehmen, die sich der Welt sowohl über die Sinne wie über den Intellekt, über die Imagination wie über ihre Träume nähern, werden Sie sich auch über die Notwendigkeit und Möglichkeiten einer entsprechenden Motivation bewußter werden.

Da die gesamte Verfassung des Kindes die Quelle für Motivation bildet, müssen Sie nicht nur die realen sinnlichen Erfahrungen des Kindes erkennen und in den Kunstunterricht einbeziehen, sondern auch in das einzudringen versuchen, was man die „innere Landschaft" des Kindes nennen kann, also in seine Wünsche und Sehnsüchte, seine Träume und Alpträume. Deren Vergegenständlichung ist eine wesentliche Funktion des Kunstunterrichts.

Für Schülerinnen und Schüler besteht eine große Schwierigkeit darin, über ihre Erfahrungen, Ideen und Vorstellungen Klarheit zu gewinnen und diese dann auch noch bildnerisch umzusetzen. Wenn die Lehrerin oder der Lehrer ihnen z. B. die Aufgabe stellt, ein Bild mit dem Thema ihrer Wahl zu malen – oft wird das mit dem eher einem Bankrott der Didaktik nahekommenden „malt, was ihr *wollt*" ausgedrückt –, sind die Ergebnisse normalerweise enttäuschend. In einem solchen Falle wissen die Kinder in der Regel nicht, was sie malen sollen, welchen Gegenstand ihrer Erfahrung sie verarbeiten können. Da wird das „Ihr *könnt* malen, was ihr wollt" von den Schülerinnen und Schülern oft empfunden als ein „*Müssen* wir schon wieder mal malen, was wir wollen". Kinder haben in der Tat ihre Erfahrungen, aber sie stehen vor dem Problem, diese zu artikulieren, sie künstlerisch-bildnerisch zum Ausdruck zu bringen.

Unterrichten bedeutet nicht, Kinder tun zu lassen, was immer sie „wollen". sondern besteht vielmehr in der Fähigkeit, Schülerinnen und Schülern zu helfen, ihre eigenen persönlichen Erfahrungen unter all dem, was von außen auf sie einstürmt, zu entdecken und diese Erfahrungen künstlerisch-bildnerisch auszudrücken. Da die Kinder darüber hinaus vor der Schwierigkeit stehen, die künstlerisch-bildnerische Umsetzung von Erfahrungen, Ideen und Vorstellungen mit der erforderlichen Aneignung, Beherrschung und Vervollkommnung der hierzu erforderlichen Techniken zu kombinieren, sind von Ihnen als Kunsterzieherin und Kunsterzieher in besonderem Maße Sensibilität und Phantasie gefordert. Dabei bestehen die Probleme vor allem in folgender Hinsicht:

- Wie verhelfen Sie den Schülerinnen und Schülern dazu, ein geeignetes Thema zur Artikulierung ihrer persönlichen Erfahrungen zu finden?

- Wann sollten Sie in den Prozeß der künstlerisch-bildnerischen Artikulation auf seiten der Schülerinnen und Schüler eingreifen?

- In welchem Maße sollten Sie Hilfe und Förderung gewähren?

- Welche Gesichtspunkte sollten Sie bei der Auswahl von Medien und Werkzeugen berücksichtigen?

Auf dem Wege zu einem Thema

Ihre Aufgabe als Kunsterzieherin und Kunsterzieher besteht zunächst darin, dem Kind je nach seinen spezifischen Bedürfnissen dabei zu helfen, sein Thema bzw., bei einem gestellten Thema, seine individuelle Annäherungsweise hierauf zu finden. Die Ideen von Kindern hinsichtlich des Themas und der bildnerisch-künstlerischen Umsetzung sind in der Regel zunächst eher nebulös, was nicht zu beanstanden ist, unterscheiden sich die Kinder doch insoweit nicht von der Arbeitsweise von Künstlerinnen und Künstlern. Nur ausnahmsweise wird ein Kind sofort und genau wissen, welches Thema es mit welchen Medien und Werkzeugen zur bildnerisch-künstlerischen Umsetzung angehen soll. Dann besteht in der Regel eher die Gefahr, daß das Kind sich auf Stereotypen zurückzieht, womit der Weg zu eigenen ästhetischen Erfahrungen verbaut wird.

Wenn Kinder also auf ein bestimmtes Thema oder einen bestimmten Plan zur künstlerisch-bildnerischen Gestaltung zusteuern, sollten Sie ihnen die Möglichkeit geben, hierüber nachzudenken und gegebenenfalls alternative Ideen zu entwickeln und zu erproben. Ein derartiger Klärungsprozeß hilft, Wahlmöglichkeiten in Richtung auf die Authentizität und Angemessenheit der Themenstellung und deren künstlerisch-bildnerische Umsetzung zu erproben. Das wiederholte Abklären von Ideen, das fortwährende Überprüfen sowie Verwerfen oder Bestätigen sind genuine Bestandteile des kreativen Akts und sind zugleich in hohem Maße erzieherisch, machen sie doch das Bilden von Erfahrungen erfahrbar. Kunst bedarf immer der persönlichen Auseinandersetzung, des Abklärens und Experimentierens.

Wann sollten Sie einem Kind helfen?

Auch Künstler benötigen diese Klärungsphase. Aber sie sind auch fähig, die damit verbundenen Unsicherheiten und Zweifel auszuhalten und eine Entscheidung in die eine oder andere Richtung zu treffen. Kinder dagegen haben weder die Erfahrung noch die Stärke hierzu. Sie benötigen deshalb oft Ihre Unterstützung. Und daraus ergibt sich die wichtige Frage: Wann sollten Sie einem Kind helfen? Allgemeinverbindliche Regeln können hier nicht gegeben werden. In erster Linie sind Ihr Gespür und Ihre Erfahrung als Kunsterzieherin und Kunsterzieher gefragt. Wenn ein Kind aufgrund seiner beschränkten Erfahrung seine Möglichkeiten des Abklärens erschöpft hat und ohne Hilfe nicht vorankommt, sollten Sie Ihre Hilfe anbieten. Da jedes Kind anders ist, bedarf jedes auch einer individuellen Behandlung.

Das eine Kind benötigt vielleicht eine Unterstützung schon gleich zu Anfang; ein anderes Kind mag Hilfe erst dann benötigen, wenn es mit seinem Projekt schon weiter fortgeschritten ist. Wenn Kinder ihre konzeptuellen und bildnerischen Möglichkeiten erschöpft haben, wenn sie sich bis zum äußersten ihrer Fähigkeiten um die zu lösenden Probleme bemüht haben, ohne sie lösen zu können, dann müssen sie Unterstützung bekommen. Um über den Zeitpunkt zu entscheiden, zu dem Hilfe angeboten werden sollte, sollten Sie kontinuierlich jedes einzelne Kind und seinen Arbeitsfortschritt beobachten. Nur ein persönliches Kennen jeder einzelnen Schülerin und jedes einzelnen Schülers, verbunden mit einem guten Urteilsvermögen und ausreichender Erfahrung hinsichtlich der bei Schülerinnen und Schülern auftauchenden Probleme, kann Ihnen bei der Entscheidung helfen, wann Hilfe notwendig ist. Eine Hilfe, die zu früh gegeben wird, raubt dem Kind die Initiative; eine Hilfe, die zu spät gegeben wird, kann das Kind leicht entmutigen.

Wieviel Hilfe sollten Sie gewähren?

Die Frage, wann Hilfe zu leisten ist, geht Hand in Hand mit der Entscheidung darüber, wieviel Hilfe Sie gewähren sollten. Nehmen wir zur Illustration einige sehr einfache Beispiele aus dem Kunstunterricht der Grundschule. *Alexandra* streicht die überschüssige Farbe nicht von ihrem Pinsel ab und bekleckert so die fertigen Partien ihres Blattes. Bei *Daniel* fallen die Figuren zu klein im Verhältnis zu den sie umgebenden Gegenständen aus. Der Hintergrund auf *Rosalias* Bild „erschlägt“ die sonstige Darstellung. Alle drei Kinder benötigen offensichtlich Hilfe. Aber wieviel Hilfe? Wenn Sie ihnen zu viel helfen, besteht die Gefahr, daß Sie anstelle der Kinder denken und deren Probleme lösen. Wenn Sie zuwenig Hilfe anbieten, werden die Kinder kaum in die Lage versetzt, ihre Arbeit in sinnvoll problemlösender Weise fortzuführen. Hilfe muß also zu einem solchen Ausmaß gewährt werden, daß dem Kind geholfen wird, seine unmittelbaren Schwierigkeiten zu überwinden, ohne daß es der Möglichkeit beraubt wird, sich den aus dem Arbeitsfortschritt ergebenden weiteren Problemen mit eigenen Lösungsansätzen zu stellen.

Sicherlich bestimmt sich das Ausmaß der Hilfe auch nach dem Entwicklungsstand des einzelnen Kindes. Da *Alexandra,* die ihr Bild mit Farbe bekleckert, erst sechs Jahre (und ein wenig ungeschickt) ist, sollten Sie ihr genau zeigen, wie man einen Pinsel in Farbe eintaucht und die überschüssige Farbe abstreift. *Daniel,* dessen Figuren im Verhältnis zu den sie umgebenden Gegenständen immer zu klein ausfallen, ist sieben, und so können Sie ihn bitten, die Größenverhältnisse von Menschen und Dingen miteinander zu vergleichen. Im Falle *Rosalias,* die elf Jahre alt ist, können Sie vielleicht zeigen, wie bei der Darstellung eines Hintergrunds Farbtöne und -schattierungen gemischt werden, damit sich der Vordergrund vom Hintergrund abhebt. Gelegentlich werden Sie auch beobachten, daß mehrere Schülerinnen und Schüler in der Klasse eine gemeinsame Schwierigkeit haben; dann sollten Sie mit der gesamten Klasse die Lösung zur Überwindung dieser Schwierigkeiten erarbeiten.

Auswahl von Medien und Werkzeugen

Der Einsatz von Medien und Werkzeugen hängt wesentlich von dem körperlichen, intellektuellen und bildnerisch-künstlerischen Entwicklungsstand von Schülerinnen und Schülern ab. Auf jüngeren Entwicklungsstufen können Kinder z. B. Schwierigkeiten haben, weiche Kreide zu benutzen, und benötigen deshalb härtere Substanzen wie Wachsstifte. Ein zu hartes Medium kann die Expressivität des Ausdrucks hemmen. Sehr junge Kinder, die die Feinkoordination ihrer Bewegungen noch nicht ausreichend beherrschen, benötigen fürs Malen größere Flächen.

Kinder zeigen oft eine signifikante Präferenz für ein bestimmtes Medium. Das eine Kind findet z. B. deutlich größere Befriedigung beim Arbeiten mit Ton als mit dem Zeichenblock; ein anderes Kind bevorzugt vielleicht Fingerfarbe gegenüber Temperafarbe.

Wenn man diesen Kindern nicht eine angemessene, sicherlich nicht ausschließliche, Gelegenheit zur Anwendung der Medien ihrer Wahl gibt, nimmt man ihnen die Möglichkeit, ihre künstlerisch-ästhetischen Vorstellungen in einem von ihnen präferierten Medium bildnerisch-ästhetisch umzusetzen.
Sie sollten sich bemühen, eine ausreichende Anzahl von Materialien und Werkzeugen zur Verfügung zu stellen, damit die Kinder daraus ihre Wahl treffen können, um ihre je spezifischen Darstellungsintentionen adäquat umzusetzen. Bei Künstlern ist dies nicht anders; nahezu jeder Künstler hat eine eindeutige Präferenz für ein bestimmtes Medium und eine bestimmte Technik. Aber dies schließt natürlich nicht das Erproben von anderen Medien und Techniken aus. Eine bestimmte Größe und Dicke eines Pinsels mag sich für das eine Kind eignen, aber nicht für ein anderes. Ein feiner Tuschestift übt vielleicht für das eine Kind eine Anziehungskraft aus, während ein anderes Kind einen dickeren Filzstift bevorzugt. Sie sollten sensibel sein für die Präferenzen von Kindern – nicht, um ihnen in jedem Falle nachzugeben, sondern auch um gegebenenfalls durch Alternativangebote gegenzusteuern, sollte die Präferenz sich zu einseitig entwickeln.

Was läuft nur falsch?

Ich möchte mich nun einigen Fällen aus der Praxis zuwenden, anhand derer ich fragwürdige Unterrichtspraktiken von Kunsterzieherinnen und Kunsterziehern exemplarisch (und durchaus etwas überpointiert) aufzeigen möchte. Eine genauere Betrachtung dieser Beispiele kann nicht nur dazu dienen, die Prinzipien guter Unterrichtspraxis zu klären, sondern kann Sie vielleicht auch auf negative Unterrichtsmethoden aufmerksam machen, die es zu vermeiden gilt.

Der Lehrer, der das Kopieren befürwortet

Jedes Jahr im Frühjahr bringt Herr L., eine gewissenhafter Lehrer, gelbe und grüne Bogen aus festem Papier in den Kunstunterricht seiner Grundschulklasse mit. Jedesmal bringt er auch ein von ihm entworfenes und ausgeführtes Muster einer Osterglocke mit grünen Blättern und gelben Blüten mit. Er zeigt den Schülerinnen und Schülern, wie man die grünen und gelben Blätter schneidet und sie dann zu einer Blume mit Blättern zusammensetzt. *„Die Kinder lieben dies“*, sagt Herr L., *„das gibt immer eine wirklich gelungene Kunststunde.“*
Herrn L. soll in seiner Meinung, daß die Kinder das Herstellen der Osterglocke mögen, nicht widersprochen werden; das feste farbige Papier wirkt in der Tat attraktiv – und die penible Vorlage von Herrn L. garantiert bei nahezu jedem Kind ein handwerklich sauberes Produkt, das die Eltern zuhause sicher lobend in Empfang nehmen. Aber Herr L. hat wohl kaum recht, wenn er meint, er habe eine *„gelungene Kunststunde“* gegeben. Was die Kinder in der Stunde getan haben, hat mit Kunst nichts zu tun, eher schon mit „Beschäftigungstherapie“. Die Schülerinnen und Schüler haben keinerlei Initiative entwickelt, sie haben schlicht die Vorlage des Herrn L. nachgebaut. Herr L. hat alle Probleme im voraus gelöst; nicht einmal bei den Schülerinnen und Schülern kommt eine rechte Freude über ihr Produkt auf. Sie haben auch in

der Tat nichts Eigenes geschaffen, keine eigenen Ideen und ästhetischen Erfahrungen entwickelt, allenfalls eine eher geringe Geschicklichkeit im Nachbau der Vorlage demonstriert.

Die Lehrerin, die für Sauberkeit ist

Frau W. ist eine nette, etwas überordentliche Person; ihre Klasse bietet ein Muster an Ordnung. *„Ich mag es eben, wenn alles geordnet abläuft, das spart Zeit und Ärger"*, sagt sie. *„Ich mag keine schlampige Arbeit, grundsätzlich nicht, auch nicht im Fach Kunst"*. Frau W. hat ihren Sauberkeits- und Ordnungssinn bei den Schülerinnen und Schülern so nachhaltig durchgesetzt, daß diese kein Experiment mehr wagen. Schülerinnen und Schüler, die zunächst mit ihren Ideen und dem Material experimentierten, bekamen damit nur Schwierigkeiten. So haben sie es sich schnell angewöhnt, sich genau an die Anweisungen von Frau W. zu halten und die Klischees anzufertigen, die Frau W. gerne sieht.

Sie haben gelernt, daß Frau W. etwas ärgerlich wird, wenn eine Arbeit nicht ordentlich ausgeführt worden ist oder von den Vorstellungen von Frau W. abweicht. Und Frau W. versteht es auch immer sicherzustellen, daß die Arbeit sauber ausgeführt wird. Bei einem Wandbild etwa ließ sie die Kinder nur den Hintergrund frei malen; was nach ihren Vorstellungen nicht sauber genug gemalt war, konnte dann ja durch den Vordergrund überdeckt werden. Für diesen Vordergrund wählte sie aus Zeitschriften Motive aus, die sie die Kinder ausschneiden und auf den Hintergrund des Wandbildes, vorzugsweise an Stellen, die nicht so sauber waren, aufkleben ließ. Gegen Sauberkeit und Ordentlichkeit wird niemand etwas grundsätzlich einwenden — solange jedenfalls, als darunter nicht die Experimentierfreude, Initiative, Ideenreichtum von Kindern leiden. Aber dies ist bei dem Verhalten von Frau W. eindeutig der Fall. Ordentlichkeit und Sauberkeit stellen bei der künstlerisch-ästhetischen Arbeit keinen Wert an sich dar (in der Schule eher schon beim Aufräumen danach). Die mangelnde Erfahrung und Geschicklichkeit mit Materialien und Techniken führt unweigerlich dazu, daß die Arbeiten der Kinder manchmal als „unsauber", „unordentlich" erscheinen. Aber mit der zunehmenden Beherrschung von Techniken und Materialien legen sich solche Anfangsschwierigkeiten. Zu den grundlegenden Unterrichtsprinzipien, die Frau W. mißachtet, gehört, daß Arbeiten aus dem Kunstunterricht die eigenen der Kinder sein müssen; Kinder dürfen nicht zu ausführenden Organen der Ideen und Vorstellungen einer Lehrerin oder eines Lehrers werden.

Der Lehrer, der den Mangel an Führung für Freiheit hält

Wie immer etwas zu spät, kommt gerade Herr P. in die tobende 4. Klasse. Er ist als Fachlehrer für Kunst tätig, hat an der Akademie studiert; die Schülerinnen und Schüler sagen von ihm, er sehe wie ein Künstler aus. Herr P. sagt von sich, daß er die Freiheit über alles liebe und auch den Kindern ihre Freiheit im Kunstunterricht lassen möchte; dies sei der Grund, daß er auch im Kunstunterricht die Schülerinnen und Schüler *„selbstbestimmt"* agieren lassen wolle und deshalb nicht interveniere.

„Kunst ist der freie Ausdruck eines ungebundenen Geistes", sagt er. Die Kinder scheinen die Freiheit nicht ganz zu verstehen; sie toben viel herum und

kümmern sich wenig um Herrn P. Sie sagen, sie wüßten oft nicht so recht, was sie im Kunstunterricht von Herrn P. machen sollten. Die Situation ist einigermaßen unglücklich. Herr P. weiß viel, kann viel und hätte den Schülerinnen und Schülern, zu denen er sehr zuvorkommend ist, viel zu bieten. Die aber merken nicht einmal, wie sehr Herr P. sie mag, welche guten pädagogischen Absichten er ihnen gegenüber verfolgt.
Was ist der Fehler, den Herr P. macht? Er verkennt die Bedeutung des Unterrichts. Er hätte größeren Erfolg als Kunsterzieher, würde er einige grundlegende Unterrichtsprinzipien beachten: Schülerinnen und Schüler brauchen Führung; wenn ihnen Freiheit gewährt werden soll, muß Freiheit mit ihnen eingeübt werden, Kinder finden nicht von sich aus den Zugang zum richtigen Umgang mit Freiheit.

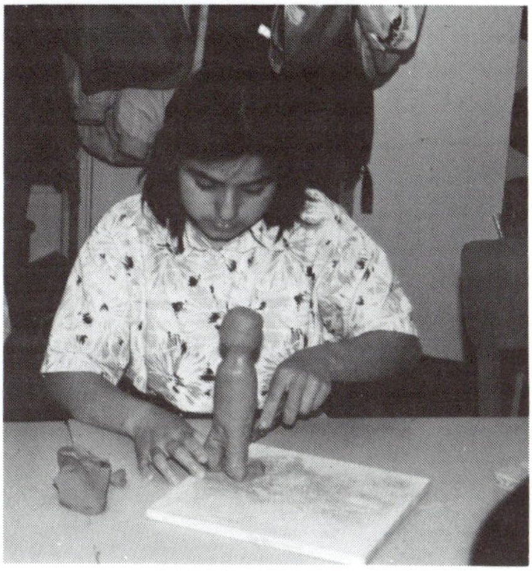

Aktivitäten für die Leserin und den Leser

1. Beschreiben Sie eine Situation, in der Sie erfahren haben, daß Kinder Abneigung gegen das Fach Kunst zeigten. Versuchen Sie herauszufinden, woraus sich diese Abneigung ergab; diskutieren Sie Mittel, die Sie einsetzen würden, um die Einstellung der Kinder zu ändern.
2. Beschreiben Sie die Eigenschaften einer Lehrerin oder eines Lehrers, die Sie für eine gute Kunsterzieherin oder einen guten Kunsterzieher halten.
3. Verfolgen Sie einige Unterrichtsstunden einer Kunsterzieherin oder eines Kunsterziehers und achten Sie besonders auf
a) die motivationellen Kunstgriffe;
b) die Art und Weise, in der Themen gefunden und bestimmt werden;
c) die sich ergebenden Probleme und wie diese gelöst werden.
4. Beschreiben Sie, wie Sie vorgehen würden, um Schülerinnen und Schüler in bezug auf die Darstellung von Natur und Naturgegenständen zu sensibilisieren.
5. Versuchen Sie, sich selbst in bezug auf Ihre Methoden im Kunstunterricht zu befragen, wobei Sie besonders Ihre Persönlichkeit und Ihren Unterrichtsstil in Beziehung zu konkreten Unterrichtssituationen setzen sollten.
6. Beschreiben Sie die Überlegungen, Schritte und Maßnahmen, die Sie in folgender Situation anstellen und ergreifen würden: Sie haben eine Klasse übernommen, deren Schülerinnen und Schüler (aufgrund des vorher erteilten Kunstunterrichts?) eine auffallende Neigung zum Kopieren und zu Stereotypen haben.

Kapitel 4

Planung des Kunstunterrichts

Das Wort „Unterrichtsplanung" weckt manchmal unangenehme Erinnerungen an kleinkarierte Lernraster, in die die Wirklichkeit des lebendigen Unterrichts gepreßt wird. Mit solchen von Planungstheoretikern ausgedachten und eher für ihre theoretischen Zwekke als für die Praxis erdachten und tauglichen Laufgittern möchte ich Sie verschonen. Dennoch müssen wir uns mit der Unterrichtsplanung beschäftigen, läßt sich Kunstunterricht wie jeder andere Unterricht doch nicht ohne eine sinnvolle langfristige (bezogen auf mehrere Schuljahre oder ein ganzes Schuljahr oder zumindest ein Schulhalbjahr), mittelfristige (bezogen auf ein Projekt) oder kurzfristige (bezogen auf eine Unterrichtsstunde) Planung durchführen.[1] Dabei verstehe ich Unterrichtsplanung allerdings nicht als eine *Verplanung* von Stoff, Zeit und Personen, sondern eher als ein Mittel zur Erschließung von *Imagination* in bezug auf Lehr-, Lern- und Erfahrungssituationen.

Grundentscheidungen bei der Unterrichtsplanung

Unterrichtsplanung bedeutet nicht, sich an bestimmte vorgegebene Raster zu halten, sie ist vielmehr in erster Linie eine Sache der Phantasie. Dabei gilt es vor allem, ein Gefühl für das Zusammenspiel von verschiedenen Faktoren zu entwickeln. Ich nenne vor allem:

- Förderung der Erfahrungs- und Entscheidungsfreiheit von Schülerinnen und Schülern;
- Medien, Werkzeuge, Techniken;
- die soziale Zielsetzung des Kunstunterrichts;
- die (vor allem durch den Entwicklungsstand der Schülerinnen und Schüler bestimmten) Leistungserwartungen;
- der Einfluß der jeweiligen Ausgangslage von Schülerinnen und Schülern beim Treffen von Planungsentscheidungen.

Eine Unterrichtsplanung, die diese Faktoren berücksichtigt, sollte nicht starr sein. Sie sollten als Kunsterzieherin und Kunsterzieher vor allem immer fähig sein, Schwierigkeiten vorauszusehen, und sich auf Alternativen vorbereiten.

Förderung der Erfahrungs- und Entscheidungsfreiheit von Schülerinnen und Schülern

Ein reifer Künstler kann auf einen reichen Fundus von Erfahrungen zurückgreifen. Diese Möglichkeit haben Schülerinnen und Schüler in der Grundschule nicht. Wenn – wie man dies in der Praxis gelegentlich beob-

[1] Zur Unterrichtsplanung im Kunstunterricht vgl. auch *Johannes Eucker; Helga Kämpf-Jansen:* Ästhetische Erziehung 5–10. München u. a. 1980, 54–60; *Adelheid Staudte:* Erfahrungsoffene Unterrichtsvorbereitung. In: Kunst+Unterricht Sonderheft 1982, 120 bis 128.

achten kann – Kinder gebeten werden, „irgendetwas, was sie mögen“ zu zeichnen, zu malen oder anderweitig ästhetisch-künstlerisch zu bearbeiten, dann haben sie oft Schwierigkeiten, sich auszudrücken. Warum? Der Grund ist einfach: Kinder fühlen sich durch eine so allgemeine Aufforderung nicht stimuliert. Es ist deshalb sehr ratsam, eine begrenzte Anzahl von Anregungen zur Verfügung zu stellen, aus denen die Kinder Anregungen und Motivationen für ihre ästhetisch-künstlerischen Aktivitäten beziehen. Zwischen Schülerinnen und Schülern einerseits und Ihnen als Kunsterzieherin und Kunsterzieher andererseits sollte sich ein Ideen- und Entscheidungsaustausch entwickeln, eine Form von Partnerschaft, in die Sie Anregungen und Motivationen einbringen und die Schülerinnen und Schüler ermutigen, ihre eigenen ästhetischen Erfahrungen zu entwickeln.

Medien, Werkzeuge und Techniken

So wie Sie als Kunsterzieherin und Kunsterzieher bei der Auswahl eines Themas in Zusammenarbeit mit den Schülerinnen und Schülern das Treffen von bestimmten Grundentscheidungen ebnen sollten, so ist es auch ratsam, hinsichtlich der Medien, Werkzeuge und Techniken gewisse Vorentscheidungen zu treffen. Wenn die Klasse einen Ausflug in den Zoo unternommen hat, können bildnerische Produkte danach z. B. in Temperafarbe oder Wachskreide angefertigt werden, die Tiere können aber auch in Form einer Plastik mittels Ton oder Papiermaché dargestellt werden; schließlich bieten sich verschiedene Druckverfahren an. Würde man in einer Kunststunde den Schülerinnen und Schülern vollkommene Wahlfreiheit in bezug auf Medien, Werkzeuge und Techniken geben und damit deren simultanen Einsatz zulassen, würde dies zu einem rechten Chaos in der Klasse führen und ein gezieltes Unterrichten weitgehend unmöglich machen.

In der Regel bleibt in einer Unterrichtsstunde nur Zeit für eine einzige Technik. Aber bei der Besprechung der Arbeiten können Sie auf andere Techniken Bezug nehmen. Kinder, die z.B. beim Drucken mit Holz gearbeitet haben, sollten wissen, daß sie auch mit Korken, Kartonkanten und Linoleum Druckstöcke herstellen können; daß man bei manchen Druckstöcken (den eben erwähnten) mehrere im wesentlichen gleiche Drucke herstellen kann, dagegen bei anderen Drucktechniken (Monotypie, Frottage) nur jeweils einen Druck.

Die soziale Zielsetzung

Bei der Unterrichtsplanung müssen Sie auch die soziale Zielsetzung, die mit dem Kunstunterricht bei den Schülerinnen und Schülern verfolgt werden soll, berücksichtigen. Soll die künstlerisch-ästhetische Arbeit gemeinsam in der Gruppe vollzogen werden, um so das soziale Lernen zu fördern, oder durch die einzelne Schülerin und den einzelnen Schüler, um so eine höchstpersönliche ästhetische Erfahrung zu ermöglichen? Manchmal erfordert die künstlerisch-ästhetische Arbeit, z.B. bei der Wandmalerei oder beim Puppenspiel, die Anstrengungen zu vereinigen, um den Erfolg des Projekts überhaupt erst möglich zu machen. Andere künstlerisch-ästhetische Aktivitäten wie Malen, Zeichnen, Töpfern fordern eher die Anstrengungen der einzelnen Schülerin und des einzelnen Schülers heraus.

In diesem Zusammenhang dürfen Sie auch nicht die soziale Zusammensetzung der Klasse und deren soziale Struktur übersehen. Gerade im Fach Kunst haben Sie die Chance, z.B. Ausländerkindern oder anderen sonst benachteiligten Kindern eine gewisse Kompensation für die sonst im Schulunterricht oft erlittenen Frustrationen und Erniedrigungen zu ermöglichen. Solche Kinder können bei einem entsprechenden Bewußtsein von Lehrerin und Lehrer gerade im Kunstunterricht eine entscheidende Aufwertung ihres Selbstwertgefühls und die Förderung ihrer Integration in die Klasse erfahren.

Leistungserwartungen

Schließlich müssen Sie sich bei der Unterrichtsplanung auch gewisse Vorstellungen in bezug auf die in etwa zu erwartenden Leistungen der Schülerinnen und Schüler machen. Dabei ist in erster Linie der Entwicklungsstand der Kinder zu berückichtigen. Allerdings wäre es falsch, wenn Sie fixe Erwartungshorizonte bei sich selbst errichteten, nach denen Sie die Ergebnisse des Unterrichts messen. Maßstab sind letztlich die individuellen Fähigkeiten jedes einzelnen Kindes. Jedem Kind sollte die Möglichkeit gegeben werden, seine individuellen künstlerisch-ästhetischen Fähigkeiten bestmöglich zu entwickeln. Auch wenn Sie darauf achten sollten, daß jedes Kind auf seine ästhetisch-künstlerische Arbeit seine volle Energie und sein volles Können verwenden sollte, wäre es gänzlich falsch, einen Leistungsdruck auf die Kinder auszuüben.

Auch sollten Sie nicht der Gefahr erliegen, die Kinder Vorstellungen in bezug auf das bildnerisch-ästhetische Produkt verwirklichen zu lassen, die Sie sich selbst als Lehrerin und Lehrer gebildet haben. Auch sollte der Unterricht im Fach Kunst immer so angelegt sein, daß die Schülerinnen und Schüler Gelegenheit zum Experimentieren haben. Es ist falsch, unmittelbar auf fixe Ergebnisse zuzusteuern. Es geht vielmehr um das Machen von Erfahrungen mit Medien und Techniken – und mit sich selbst, und dies ist letztlich nur in einem freien Experimentieren möglich.

Der Einfluß der jeweiligen Ausgangslage von Schülerinnen und Schüler beim Treffen von Planungsentscheidungen

Starrheit bei der Unterrichtsplanung und dem Entwerfen eines Unterrichtsprogramms für einen bestimmten längereren oder kürzeren Zeitraum ist der größte Feind einer Kunsterziehung, die Kindern helfen soll, ihre eigenen Erfahrungen auf ästhetisch-künstlerische Weise zu bilden. Immer müssen die je spezifischen Erfahrungen und Bedürfnisse der Schülerinnen und Schüler berücksichtigt werden, die bei keiner Jahrgangsstufe oder Klasse dieselben sind, so wie ja auch zwei Kinder nie ganz gleich sind. Jede Schülerin und jeder Schüler hat ihre/seine je eigene Individulität, und so hat auch jede Klasse ihre eigene Individualität.

Dabei hat der erzieherische Hintergrund der Kinder eine entscheidende Bedeutung für die Erarbeitung des Unterrichtsprogramms und die Unterrichtsplanung. Wenn eine Klasse oder einzelne neu in die Klasse eingetretene Kinder z.B. zuvor einen rigiden Kunstunterricht hatten, in dem ihnen wenig Möglichkeit zur kreativen Entfaltung oder zum Experimentieren gegeben wurde, dann sollten Sie den Schülerinnen und Schülern die Möglichkeit geben, sich auf ihre eigenen Kräfte zu besinnen und nicht die Anregungen oder Vorgaben der Kunsterzieherin und des Kunsterziehers als starre Richtschnur ihres Handelns zu begreifen. Eine andere Klasse oder Kinder, die in diese neu eingetreten sind, haben vielleicht einen vorzüglichen Kunstunterricht genossen. In diesem Falle müssen Sie einen besonders stimulierenden und die Fähigkeiten und Ausdrucksbedürfnisse der Schülerinnen und Schüler herausfordernden Unterricht erteilen. Bei einer anderen Klasse mag in der Vergangenheit die Gruppenarbeit vernachlässigt worden sein, mit dem Ergebnis, daß die Kinder nicht recht wissen, wie sie sich bei einer mit Mitschülerinnen und Mitschülern durchzuführenden Arbeit verhalten sollen. Andere Kinder mögen an einer Überbetonung bestimmter Techniken und Themen zulasten anderer Techniken und Themen gelitten haben. Die Beispiele zeigen, wie wichtig es ist, die jeweilige Ausgangslage von Schülerinnen und Schülern bei der Unterrichtsplanung zu berücksichtigen.

Gefahren der Über- oder Unterstrukturierung von Unterricht

Bei der Planung von Unterricht stehen Sie immer zwischen der Skylla der Überstrukturierung von Kunstunterricht und der Charybdis der Unterstrukturierung.[2]

Überstrukturierung

Am Anfang ihrer Tätigkeit sind manche Lehrerin und mancher Lehrer, vor allem wenn sie gewissenhaft sind, leicht versucht, dem manchmal auftauchenden Gefühl des Nichtgewachsenseins oder der Unsicherheit dadurch zu begegnen, daß sie mit starren Vorstellungen über ein Projekt und seine Durchführung vor ihre Schülerinnen und Schüler treten. Dabei besteht die Gefahr, daß Ideen, die von Schülerinnen und Schülern kommen, oft unbemerkt, durch ein starres Konzept verdrängt werden bzw. erst gar nicht aufkommen können. Die Unterrichtskunst besteht demgegenüber gerade darin, Schülerinnen und Schülern bei der Entwicklung ihrer eigenen Ideen und bei der Wahl der für die Umsetzung notwendigen Medien und Techniken zu helfen.

Bei der Überstrukturierung des Kunstunterrichts stellen die Lehrerin und der Lehrer den Schülerinnen und Schülern ein Muster vor, dem diese mehr oder minder strikt zu folgen haben, oft begleitet von detaillierten Anweisungen hinsichtlich der bildnerischen Gestaltung und der Auswahl der Materialien. Das Ergebnis kennen wir alle: 25 oder 30 nahezu identische Fußballer oder Clowns usw. Bei einem solchermaßen überstrukturierten Kunstunterricht erhalten die Schülerinnen und Schüler nicht die Chance, ihre eigenen Ideen zu finden und sie künstlerisch-bildnerisch zu verwirklichen. Vielmehr lassen die Lehrerin und der Lehrer in Wirklichkeit ihre eigenen Ideen durch die Kinder verwirklichen. Die Orientierung an dem von der Lehrerin und dem Lehrer vorgestellten oder erwarteten Modell vermittelt den Kindern den Eindruck ihr

[2] Die nachstehende Passage ist mit Änderungen entnommen der Arbeit *Meike Aissen-Crewett:* „Ich kann mehr als ich dachte..." Wie werden Grundschullehrer und -lehrerinnen zu ästhetischen Erziehern? In: GRUNDSCHULE 20 (1988) H. 1, 28–31, hier 29f.

Arbeitsergebnis sei um so besser, je mehr es dem Vorbild entspricht. Dadurch wird die Fähigkeit der Kinder eingeschränkt, ja unmöglich gemacht, eigene kreative Ideen hervorzubringen und ihre individuellen ästhetischen Erfahrungen zu bilden.

Unterstrukturierung

Es kann aber auch das Gegenteil passieren, nämlich daß der Unterricht unterstrukturiert ist. Bei der Unterstrukturierung des Kunstunterrichts stellen die Lehrerin und der Lehrer den Kindern ein umfassendes allgemeines Thema („Malt einen Faschingszug"). Da mögen einige Kinder zu malen beginnen, anderen „fällt nichts ein", quälen sich herum, bekommen nichts Rechtes zusammen. Was ist passiert, woran liegt die angeblich mangelnde Fähigkeit mancher Kinder? Es mangelt nicht an den Fähigkeiten der Kinder, der Mangel besteht vielmehr in dem Defizit an Strukturierung der Aufgabenstellung und des Unterrichts von seiten der Lehrerin und des Lehrers. Bei einem derart unterstrukturierten Kunstunterricht mögen manche „talentierte" Kinder „glänzen". Andere aber werden entweder frustriert sein oder Klischees produzieren oder versuchen, ein Bild hinzubekommen, das wenig eigenen Ausdruck aufweist und nichts mit der individuellen ästhetischen Erfahrung zu tun hat.

Die Phasen des Kunstunterrichts

In der Praxis hat sich eine gewisse Strukturierung des Unterrichtsablaufs als hilfreich erwiesen, die sich an die aus der Kreativitätsforschung stammende Phaseneinteilung anlehnt.[3] Danach ergeben sich folgende Phasen:

Vorbereitungsphase. Diese Phase dient der Einführung in das Unterrichtsvorhaben. Zusammen mit den Schülerinnen und Schülern werden Ideen für ein konkretes Unterrichtsprojekt entwickelt, dessen Einzelteile analysiert sowie Variablen entwickelt, geprüft, verworfen, variiert oder akzeptiert. Die Schülerinnen und Schüler entdecken die Relevanz des Vorhabens für ihre eigene Person und bereiten so den Weg zwischen dem künstlerisch-ästhetischen Vorhaben und der individuellen ästhetischen Erfahrung.

Experimentierphase. Diese Phase umfaßt eine zunächst eher spielerisch-experimentierende Auseinandersetzung. Wichtig ist hierbei ein noch nicht auf die Erzielung eines vorgefaßten Endprodukts fixiertes Agieren; es geht vielmehr um ein freies Assoziieren und Erproben, ein Kennenlernen seiner Selbst und seiner Möglichkeiten in der Auseinandersetzung mit der Kombination von Material und Themenstellung.

Reflexionsphase. Diese Phase dient der Reflexion des bisherigen Geschehens. Unter Bezug auf die vorliegenden Arbeitsergebnisse werden in einem Unterrichtsgespräch vor allem die Erfahrungen mit der Themenstellung, mit der Auseinandersetzung mit dem Material und mit dem Selbst diskutiert. Dabei werden neue Erkennt-

---

[3] Vgl. hierzu etwa *Meike Aissen-Crewett:* Schülerzentrierte Kunstpädagogik. Frankfurt/M. u.a. 1985, 248f. Vgl. auch die Phaseneinteilungen bei *Hans Daucher; Rudolf Seitz:* Didaktik der bildenden Kunst. Moderner Leitfaden für den Unterricht. Grundschule – Hauptschule – Realschule – Gymnasium. Erstes bis zehntes Schuljahr. München [12]1982, vor allem S. 91f., 120, 127; *Gerold Wilhelm; Joachim Wloka:* Handbuch Kunstunterricht. Band I: Unterrichtsmodell Primarstufe. Düsseldorf [2]1983, 35ff.

nisse in bezug auf alle diese drei Faktoren gewonnen. Hier besteht die Möglichkeit des Analysierens, des Verwerfens, Bestätigens oder Veränderns des bisherigen Ansatzes und der bisherigen Vorgehensweise.

Ausführungsphase. Diese Phase korrespondiert mit der Experimentierphase insofern, als das „Machen" wieder ganz im Vordergrund steht. Nun geht es aber um die konkrete, zielgerichtete Umsetzung des künstlerisch-ästhetischen Vorhabens.

Analysephase. Diese Phase korrespondiert mit der Reflexionsphase insoweit, als die Schülerinnen und Schüler in einem Unterrichtsgespräch anhand ihrer bildnerischen Produkte über ihre Ideen, Gefühle, Erfahrungen sprechen.

Abschließend sei noch einmal darauf hingewiesen, daß diese Phaseneinteilung dazu dient, die unterschiedlichen Entwicklungsprozesse des Unterrichts zu strukturieren. Keinsfalls handelt es sich dabei um ein starres Muster, nach dem sich die Unterrichtsplanung zu richten hat. Immer gilt es, den jeweiligen aus der Trias Themenstellung, Material sowie Erfahrungen und Möglichkeiten der Schülerinnen und Schülern ergebenden spezifischen Bedürfnissen gerecht zu werden.

Beispiel für eine Unterrichtsplanung: Drucken

Abschließend möchte ich anhand eines Beispiels, nämlich des Druckens, darstellen, wie Unterrichtsplanungen im Einzelfall aussehen können bzw. welche Überlegungen Sie bei der Unterrichtsplanung anstellen müssen. Wir werden uns mit dem Drucken im Verlaufe dieses Buches noch befassen (Kapitel 7). Im nachstehenden stehen die bei der Unterrichtsplanung anzustellenden Überlegungen und Vorbereitungen im Vordergrund. Auch hier möchte ich keine starren Regeln geben, sondern eher Ihre Sensibilität im Hinblick auf Unterrichtsplanung und -vorbereitung fördern.

Ziele des Kunstunterrichts beim Drucken

Sie sollten sich klar machen, welche Ziele mit dem Drucken verfolgt werden. Als solche können genannt werden:

- Kinder zu ermutigen, die spezifischen Eigenschaften von Druckstöcken, die von ihnen hergestellt oder vorgefunden werden, in ihren Gestaltungsmöglichkeiten zu erkennen und zu nutzen.
- Kindern zu helfen, den Wert von unterschiedlichen Druckmaterialien visuell und taktil zu entdecken und schätzen zu lernen.
- Kinder in bezug auf die methodischen, handwerklichen und künstlerischen Fertigkeiten beim Drucken zu unterstützen.

Was Sie vor dem Unterricht an Material besorgen müssen

Unterrichtsvorbereitung besteht nicht nur darin, daß Sie sich überlegen müssen, was und wie Sie unterrichten wollen. Sie müssen ferner darauf achten, daß auch die notwendigen Materialien zur Verfügung steht. Und diese sind beim Drucken recht umfangreich. Dazu gehören vor allem: Geeignete Farbe wie Tusche, Druckerschwärze usw.; Zeitungspapier zum Abdecken der Arbeitsflächen; sauberes druckfähiges, saugfähiges Papier; Textillappen;

Schwamm; „Druckstöcke“, also Materialien aller Art, bzw. Glas oder eine glatte Fläche (für Monotypien), Holz- oder Linolstücke usw.; Kratz- bzw. Schneidewerkzeuge; Roller.
Drucken hat zu tun mit Oberflächen, Strukturen, Texturen. Deshalb sollten die Kinder zunächst die Oberflächen, auf und mit denen gedruckt werden soll, haptisch erfahren. Die Kinder sollten auch Materialien sammeln, beurteilen und erfahren, mit denen man Drucke herstellen könnte, sie sollten also nicht von vornherein auf typische Druckstöcke (üblicherweise Holz, Linoleum, Kartoffeln usw.) festgelegt werden. Zum Drucken eignen sich nahezu alle Natur- und viele künstliche Materialien.

Eröffnung der Unterrichtsstunde

Die Kinder haben zunächst die Möglichkeit, ein Sortiment von vielfältigen Druckmaterialien zu betasten, haptisch zu erfahren, die Strukturen zu befühlen, dabei Vorstellungen zu entwikkeln – dies alles noch bevor überhaupt das Drucken ausdrücklich zum Gegenstand des Unterrichts gemacht wird. Im Verlaufe des Unterrichtsgesprächs treten dann zunehmend die Oberflächenstrukturen in den Vordergrund. Dabei ermutigen Sie die Schülerinnen und Schüler, deren Ähnlichkeiten und Unterschiede zu entdekken, auch sich Vorstellungen darüber zu machen, wie man sie verwenden oder gegebenenfalls so verändern kann, daß man sie zum Drucken verwenden kann.
Dann wenden Sie sich dem übrigen Material zu, als erstes der Farbe, also der Tusche oder Druckerschwärze. Sie stellen deren spezifische Eigenschaften vor und probieren diese mit den Kindern aus, z.B. ihre Konsistenz und ihre Verarbeitbarkeit. Die Kinder erfahren, wie man durch dickeren und dünneren Farbauftrag bzw. durch stärkeres oder leichteres Drücken die Helligkeit bzw. Dunkelheit der Drucke beeinflussen kann.
Nach diesen fast unmerklichen, spielerischen Hinführungen zu Druckstökken und Farbe, die in der oben dargestellten Phaseneinteilung zu der *Vorbereitungsphase* zu rechnen sind, ist der Drang bei den Kindern, „richtig“ zu drucken, zumeist schon so stark, daß sie sich auf die Arbeit stürzen, womit in die *Experimentierphase* eingetreten wird. Die Verhaltensweisen können bei Kindern unterschiedlich sein. Einige konzentrieren sich mehr auf das Naturmaterial, so wie sie es vorfinden, versuchen, vor allem mittels der Frottage, deren Strukturen sichtbar zu machen. Andere Kinder befassen sich mehr mit der Möglichkeit der Veränderung des Materials und den sich daraus ergebenden Variationsmöglichkeiten des Druckens.

Unterrichtsgespräch und weiteres Arbeiten

Nachdem der erste Arbeitsrausch vorbei ist, erste Ermüdungserscheinungen sich zeigen (die sich manchmal in dem Mangel an Ideen oder in Wiederholungen äußern), findet ein Gespräch über die bisherigen Aktivitäten und die dabei gemachten Erfahrungen statt. Dieses Stadium entspricht in der obigen Phaseneinteilung der *Reflexionsphase.* In diesem Stadium werden anhand verschiedener Arbeitsergebnisse die unterschiedlichen Annäherungsweisen an Druckmaterialien und -verfahren diskutiert. Dabei sollten Sie die Aufmerksamkeit der Kinder in erster Linie auf die Abhängigkeit der Art und Qualität der Drucke

von Material und Struktur des „Druckstocks“ sowie der unterschiedlichen Handhabung der Druckverfahren lenken.
Mit zunehmendem Alter ist eine Verlagerung der Intentionen beim Drukken zu beobachten. Während jüngere Kinder sich an der Tatsache des Abdrucks von einem Druckstock allein und dessen vielfältigen Strukturen freuen können, legen ältere Kinder, vor allem ab der Präadoleszenz, Wert auf den Bildinhalt, auf die Fähigkeit der gegenständlichen Umsetzung von Bildideen mittels des Drucks sowie die Exaktheit der Ausführung. Hier stehen dann im Unterrichtsgespräch auch eher technische Fragen im Vordergrund.
Nach diesen Unterrichtgesprächen eröffnen sich sodann erweiterte, neue Arbeitsmöglichkeiten für die Schülerinnen und Schüler, bei denen ihnen vielleicht (oder hoffentlich) das dabei „Gesehene“, Erfahrene, Gelernte helfen kann. Dieses Stadium entspricht in der Phaseneinteilung der *Ausführungsphase.* Nunmehr können Sie auch dazu übergehen, unter Aufnahme der Vorarbeiten und der Berücksichtigung der spezifischen Fähigkeiten der Schülerinnen und Schüler konkrete Gestaltungsanregungen zu geben oder gar „Aufgaben“ zu stellen. Nach Abschluß der Arbeiten werden diese und die bei dem Arbeits- und Auseinandersetzungsprozeß gemachten Erfahrungen diskutiert *(Analysephase).* So kann man die Abfolge der Unterrichtsphasen beim Drucken in folgende Phasen einteilen:

- Erfahren der Druck- und sonstigen Materialien
- Diskussion dieser Erfahrungen
- Erstes experimentelles Arbeiten
- Diskussion der dabei gemachten Erfahrungen und Erkenntnisse
- Weiteres gestaltendes Arbeiten
- Abschließende Diskussion der Arbeitsergebnisse und der gemachten Erfahrungen.

Aktivitäten für die Leserin und den Leser

1. Versuchen Sie, bei von Ihnen in Aussicht genommenen Projekten oder Unterrichtsvorhaben diese in einzelne Phasen zu untergliedern. Fragen Sie sich, bei welchen Handlungseinheiten Sie eine genaue Planung vornehmen müssen und bei welchen Handlungseinheiten Sie es auf die jeweilige konkrete Entwicklung im Unterricht ankommen lassen können.
2. Überlegen Sie sich bei einzelnen Phasen möglichst viele Alternativen. Versuchen Sie sich vorzustellen, wie die Schülerinnen und Schüler auf die Alternativen reagieren.
3. Überlegen Sie sich, ob, in welchen Phasen und Handlungseinheiten und wie Sie Schülerinnen und Schüler bei der Unterrichtsplanung mitplanen und mitentscheiden lassen können. Wie müssen Sie selbst Ihren Unterricht strukturieren, um den Schülerinnen und Schülern eine Teilhabe an der Unterrichtsplanung zu erlauben? Welche besonderen Anforderungen werden dadurch an Sie gestellt? Welche Eigenschaften müssen Sie hierzu bei den Schülerinnen und Schülern fördern?
4. In Ihrer Klasse sind überwiegend ausländische Kinder. Worauf müssen Sie bei der Unterrichtsplanung besonders achten? Überlegen Sie sich bei einzelnen Unterrichtsprojekten oder Handlungseinheiten, ob Sie besondere Anpassungen an die spezifische Ausgangslage dieser Kinder vornehmen müssen.

Kapitel 5

Die ästhetisch-künstlerische Entwicklung

Im Kunstunterricht der Grundschule können wir als Kunsterzieherinnen und Kunsterzieher ohne ausreichende Kenntnisse der ästhetisch-künstlerischen Entwicklung nicht auskommen. Eine unzureichende Kenntnis in dieser Beziehung kann zu unangemessenen Einschätzungen und Interventionen führen, auch zu unzutreffenden Aufgabenstellungen und Leistungserwartungen. Eine genaue Kenntnis des Standes der ästhetisch-künstlerischen Entwicklung wird Sie als Kunsterzieherin und Kunsterzieher auch befähigen, besser zu erkennen, welche Motivation und Hilfen im Einzelfall erforderlich sind. Ziel dieses Kapitels ist es nicht, die zahlreichen Theorien zur Entwicklung der Kinderzeichnung Revue passieren zu lassen.[1] Mir geht es vielmehr um eine griffige, auf die Bedürfnisse der Praxis des Kunstunterrichts bezogene Darstellung.[2]

Wenn man versucht, die bildnerische Entwicklung zu strukturieren, kann man im wesentlichen drei Stufen unterscheiden. Die erste, die *manipulative Stufe*, ist diejenige, in der Kinder Materialien manipulieren, zunächst in einer eher untersuchenden, uns oft zufällig anmutenden Art und Weise. Später wird auf dieser Stufe die Manipulation zunehmend organisierter, bis die Kinder die Bildzeichen, die sie hervorbringen, benennen. Auf der nächsten Stufe, der *symbolschaffenden Stufe*, entwickeln die Kinder eine Reihe von ausgeprägten Symbolen, die für Objekte ihrer Erfahrung stehen. Schließlich folgt die *Präadoleszenzstufe*, auf der die Kinder kritisch werden gegenüber ihrer Arbeit und sich in einer mehr auf Reflexion und Selbstreflexion beziehenden Weise ausdrükken.

Die Tatsache, daß diese Stufen in der Arbeit der meisten Kinder auftauchen, beeinträchtigt keineswegs die Einmaligkeit der Arbeit eines jeden Kindes. Im Rahmen dieser Stufen der ästhetisch-künstlerischen Entwicklung werden die individuellen Charakteristika des ästhetisch-künstlerischen Ausdrucks des einzelnen Kindes nur um so deutlicher erkennbar. Die Stufen der ästhetisch-künstlerischen Entwicklung stellen Strukturierungs- und Orientierungshilfen dar. Sie sind keine starren Regeln, an die sich die bildnerische Entwicklung jedes einzelnen Kindes zu halten hätte, etwa mit der Folge, daß aus der Abweichung von diesen Stufen eine abnorme Entwicklung diagnostiziert werden könnte. Es ist schwierig, genau das Alter zu bestimmen, das den jeweiligen Entwick-

---

[1] Hierzu umfassend *Hans-Günther Richter:* Die Kinderzeichnung. Entwicklung, Interpretation, Ästhetik. Düsseldorf 1987. Vgl. ferner *Max Kläger:* Phänomen Kinderzeichnung. Baltmannsweiler ²1990.

[2] Ergänzend verweise ich auf *Meike Aissen-Crewett:* Kinderzeichnungen verstehen. Von der Kritzelphase bis zum Grundschulalter. München 1988. Diesem Buch sind die Illustrationen dieses Kapitels entnommen.

lungsstufen zuzuordnen ist. In jedem Fall sollte man sich vor einer rigiden altersmäßigen Festlegung hüten. So verstehen sich die nachstehenden Altersangaben auch nur als eine gewisse Orientierung.

Die manipulative Stufe (2 bis 5 Jahre)

Künstlerisch-ästhetische Aktivitäten sind bei Kindern überall in der Welt anzutreffen. Von klein an zeichnen und kritzeln Kinder auf jedem ihnen erreichbaren Material, sobald sie ein hierzu geeignetes Instrument – Bleistift, Filzschreiber, Kreide, Lippenstift usw. – halten und führen können. Viele Erwachsene versuchen, Kinder hiervon abzuhalten, zumal wenn die Spuren der kindlichen Aktivitäten auf Wänden, Tischen und sonstigen Möbelstücken, die sie nicht als ideale Grundlage von zeichnerischen Versuchen ansehen, zu finden sind. Viele Erwachsene zeigen sich erleichtert, wenn sie sehen, daß die Kritzelaktivitäten des Kindes nachlassen. Aber solche Erwachsenen verstehen nicht die Bedeutung dieser Aktivitäten, sie verstehen nicht, daß das Kritzelstadium eine unverzichtbare Aktivität für die Entwicklung des Menschen ist, daß das Kritzeln nicht weniger wichtig ist als das erste Plappern, das schließlich zum koordinierten Sprechen führt.

Indem das Kind „kritzelt", drückt es im buchstäblichen Sinne der Welt seine Zeichen auf: das Kind realisiert, daß es im physischen wie visuellen Sinne einen Einfluß auf seine Umwelt ausübt. So wie es fasziniert ist von seiner Fähigkeit, Plappern, Schreien, Kreischen, Rufen, Lachen als Beweis seiner Existenz zu erzeugen, so kann es auch nicht genug davon bekommen, seine Existenz im Hervorbringen von Zeichen zu bekennen. Die Fähigkeit zum Hervorbringen von Zeichen hat einen wesentlichen Vorteil: Während der Schrei, das Kreischen und das Lachen mit ihrer Vollendung auch beendet sind, bleiben die graphisch gesetzten Zeichen erhalten; sie zeugen weiterhin, auf eine geradezu magische Weise, von der eigenen Kraft und der eigenen Existenz.

Solchermaßen gekritzelte Markierungen stellen zumindest Vorläufer eines visuellen Symbolsystems dar, wenn wir in ihnen nicht schon selbst ein eigenständiges Symbolsystem zu erkennen vermögen. Das Faszinierende ist, daß jedes Kind schon jetzt seine eigene Handschrift hat; mögen wir auch noch so sehr versuchen, die frühen graphischen Markierungen von Kindern zu klassifizieren, so haben sie doch bei jedem Kind ihre eigene Individualität, die es zu entdecken gilt. Kinder, denen die Möglichkeit zum Kritzeln nicht beschnitten wird, entwickeln ein erstaunliches Repertoire von Punkten, Linien, Formen, Zeichen. Dieses Repertoire von graphischen Zeichen wird von dem Kind zunehmend zur Bildung von visuellen Symbolen verwendet, die den Reichtum des eigenen Welterbauens reflektieren.

Diese Anfangsstufe der bildnerischen Produktion, die etwa bis zum Alter von vier oder fünf Jahren dauert und in der Regel Kritzelstadium genannt wird, bezeichne ich als *manipulative Stufe.* Manipulativ nenne ich sie, weil sich in ihr das Kind die Fähigkeit erobert, sich mittels graphischer Zeichen, denen zunehmend eine Symbolkraft zukommt, eine Welt zu erbauen und diese im weiteren zu erforschen, indem es gleichermaßen mit Material wie mit Ideen manipuliert. Das Krit-

Kritzel 1		Punkt
Kritzel 2		Einzelne vertikale Linie
Kritzel 3		Einzelne horizontale Linie
Kritzel 4		Einzelne diagonale Linie
Kritzel 5		Einzelne Kurvenlinie
Kritzel 6		Multiple Vertikallinie
Kritzel 7		Multiple Horizontallinie
Kritzel 8		Multiple Diagonallinie
Kritzel 9		Multiple Kurvenlinie
Kritzel 10		Offene Schlangenlinie
Kritzel 11		Schlangenlinie mit Einschluß
Kritzel 12		Zickzack- oder Wellenlinie
Kritzel 13		Einzelne Schleifenlinie
Kritzel 14		Multiple Schleifenlinie
Kritzel 15		Spirallinie
Kritzel 16		Kreis überdeckt mit multiplen Linien
Kritzel 17		Kreis umfahren mit multiplen Linien
Kritzel 18		Kreislinie mit Streuung
Kritzel 19		Einzelner gekreuzter Kreis
Kritzel 20		Unvollkommener Kreis

Am Amfang steht das „Kritzel“: Wie vielfältig die Grundstrukturen dessen sind, was wir „Kritzel“ nennen, zeigt diese Übersicht.

zeln stellt nur den Beginn der manipulativen Phase dar. Noch erscheinen die graphischen Zeichen, vor allem aufgrund unzureichender Bewegungsbeherrschung, noch relativ unkoordiniert und unkontrolliert. Wenn die Zeichen zunehmend mit Bedacht und Kontrolle gesetzt werden, wächst die Fähigkeit zur Manipulation. Die Kinder entwikkeln eine große Vielfalt von unterschiedlichen Zeichen, die sie auf variationsreiche Weise miteinander kombinieren. Die zunächst eher zufällige Manipulation wird, wenn Kinder Muster erfinden, sie wiederholen und miteinander kombinieren, kontrollierter. Verschiedene Linien werden entwikkelt und eingesetzt: horizontale, vertikale, diagonale, gerade, gebogene, wellenförmige, schleifenförmige usw. Besonders wichtig ist die Form des Mandalas, das einen entscheidenden Wendepunkt von der Kritzelstufe zur bewußten Darstellungsstufe darstellt. Dabei steht Mandala für einen Kreis, der durch zwei gekreuzte Linien in Quadrate geteilt ist. Der Psychoanalytiker *C.G. Jung* und der Psychologe *Rudolf Arnheim* halten das Mandala für ein universelles, in allen Kulturen zu findendes Symbol.

Im Alter von zwei bis fünf Jahren beginnen Kinder, auch die Eigenschaften von Materialien kennzulernen. Sie sind fasziniert von allen erreichbaren Materialien, von der Vielfalt der Oberflächenstrukturen, der Farben, Gerüche, Geschmäcke, Gewichte und anderer Eigenschaften. Sie können bildnerische Materialien manipuieren und lernen ihre charakteristischen Eigenschaften zu transformieren. Mit einem Pinsel können sie eine Farbe zu einer Linie formen oder zu einer Form oder in der Farbe unterschiedliche Strukturen hinterlassen. Wie erregend ist es für ein Kind, zu erkennen, daß Farben sich verändern, wenn sie mit anderen gemischt werden – und daß das Kind selbst es ist, das diese Veränderung bewirken kann. Gleichermaßen kann das Kind das Material Ton manipulieren, indem es aus einem Klümpchen eine Schlange formt, die es zu einem Kreis zusammenfügen oder daraus eine Figur formen kann, aber danach seine Schöpfungen auch wieder zerstören kann. So erforschen Kinder die Eigenschaften und Veränderungsmöglichkeiten vieler Materialien. In der Regel dauert es nur wenige Wochen, bis sie diese so kennen, daß sie sie fast nach Belieben manipulieren und gebrauchen können.

Kinder beginnen mit dem Markieren von Zeichen oft schon in einem erstaunlich frühen Alter. Als erste Versuche, gleichsam im Trockenen, zu zeichnen, kann man die Bewegungen des Händchens und des Zeigefingers beim Kleinkind ansehen, die beim Wachsein eigentlich ständig in Bewegung sind. Es ist dann kein weiter Schritt bis zum Ergreifen eines auf dem Tisch gefundenen Stiftes, um mit diesem auf der Tischdecke oder auf herumliegenden Papier, Zeitschriften oder Büchern die ersten Markierungen zu setzen. Dabei bewegt das Kind nicht nur seine Hand; tatsächlich zeichnet der ganze Körper mit – von der Fingerspitze bis zur Fußspitze: der ganze Körper ist angespannt, ist in Bewegung, im Rhythmus. Aus dieser körperlichen Ganzheitlichkeit des Zeichnens rührt auch die Intensität der Tätigkeit des Zeichnens. Wir spüren dies heute noch an uns selber, wenn wir an uns beobachten, daß unsere eigenen bildnerischen Arbeiten lebendiger, „bewegter" sind, wenn wir im Stehen malen und zeichnen. Die Reduktion unseres ganzen Körpereinsatzes beim Zeichnen und Malen auf die

Funktion von Hand und Arm führt oft zu einer Verarmung unseres bildnerischen Ausdrucks, zulasten dessen Lebendigkeit, Bewegung und Rhythmus. Schon bald auch wird die zweidimensionale Ausdrucksform zur dreidimensionalen erweitert. Kinder „bauen“ mit Sand, Ton, Plastillin oder einfach mit Matsch. Sie beginnen, Bauklötzchen aufeinander zu schichten und aus ihnen größere Bauwerke zu errichten. In der Regel geschieht all dies etwa im Alter von 2 bis 3 Jahren. Erstaunlicherweise beginnen im Alter von etwa 4 bis 5 Jahren, dem Alter, in dem Kinder in der Regel in den Kindergarten, Kinderladen, Kindertagesstätte kommen, sich die Freude und Sicherheit im bildnerischen Umgang oft zu verlieren, manchmal auch nur temporär. Die bildnerischen Arbeiten weisen nun nicht mehr die traumwandlerische Sicherheit in der Balance und dem Rhythmus auf, die den Charme der frühen Arbeiten ausmacht. Auch die Sicherheit des Raum- und Formgefühls scheint nachzulassen.

Was sind die Gründe für diese Veränderung? Sie liegen wohl in erster Linie darin, daß Kinder in dieser Altersstufe eine Periode der Anpassung an eine für sie fremde soziale Umgebung durchlaufen. Viele von ihnen sind zum ersten Mal für einen längeren Zeitraum von dem schützenden Zuhause entfernt, von den Eltern, den Geschwistern, von anderen vertrauten Personen. Nun umgeben sie fremde

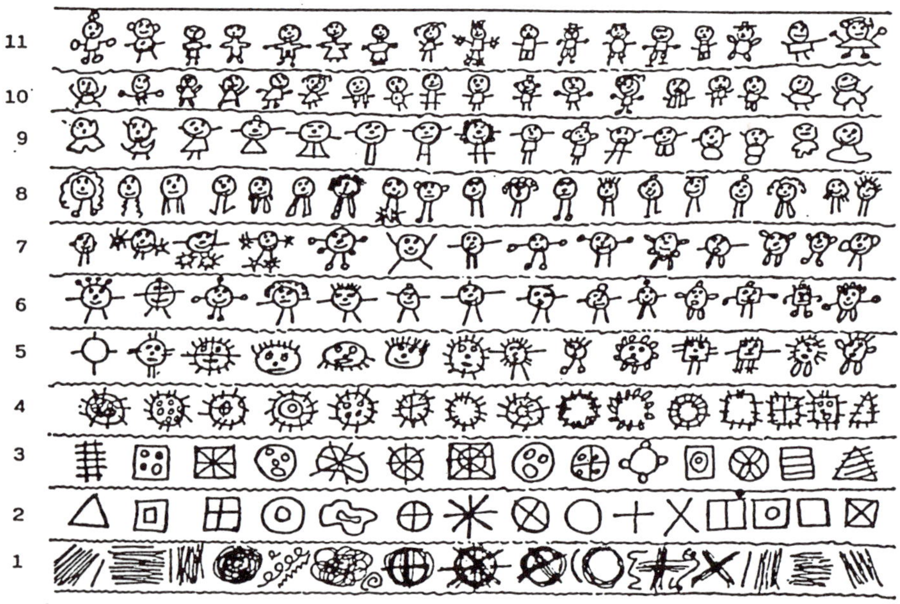

Schematisierte Darstellung der Entwicklung der menschlichen Gestalt aus Kritzeln: (1) Von Kritzeln über (2) Grundformen und (3) zusammengesetzten Formen zu (4) Sonnengesichtern und (5) -figuren, weiter zu (6) menschlichen Wesen mit Markierungen am Kopf und (7) ohne solche, zu (8) armlosen Menschen mit (9) unterschiedlichen Rümpfen, mit (10) Armen daran, schließlich zu (11) relativ vollständigen Menschen.

Gesichter, Menschen und Situationen. In den nun manchmal etwas verwirrt wirkenden bildnerischen Arbeiten der Kinder reflektiert sich zugleich die Verwirrung über diese neue Welt. Ein weiterer Grund für den sich zunehmend andeutenden „Niedergang“ dieser einstmals so anziehenden „Kinderkunst“ liegt darin, daß viele Kinder in dieser Zeit eine neue Phase der bildnerischen Entwicklung erleben. Es deutet sich der Übergang von der manipulativ-experimentierenden zur symbolschaffenden Stufe an. Nunmehr werden die Markierungen nicht zufällig auf ein Stück Papier gesetzt, sondern werden mit Überlegung und mit der Anstrengung der Präzision gemacht. In ihrem Streben nach einer größeren Beherrschung von Symbolen verlieren Kinder zunehmend ihre natürliche Ungebundenheit. Erst wenn sie sich in ihrer neuen Umgebung „zu Hause“ fühlen, kehren Spontaneität und Unmittelbarkeit zurück.
Auf der manipulativen Stufe kann man drei Arten von *konzeptuellem Lernen* unterscheiden:

1. Wenn Kinder in der Lage sind, die charakteristischen Eigenschaften von Linien, Formen und Strukturen zu begreifen sowie Materialien auf unterschiedliche Weise zu organisieren, können sie *visuelle Konzepte* bilden.
2. Wenn Kinder Ordnungsbeziehungen herstellen können, sind sie in der Lage, *relationale Konzepte* zu bilden. Das ist z. B. der Fall, wenn Kinder bei der Organisation eines Bildes eine überlegte Entscheidung über die Plazierung von Linien und Formen treffen, darüber ob diese eng geführt sind oder weiter auseinanderliegen, ob sie in der Mitte des Blattes oder oben und unten, rechts oder links positioniert werden.
3. Wenn Kinder die Verbindungen erkennen zwischen ihren Aktivitäten mit bildnerischen Materialien einerseits und den visuellen Ergebnissen und den Gefühlen, die diese Aktivitäten verursachen, andererseits, werden *expressive Konzepte* gebildet. Kinder beginnen, Linien als „stark“ oder „schwach“ zu erfahren und zu bezeichnen und Formen als „dick“ oder „dünn”. Die Tatsache, daß Kinder die Eigenschaften von bildnerischen Elementen auf eine Weise organisieren können, die Glück, Fröhlichkeit oder Trauer kennzeichnen, stellt eine wichtige Erfahrung in der ästhetisch-künstlerischen Entwicklung dar. Sie bedeutet, daß Kinder eine graphische Sprache entwickelt haben, mit der sie ihre Gefühle und Ideen ausdrücken und so kommunizieren können.
Bis zu diesem Zeitpunkt haben Kinder dem bildnerischen Produkt in der Regel weder ein Thema vorgegeben noch ihm nachträglich einen Titel gegeben. Aber dann kommt der Zeitpunkt, wo Kinder von dem Blatt aufschauen, auf es zeigen und sagen „Das bin ich“ oder „Das ist der Teddy“ oder „Das ist Mami im Auto”. So erreicht der manipulative Prozeß eine Stufe, auf der eine Beziehung hergestellt wird zwischen der Darstellung und den, durchaus wechselnden, Benennungen des Dargestellten und den Aussageintentionen.
Eltern notieren sich oft, wann ihr Kind das erste verständliche Wort gesprochen hat. Den graphischen Äußerungen wird weit geringere Aufmerksamkeit geschenkt – nur ein weiterer Beweis für die Überschätzung der Sprache und die Unterschätzung des Bildes und des Symbols in unserem Kulturkreis. Dabei ist das erste graphische Symbol des Kindes von weitaus größerer Bedeutung als das erste Wort. Das

Symbol enthüllt stärker als das Wort das geistige Potential des Menschen. Wir wissen noch immer nicht genau, wie das Kind zu dieser Symbolschaffung gelangt. Eine Erklärung könnte sein, daß das Kind zunehmend erkennt, daß den Zeichen eine gewisse Bedeutung zukommt, wobei die zunehmende Fähigkeit zur Variierung von Zeichen das Kind veranlassen mag, Symbole intentional zu bilden. Wahrscheinlich hat die Bildung von Symbolen auch mit der geistigen Entwicklung zu tun. Aber was auch immer der Grund für die Symbolschaffung sein mag, so steht außer Zweifel, daß die Fähigkeit, Symbole zu bilden, einen großen Fortschritt in der Entwicklung des Kindes darstellt. Das Kind hat nunmehr ein neues Ausdrucks- und Kommunikationsmittel entwickelt, das wesentlich von der eigenen Persönlichkeit zeugt.

Wie wir gesehen haben, weist die manipulative Periode drei sich zwar überlappende, aber doch eindeutig identifizierbare Phasen auf:

1. das Kritzeln oder die scheinbar ziellose Manipulation
2. die kontrollierte Manipulation
3. die bezeichnete Manipulation.

Auch wenn es nicht möglich ist, die Phasen eindeutig einem bestimmten Alter zuzuweisen oder vorauszusagen, wie lange jedes einzelne Kind benötigt, um von der einen zur nächsten Phase zu gelangen, so können doch gewisse Verallgemeinerungen über die Entwicklungsumstände getroffen werden. Anscheinend wird die Entwicklung in erheblichem Maße von den bildnerischen Anregungen und Erfahrungen beeinflußt. Wenn Kinder mit Materialien versorgt und entsprechend ermutigt werden, kann es sein, daß sie mit der scheinbar ziellosen Manipulation in ihrem zweiten Lebensjahr beginnen und das Stadium der bezeichneten Manipulation erreichen, bevor sie vier Jahre alt sind. Kinder, die diese Förderung nicht erfahren, erreichen dieses Stadium in der Regel erst mit entsprechender zeitlicher Verzögerung. Wir müssen uns also bei Kindern in der Vorschule und der Eingangsstufe im klaren darüber sein, daß in bildnerischer Hinsicht nicht alle Kinder den gleichen Entwicklungsstand aufweisen.

Die symbolschaffende Stufe (6–8 Jahre, Jahrgangsstufen 1–3)

Wir haben gesehen, daß das Kind im Laufe seiner ästhetisch-künstlerischen Entwicklung einem Bildzeichen eine symbolische Bedeutung beimißt. Anfangs steht dieses Zeichen für alles, was das Kind bestimmt. Ein Zeichen, das als „Mami“ bezeichnet wird, kann in einer anderen sehr ähnlichen Form für ein „Haus“ stehen. Die frühe symbolische Form ist also noch weitgehend undifferenziert; sie kann für das Kind gleichwertig viele Gegenstände repräsentieren. Eine Parallele findet sich in der sprachlichen Symbolsprache. Ein Kind, das das Wort „Hund“ gelernt hat, benutzt dieses Wort zunächst auch für eine Katze, ein Schaf, eine Kuh oder andere Tiere mit vier Beinen. In diesem Falle korrigieren Erwachsene das Kind und nennen ihm die richtige Bezeichnung, wodurch das Kind die Differenzierung eines Symbols erlernt.

Ein ähnlicher Prozeß ist bei der künstlerisch-ästhetischen Entwicklung des Kindes zu beobachten. Am Anfang steht das einfache Symbol für alles, was hierdurch nach der Wahl des Kindes repräsentiert werden soll. Mit dem Voranschreiten der symbolschaffenden Fähigkeit bildet das Kind entwickeltere graphische Symbole. Diese Entwicklung kann vor allem bei frühen Darstellungsformen der menschlichen Gestalt beobachtet werden. Ursprünglich kann die einfache kreisförmige Gestalt, die ein Schaf darstellen soll, zugleich für „Mami“ stehen. Zu einem späteren Zeitpunkt kann es sein, daß das Kind dieser Gestalt, die zunächst ein Schaf darstellen soll, zugleich aber auch als Symbol für „Mami“ fungiert, weitere Markierungen hinzufügt, mit der Folge, daß das hierdurch entstehende neue differenzierte Symbol nicht mehr als gleichwertiges Kennzeichen für Schaf und Mutter dient, sondern ausschließlich als Symbol für die Mutter reserviert wird. Zugleich kann das ursprüngliche Schaf-

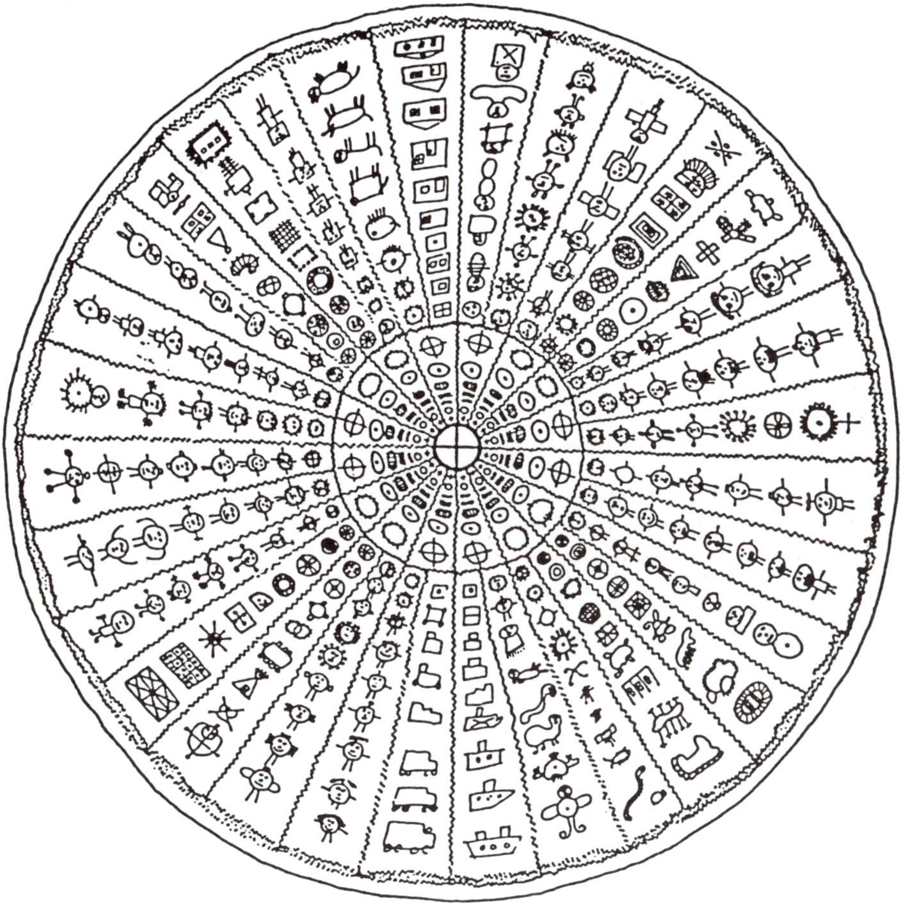

Schema der Entwicklung der bildnerischen Darstellungen, zu lesen von innen nach außen. Das Schema zeigt geläufige Entwicklungssequenzen, ohne Anspruch auf Alleingültigkeit zu erheben.

symbol (das zu einem bestimmten Zeitpunkt auch für „Mami“ stand) dahingehend weiterentwickelt werden, daß ihm, anstelle der für das Symbol „Mami“ dienenden Markierungen, andere Markierungen angebracht werden (z.B. Striche, die die Beine des Schafes bezeichnen sollen), so daß dann dieses zweite weiterentwickelte Symbol ausschließlich für das Schaf steht, nicht auch zugleich für „Mami“.
Graphische Darstellungen von Kindern können zu gravierenden Mißverständissen bei Erwachsenen führen. Das beste Beispiel hierfür ist der sogenannte Kopffüßler: eine Kreisform mit Innenmarkierungen für Augen, Nase und Mund sowie Außenmarkierungen für Ohren, Arme und Beine. Daraus wird manchmal der Schluß gezogen, das Kind sei noch nicht ausreichend mit der menschlichen Anatomie vertraut. Tatsächlich weiß das Kind durchaus ausreichend über die Anatomie des Menschen Bescheid, darüber daß Arme und Füße nicht aus dem Kopf kommen, daß der Mensch Schultern, Brust und Bauch hat – ebenso wie der Künstler *Horst Antes* dies weiß, der dennoch hartnäckig seine „Kopffüßler“ zeichnet, malt und modelliert. Aber warum zeichnet das Kind trotz seiner anatomischen Kenntnisse den „Kopffüßler“? Hierzu müssen wir uns klar machen, daß das

„Kopffüßler“

Kind kein Abbild des Gesehenen herstellt, sondern sich ein Bild formt, ein strukturelles, graphisches Äquivalent seiner Realität.
Die Kreisform, die Erwachsene als „Kopffüßler“ bezeichnen, steht also keineswegs für den Kopf sondern für den ganzen Menschen. So ist der Kopffüßler vielleicht die größte Leistung des Menschen in der bildnerischen Symbolschaffung. Er macht deutlich, daß ein Symbol eben nicht ein Abbild der Realität ist, sondern die Erschaffung eines Zeichens des eigenen Weltverständnisses.
Auf der symbolschaffenden Stufe produzieren Kinder zunehmend differenziertere Darstellungen. Die menschliche Figur erhält mehr Details wie Füße, Hände, Finger, Nase, Augen, Ohren usw. Aber auch hier ist zu beachten, daß Kinder nicht Nachbildungen der Wirklichkeit formen, sondern strukturelle Äquivalente ihres Weltverständnisses erschaffen. Wenn immer Kinder in einer bildnerischen Darstellung zwei oder mehr zueinander in Beziehung stehende Symbole erschaffen, demonstrieren sie einen Fortschritt in ihrer Fähigkeit zur visuellen Kommunikation; sie zeigen hierdurch an, daß sie verstanden haben, daß die Welt aus einer Beziehung zwischen Menschen, Gegenständen und Ereignissen besteht. Hier wird deutlich, wie sehr die bildnerisch-symbolische Auseinandersetzung des Kindes mit der Welt deren Aneignung dient.

Der bildnerisch-symbolische Umgang von Kindern mit dem Raum

Mit der Erweiterung von Symbolen und ihres Gebrauchs und der wachsenden Komplexität wird die Aufgabe zunehmend schwieriger, adäquate graphische Darstellungsarten zu finden, um Bedeutungen klar zu kennzeichnen. Das starke Verlangen von Kindern, sich in ihren Zeichen verständlich und eindeutig auszudrücken, veranlaßt sie dazu, viele uns manchmal merkwürdig anmutende künstlerisch-technische Verfahren anzuwenden. Der Erfindungsreichtum von Kindern, ihren Mangel an technischen Darstellungsmitteln wie der Linearperspektive zu überwinden und diese durch eigene ihnen adäquat erscheinende Mittel zu ersetzen, verdient besondere Aufmerksamkeit und Bewunderung.

Kinder sehen sich in ihren Malereien und Zeichnungen vor allem mit schwer zu lösenden räumlichen Problemen konfrontiert.[3] Um die Raumtiefe anzuzeigen, stellt das Kind die Gegenstände auf dem Blatt Papier zunächst neben-, über- oder untereinander, wobei die Möglichkeit der Kennzeichnung der räumlichen Zuordnung durch Größenverhältnisse und Überschneidungen noch ungenutzt bleibt. Für das Kind stellt das Blatt Papier eine Welt dar, auf dem alle Gegenstände und Personen, die es darstellen möchte, ihren Platz haben. Dabei bestimmt sich die Größe des einzelnen Gegenstandes nicht nach der räumlichen Zuordung zu anderen Gegenständen, sondern nach der vor allem emotionalen Bedeutung, die das Kind dem Gegenstand beimißt.

Die Mutter erscheint z. B. größer als das Haus; Kinder, befangen in einem Egozentrismus, zeichnen sich selbst im allgemeinen größer als andere Personen. Diese Tendenz, das emotional, manchmal auch intellektuell Wichtigere durch die Größe des Objekts herauszustellen, wird noch verstärkt durch die Wahl einer bevorzugten Farbe für das bevorzugte Objekt. Zunehmend aber haben Kinder den Wunsch, die Gegenstände in eine räumliche Zuordnung zu bringen. Der erste wesentliche räumliche Ordnungsversuch besteht in der horizontal angeordneten Grundlinie, auf die die Menschen und die Dinge zunächst gestellt werden. Was zuvor, oft schief gestellt, in geradezu Chagallscher Manier, wie über das Blatt zu fliegen schien, erhält nun seine Verankerung in der Grundlinie. Im weiteren werden dann über der ersten Grundlinie zusätzliche Grundlinien auf dem Blatt angebracht und darauf weitere Personen und Gegenstände gestellt und so eine räumliche Gliederung eingeführt.

Auf derselben Entwicklungsstufe, auf der Kinder die Grundlinie entdecken, ziehen sie oft an der Oberkante des Papiers eine Linie oder einen Farbstrich, um so, als Äquivalent zur Grundlinie, die die Erdoberfläche repräsentiert, den Himmel zu markieren. Der Farbstreifen oder die Linie für den Himmel wird in der Regel durch eine Kreisform mit strahlenförmigen Linien, also dem Symbol für die Sonne, manchmal auch durch Sterne ergänzt.

Mit der Abnahme des Egozentrismus und der Verlagerung des Zentrums aus der eigenen Person heraus und in die Welt hinein gewinnen die Versuche der bildnerischen Darstellungen an Komplexität. Kinder versuchen nun oft, unterschiedliche Perspektiven in derselben Darstellung miteinander zu kombinieren. Bei der Darstellung eines Fußballspiels werden z.B. das Spielfeld und die Feldmarkierungen aus der Vogelperspektive und die Spieler aus der Seitenansicht dargestellt. Aus der Sicht des Kindes sind dies die den unterschiedlichen Gegen-

[3] Hierzu näher *Meike Aissen-Crewett:* Räumliche Vorstellung und Darstellung bei Kindern. In: Kunst+Unterricht 105/1986, 14–19.

ständen angemessenen Perspektiven und Darstellungsformen.
Durch die Vogelperspektive wird das ganze Fußballfeld erfaßt, was ebenso im Falle der Spieler durch die Seitenansicht sichergestellt wird. Die Zuschauer werden entweder wie auf dem Rücken liegend oder auf dem Kopf stehend dargestellt – aber dies wird von dem Kind durchaus nicht so gesehen: es dreht zum Zwecke einer möglichst vollständigen Darstellung das Blatt je nach den darzustellenden Objekten in die geeignete Richtung. Ähnlich verfährt das Kind bei der Darstellung einer Straße: die Fahrbahn und die Bürgersteige werden aus der Vogelperspektive gezeichnet; dann zeichnet das Kind, die Häuserzeile auf der einen Straßenseite und nach einer 180 Grad-Drehung die auf der anderen Straßenseite. Selbst bei der Darstellung einer Einzelperson ist es im Interesse einer möglichst detaillierten Darstellung nicht ungewöhnlich, Profil- und Frontdarstellung miteinander zu kombinieren, eine kombinatorische Sichtweise, die wir ja auch bei Picasso und anderen modernen Künstlern finden.

Das Schema und das Stereotyp

Auf der symbolschaffenden Stufe entwickeln Kinder für die Darstellung von Menschen und Gegenständen bildnerische Äquivalente. Dabei ist zu unterscheiden zwischen Schema und Stereotyp. Ein *Schema* ist eine Darstellungsform, die ein gewisses Maß von Ähnlichkeit mit einem darzustellenden Gegenstand anstrebt. Die Arme eines Menschen z.B. werden verschieden von den Ästen eines Baumes gezeichnet. Kinder benutzen diese einfachen Darstellungsformen immer wieder, um die gleichen Objekte zu kennzeichnen. Ein Schema zeichnet sich dadurch aus, daß das Kind nicht nur ein graphisches Äquivalent zu Gegenständen entwirft, sondern sie auch in die jeweils dazugehörige Situation stellt, um es so von anderen Schemata, die es herstellt, zu unterscheiden.
So lernen Kinder, die Blüte einer Blume, die Strahlen der Sonne, Körperteile von Menschen und Tieren auf eine charakteristische, möglichst eindeutig identifizierbare Weise darzustellen. Dabei verstehen sich Kinder durchaus darauf, ihre eigenen Schemata auf flexible Weise einzusetzen. Ein Kind, das z.B. ein Grundschema für die Gestalt eines Mädchens entworfen hat, ist auch in der Lage, dieses Schema dergestalt zu variieren, um Mädchen mit unterschiedlichen Kleidern, Haarformen oder unterschiedlichen Körperstellungen darzustellen. Man kann bei Kindern oft auch beobachten, daß sie bei wiederholtem, geläufigen Zeichnen eines Schemas diesen Vorgang abbrechen. Dies ist vor allem dann der Fall, wenn das Kind eine gewisse Sicherheit in der Produktion des Schemas erlangt hat.
Kinder entwickeln auf diese Weise in der Phase der Symbolschaffung etwa im Alter von sieben bis neun Jahren eine Reihe von Schemata, die zunehmend verändert und präzisiert werden. Die Präferenzen können hierbei unterschiedlich sein. Manche Kinder mögen sich nahezu ausschließlich auf die menschliche Gestalt konzentrieren, während andere bei der Entwicklung von Schemata Autos und Flugzeuge oder wieder andere Tiere präferieren. Da die Ausgestaltung eines Schemas oft erhebliche Zeit und Geschicklichkeit erfordert und deshalb Schemata nicht gleichermaßen für mehrere Objekte entwickelt werden, können Kinder (wie übrigens auch Er-

wachsene) in der Regel bestimmte Gegenstände besser zeichnen als andere. Im Gegensatz zum Schema ist das bildnerische *Stereotyp* eine Darstellungsform, die Kinder nicht aus sich heraus entwickeln, sondern rein nachahmend aus anderen Quellen reproduzieren. Ein wohlbekanntes Beispiel ist die V-Form, die Erwachsene benutzen, um Vögel im Fluge darzustellen. Ein anderes Beispiel ist das „Strichmännchen", das ebenfalls eine Erfindung von Erwachsenen ist und von Kindern manchmal aus Zeichnungen von Erwachsenen und älteren Kindern, bei denen sie es sehen (und die es gleichfalls von Erwachsenen abgeguckt haben), nachahmen.

Viele Stereotype übernehmen Kinder aus Fernsehen, Reklame, Comicbüchern und dergleichen. Andere Stereotype werden von einem Kind zum anderen weitergegeben. Der Gebrauch von Stereotypen durch Kinder ist vor allem in zweifacher Hinsicht problematisch. Zum einen dienen Stereotype nicht der bildnerischen Entwicklung, weil sie nicht, wie das Schema, von den Kindern originär und nicht aus dem Bedürfnis zur Kommunikation erschaffen werden. Zum anderen raubt das Kopieren von Stereotypen den Kindern die Möglichkeit zur Entwicklung ihrer eigenen Zeichensprache. Zudem veranlassen die von Erwachsenen geschaffenen Cartoons Kinder oft zu der Ansicht, ihre originären Bildzeichen könnten es mit den Cartoons nicht aufnehmen; sie fühlen sich so von ihrer eigenen bildnerischen Produktion enttäuscht und daher entmutigt, diese frei weiterzuentwickeln, und flüchten sich stattdessen in die Reproduktion derartiger Stereotypen.

Nun läßt sich der Einfluß von Stereotypen, etwa in Form von Snoopy- und Star-War-Comics, auf Kinder nicht ausschließen, ganz einfach deswegen, weil sie Teil der Kinder umgebenden visuellen Welt sind. Schon deshalb ist es mit dem – pädagogisch ohnedies falschen – Verbot von Comics nicht getan. Vielmehr ist eine aktive, kreative Auseinandersetzung mit Comics und Stereotypen gefordert. So können Sie z.B. die Kinder veranlassen, eine Geschichte zu erfinden und bildnerisch zu gestalten, in der die Comic-Figur auf eine verfremdende Weise als handelndes Subjekt auftritt. In diesem Fall bestünde die Chance, das Stereotyp der Comic-Figur aus seinen zementierten Aktionsformen herauszulösen.[4]

Die Erfahrung zeigt, daß Kinder sich weitaus weniger von Stereotypen gefangen lassen, wenn sie einen kontinuierlichen, überlegten Kunstunterricht erhalten. Kinder, die ihre eigenen bildnerischen Fähigkeiten zu entwickeln lernen, sind viel zu sehr an ihrer eigenen bildnerischen Arbeit interessiert, als daß sie längerfristig auf das „fast food" des Kopierens von Stereotypen zurückgriffen.

Die Präadolszenz-Stufe (9–13 Jahre, Jahrgangsstufen 4–8)

Die Präadoleszenz-Stufe umfaßt das Alter von etwa 9 bis 13 Jahren. Erst recht für dieses Alter gilt, was bereits zu den früheren Entwicklungsstufen gesagt worden ist: Der Reifegrad der Kinder kann bei gleichem Alter höchst unterschiedlich sein, ohne daß man sa-

---

[4] Aus der umfangreichen Literatur zum Comic vgl. vor allem *Dietrich Grünewald:* Kitsch oder Kunst? Die Bildgeschichte in Analyse und Unterricht. Weinheim 1982.

gen könnte, ein Kind sei seinem Alter voraus oder ein anderes hinke ihm hinterher. Vor allem Mädchen sind gerade in diesem Alter in der Regel den Jungen in der geistigen und körperlichen Entwicklung voraus. Die Zugriffsweise in bezug auf den bildnerischen Ausdruck bei Kindern in der Präadoleszenz unterscheidet sich von der von Kindern in den vorangehenden Phasen. Kinder in der Präadoleszenz haben die Unbefangenheit und Spontaneität verloren, sie sind vorsichtiger geworden. Jüngere Kinder probieren nahezu alles aus, ganz unabhängig vom Ergebnis; für sie ist alles neu und sie genießen es, sich ständig auf neuem Grund zu bewegen. Kinder in der Präadoleszenz dagegen achten viel mehr auf das Urteil ihrer Peer-Gruppe und verzichten auf Experimente, die die Gefahr in sich bergen, zu mißlingen oder durch die Peer-Gruppe als mißlungen angesehen zu werden.

Im Kunstunterricht stehen wir deshalb vor dem Problem, daß bei Zehn- und Elfjährigen eine Zeit beginnt, in der diese mit ihren bildnerischen Produkten unzufrieden sind. Sprachliche Kommunikationsformen beginnen, die Faszination künstlerisch-ästhetischer Kommunikationsformen zu verdrängen. In diesem Alter erfahren die Schülerinnen und Schüler ihre von ihnen als unzulänglich angesehene Fähigkeit, ihre Vorstellungen in adäquater Weise in der künstlerisch-bildnerischen Sprache auszudrücken, als einen oft deprimierend empfundenen Mangel. Eine Ihrer wichtigsten Aufgaben als Kunsterzieherin und Kunsterzieher in dieser Zeit besteht darin, Wege zu finden, um die Kinder zur Selbstakzeptanz zu führen. Hierzu mag es ratsam sein, sich statt auf das Zeichnen und Malen auf das Herstellen von Plastiken, Montagen, Collagen, Drucken usw. zu konzentrieren, also auf Arbeitsweisen, die in erheblichem Maße auch von handwerklichem Geschick, vom „Tun“ und „Machen“ bestimmt sind.

Das Alter etwa von 9 bis 13 Jahren ist der kritischste Zeitraum für die Kunsterziehung. Während dieser Jahre läßt bei Kindern der Drang, sich bildnerisch zu betätigen, nach. Wenn Erwachsene zeichnen, wird man in der Regel einen Entwicklungsstand finden, der etwa dem dieses Alters entspricht. Erwachsenenzeichnungen, vor allem Menschendarstellungen, sind normalerweise von bildnerischen Arbeiten von Kindern aus der Präadoleszenz nicht zu unterscheiden. Der Grund dürfte darin liegen, daß mit der Aufgabe der bildnerischen Betätigung in der Präadolszenz oder Adoleszenz die ästhetisch-künstlerische Entwicklung abgebrochen wird. Mit der Entwicklung kritischer Fähigkeiten in der Präadolezenz sehen Kinder ihre bildnerischen Produkte mit kritischer Distanz. Sie meinen, ihre Zeichnungen, Malereien und sonstigen bildnerischen Werke seien „kindisch“, sie seien eines auf die Erwachsenenzeit zugehenden Menschen nicht angemessen. Kinder in der Präadolszenz zeigen sich deshalb oft äußerst unbefriedigt von ihren bildnerischen Produkten. Motivation in dieser Zeit ist ein schwieriges, aber herausforderndes Unterfangen, bei dem man vor allem dann erfolgreich ist, wenn man die technischen Aspekte der künstlerisch-ästhetischen Arbeit stärker betont und auf die Erfahrungen und Interessen der Schülerinnen und Schüler noch stärker eingeht.

Zu berücksichtigen ist in diesem Alter auch die Wendung vom Konkret-Sensorischen-Imaginativen zum Kognitiv-Realen. Die Schülerinnen und Schüler interessieren sich dafür, ihre kognitiven Fähigkeiten zu testen; sie nehmen eine realitätsbezogenere Einstellung gegenüber ihrer Mitwelt ein. Zunehmend setzt sich eine realistischere Darstellungsweise durch. Hierzu werden Licht- und Schattenmarkierungen, Farbabschattungen und Strukturen eingeführt. Auf Größenverhältnisse wird geachtet, sowohl bezüglich des Größenverhältnisses zwischen einzelnen Objeken wie auch zur Kennzeichnung der räumlichen Tiefenwirkung; erste Versuche zur Linearperspektive werden unternommen. Es wäre allerdings falsch anzunehmen, diese Wende zum Realismus habe mit einem Nachlassen an Phantasie oder Kreativität zu tun. Die musische Einstellung alten Stils, Kinder (und da dachte man am ehesten an naive, „kindliche" Kinder) seien *per se* phantasievoll und kreativ stimmt so nicht. Ebenso ist die Auffassung unzutreffend, Schülerinnen und Schüler hätten ab der Präadoleszenz keine Phantasie mehr. Die von der musischen Kunstpädagogik angestimmte Klage über das „Versiegen der schöpferischen Kräfte in der Pubertät" ist ebenso unbegründet wie falsch. Es kommt nur darauf an, die nunmehr gewandelte Kreativität aufzuspüren und durch entsprechend veränderte didaktische Annäherungsweisen und künstlerisch-ästhetische Angebote zu fördern. Angesichts der Krise der bildnerischen Entwicklung während der Präadoleszenz gewinnt die Kunsterziehung in den davor liegenden Entwicklungsstufen eine bis dahin nicht erkennbare Dimension. Es zeigt sich nämlich, daß es in der Zeit bis zur Präadoleszenz nicht ausreicht, die bildnerische Phantasie von Kindern sich ausleben zu lassen oder Kindern lediglich zum „Selbstausdruck" zu verhelfen. Wenn Schülerinnen und Schüler in der Präadoleszenz so überaus kritisch gegenüber ihren eigenen bildnerischen Produkten werden, so kann man diesem Gefühl des Ungenügens gegensteuern, wenn Schülerinnen und Schüler ihre Aufmerksamkeit der Verbindung von bildnerischer Darstellung und technischen Fertigkeiten zuwenden. Dies kann aber nur dann gelingen, wenn schon auf den frühen Entwicklungsstufen die Entwicklung von technischen Fertigkeiten und Erfahrungen gefördert wird. Damit wird keinem entfremdeten, allein auf die Aneignung technischer Fertigkeiten gerichteten Kunstunterricht das Wort geredet. Aber die Perspektive auf die Präadoleszenz zeigt, daß die Vorstellung der musischen Kunstpädagogik von einem sich gleichsam selbsttätigen Entfalten der ästhetisch-künstlerischen Aktivitäten sich gerade in der Präadolszenz als schädlich erweist.

Es kommt also im Kunstunterricht von Anfang an darauf an, an der Brücke zu bauen, über die dann in der Präadoleszenz in künstlerisch-ästhetischer Hinsicht der Weg von der Kindheit ins Erwachsenensein führt. Dabei müssen wir uns auch darauf besinnen, daß Kinder selbst auf den manipulativen und symbolschaffenden Entwicklungsstufen nie von der Realität gänzlich absehen, wie dies manche realitätsferne Schwärmer einer von der Realität angeblich unbeeinflußten „Kinderkunst" meinen. Schon auf diesen Entwicklungsstufen werden Kinder bei der Entwicklung von den graphischen Zeichen von der sie umgebenden Welt beeinflußt; wir können diesen Einfluß weder ausschalten noch sollten wir dies tun. Vielmehr kommt es gerade darauf an, daß Kinder diese Einflüsse verarbeiten, d.h. konkret: diese Einflüsse in der Erschaffung ihrer eigenen graphischen Zeichen und Schemata zu verarbeiten lernen.

Ihre Rolle als Kunsterzieherin und Kunsterzieher ändert sich in den Jahren der Präadoleszenz. Das Erfülltsein im Selbstausdruck reicht den Kindern nicht aus, das Gefühl des Ungenügens in bezug auf technische Unzulänglichkeiten zu überwinden. Der Selbstausdruck wird von ihnen vielmehr nur dann akzeptiert, wenn er mit einer als ausreichend angesehenen Beherrschung von Darstellungstechniken korrespondiert. Schülerinnen und Schüler wollen also in dieser Zeit wissen, wie man Objekte räumlich richtig dargestellt, um eine Tiefendimension zu erzielen, sie sind interessiert an Schattierungen und Tiefenwirkungen, an richtigen Proportionen, an Farbenmischung und -schattierung, an Kompositionsprinzipien. Sie möchten erfahren, wie Künstlerinnen und Künstler der Kunstgeschichte und der Gegenwart Probleme bei der künstlerischen Darstellung lösen. Dies ist eine nicht einfache, aber eben doch erregende Zeit, eine Zeit des Umbruchs, nicht nur für Schülerinnen und Schüler, sondern auch für Kunsterzieherinnen und Kunsterzieher. Ihre Aufgabe besteht vor allem darin, den Übergang von enthusiastischen „Kinderkünstlern“ zu engagierten Erwachsenen zu fördern, für die Kunst zu einem wichtigen, bedeutenden und bedeutungschaffenden Teil ihres Lebens, ja zu einem „Lebensmittel“ wird.

Aktivitäten für die Leserin und den Leser

1. Sammeln Sie aus dem Kindergarten und aus einer ersten Jahrgangsstufe Zeichnungen und sonstige bildnerische Arbeiten, die die manipulative Phase kennzeichnen.

2. Sammeln Sie Zeichnungen eines einzelnen Kindes aus mehreren Jahren, die die Entwicklung eines Symbols, etwa für „Mensch“, „Haus“, „Tier“ illustrieren.

3. Sammeln Sie von verschiedenen Kindern aus der ersten bis dritten Jahrgangsstufe eine Reihe von Zeichnungen, die die Entwicklung des symbolischen Ausdrucks illustrieren.

4. Sammeln Sie von Kindern der dritten bis fünften (eventuell sechsten) Jahrgangsstufe Zeichnungen, die einige der hauptsächlichen Entwicklungen in der Präadoleszenz illustrieren.

Kapitel 6

Zeichnen und Malen

Zeichnen und Malen sind sicherlich die am häufigsten anzutreffenden künstlerisch-ästhetischen Aktivitäten von Kindern. Mit diesen beiden künstlerischen Techniken können Kinder schnell und unmittelbar an der Erforschung ihrer Umwelt, der Schaffung von Symbolen, der Entwicklung von Themen und der Lösung von visuellen Problemen teilhaben. Anknüpfend an das vorstehende Kapitel über die ästhetisch-künstlerische Entwicklung möchte ich einige Probleme diskutieren, die sich in bezug auf das Zeichnen und Malen auf den drei erwähnten Entwicklungsstufen ergeben, nämlich auf

- der manipulativen Stufe,
- der symbolschaffenden Stufe und letztlich
- der Stufe der Präadoleszenz.

Die manipulative Stufe

Wenn man sehr junge Kinder zum Zeichnen und Malen ermutigt, so ist der Hauptzweck, ihnen zum einen die Möglichkeit zu geben, mit Materialien zur Bildherstellung vertraut zu werden und so den Weg zu bereiten, damit sie, wenn sie die symbolschaffende Entwicklungsstufe erreichen, in der Lage sind, bildnerische Symbole zu entwickeln. Wie wir in dem Kapitel über die ästhetisch-künstlerische Entwicklung von Kindern (Kap. 5) gesehen haben, zeichnen und malen Kinder aus unterschiedlichen Gründen; und diese Gründe wandeln sich mit der Entwicklung und Reifung. Auf der manipulativen Stufe reagieren Kinder auf eine sehr spontane und dynamische Weise. Sehr junge Kinder benötigen eine geringe oder gar keine äußere Motivation, um sich mit künstlerisch-ästhetischen Aktivitäten zu beschäftigen. Aber je älter sie werden, je bewußter sie sich ihrer Fähigkeiten werden und je kritischer sie in bezug auf diese werden, desto mehr können sie von der Unterstützung von seiten einer kenntnisreichen und sensitiven Kunsterzieherin und Kunsterziehers profitieren.

Bei der Auswahl von Medien für Kinder auf der manipulativen Entwicklungsstufe sollten Sie die natürliche Neigung von Kindern berücksichtigen, in künstlerisch-bildnerischer Hinsicht schnell und spontan zu agieren. Junge Kinder bevorzugen in der Regel Filz- und Wachsstifte, vor allem wohl wegen der großen Vielfalt der Farben. Filzstifte sind wegen ihrer leuchtenden vielfältigen Farben und der leichten Handhabung besonders beliebt und stimulieren alle Altersstufen. Sie haben zudem den Vorteil, daß sie preiswert sind. Aber es sollte auch nicht verkannt werden, daß sie in bezug auf den Ausdruck und den Malstil einen durchaus nivellierenden Effekt haben; vielleicht liegt dies daran, daß sie den gestalterischen Bemühungen zu wenig Widerstand entgegensetzen. Kinder sollten schon im Kindergarten und der Vorschule ausgiebig Gelegenheit haben, mit Malfarben, am besten

Temperafarben, umzugehen. Temperafarbe gibt es in flüssiger Form und als Pulver. Das Pulver ist etwas billiger als die flüssige Temperafarbe. Sie bietet darüber hinaus die Möglichkeit, Kinder erfahren zu lassen, Farben selbst anzurühren. Auch kann man bei Farbpulver dessen Struktureigenschaften ausnutzen, je nachdem, wie wenig oder wie viel Wasser man zusetzt.

Wenn Kinder zum ersten Mal Farbe verwenden, empfiehlt es sich, ihnen zunächst nur sehr wenige Farben anzubieten (beschränkte Palette), um sie so die verschiedenen Qualitäten einer einzelnen Farbe erfahren zu lassen. Mit zunehmender Vertrautheit mit Farben kann deren Zahl graduell erhöht werden. Durch die Manipulation von Primärfarben (rot, gelb, blau) und zusätzlich schwarz und weiß können Sie Kindern die Grundlagen des Farbmischens auch in jungem Alter vermitteln. Zunächst mischen Kinder Farben zufällig, dann können sie langsam die Regeln für das Farbmischen entdekken. Sehr junge Kinder sollten dabei für jede Farbe einen getrennten Pinsel haben.

Die symbolschaffende Stufe

Auf der symbolschaffenden Stufe stellen Zeichnungen und Malereien von Kindern Themen dar, die sich unmittelbar aus ihren Lebenserfahrungen ergeben. Die Darstellungen helfen den Kindern, sich mit wichtigen Ereignissen sowie mit Eigenschaften von Personen und Dingen auseinanderzusetzen. Dabei werden die dargestellten Personen und Dinge nicht isoliert gesehen, sondern werden in einen bestimmten Erfahrungs- und Lebenskontext hineingestellt. Ein einfaches Beispiel: Das Symbol für „Mann“ oder „Frau“ oder „Kind“ wird mit Aktivitäten assoziiert, z. B. mit Laufen, Springen, Klettern, Zähneputzen, Haarekämmen, Spielen, Arbeiten, Einkaufen usw. Auf diese Weise entwickeln und differenzieren Kinder ihr Verständnis des Agierens in unterschiedlichen Lebenssituationen. Dabei kann es sinnvoll sein, wenn Sie als Lehrerin oder Lehrer durch Nachfragen und Gespräche die Beziehung zwischen dem vom Kind geschaffenen Symbol und der realen Lebenswelt klären helfen.

Die Präadoleszenz-Stufe

Ab der dritten oder vierten Jahrgangsstufe haben Kinder normalerweise ausreichend Erfahrungen mit künstlerischen Medien gesammelt und genügend Fertigkeiten in bezug auf ihren Einsatz entwickelt. Während zuvor Fingerfarben, Stifte, Temperafarben oder Wachskreiden als Medien vorherrschten, sind die Schülerinnen und Schüler nunmehr bereit und fähig, mit einer größeren Vielfalt von Materialien umzugehen. Dies stellt veränderte Anforderungen an Sie als Kunsterzieherin und Kunsterzieher. Sie müssen nunmehr verstärkt den Kindern bei der Lösung technischer Probleme helfen. Ich will dies anhand von drei Problembereichen verdeutlichen, nämlich

- der Farbdifferenzierung,
- der Raumdarstellung und
- dem beobachtenden Zeichnen.

Farbdifferenzierung

Auf der Stufe der Präadoleszenz beginnen Kinder, sich mit der bildnerischen Darstellung der Beziehung von Vorder- und Hintergrund zu befassen. Dieses Bestreben, verbunden mit dem

Interesse an den Wirkungen von Licht und Schatten, führt die Schülerinnen und Schüler hin zum Problem der Tonalität von Farben. Die Schülerinnen und Schüler möchten nun mehr über das Farbmischen erfahren, um so die Differenzierungsmöglichkeiten beim Farbeinsatz zu erweitern. Sie lernen nun, durch das Hinzufügen von schwarz oder weiß zu Farben verschiedene Schattierungen zu erzeugen. Sie erfahren, daß Farben leicht verändert werden können, indem Standardfarben mit Komplementärfarben vermischt werden. Durch die graduelle Beimischung von grün verändert sich z. B. das rot zunehmend, bis es sich schließlich zu einem bräunlichen grau verwandelt. Die Schülerinnen und Schüler erfahren, daß auf diese Weise erzielte Grautöne sich von den Grautönen, die durch das Mischen von schwarz und weiß erzielt werden, unterscheiden.
Mit der Zeit bauen die Schülerinnen und Schüler ihre Fähigkeiten zum Farbmischen aus. Sie genießen dies auch, indem sie mit immer mehr Farben experimentieren. Manchmal laufen Schülerinnen und Schüler Gefahr, zu viele Farben zu verwenden. Deshalb empfiehlt es sich, nach einem derartigen Farbenrausch immer wieder einmal zur beschränkten Palette zurückzukehren. Hier sind einige Probleme und Fragen, die Sie mit den Schülerinnen und Schülern bei der Verwendung von Farben diskutieren und erproben sollten:

Sensitivität in bezug auf das Verhältnis von Farben zur Umwelt
- Wieviele Farben seht ihr in diesem Raum?
- Benennt Farben, die ihr, aus dem Fenster blickend, sehen könnt: Wie hell oder dunkel sind sie?

Experimentierender Umgang mit Farben
- Malt zunächst ein Bild lediglich mit den Primärfarben: rot, gelb und blau.
- Mischt auf einem zweiten Bild schwarz und weiß mit den Primärfarben.
- Vergleicht ein braun, das ihr im Raum oder im Freien seht, mit dem braun, das ihr aus dem Mischen von schwarz und rot erzeugt: Worin bestehen die Unterschiede?
- Mischt aus rot und gelb euer eigenes orange und vergleicht es mit dem orange im Farbkasten: Welches findet ihrer schöner? Warum?

Kombination von Farbe und Untergrund
- Was geschieht, wenn ihr Farben auf feuchtes Papier auftragt?
- Was geschieht, wenn ihr Farben auf schwarzem Papier auftragt?
- Was geschieht, wenn ihr Farben auf farbigen Papieren auftragt?

Die „Emotionalität“ von Farben
- Mischt Farben, die sich für die Darstellung eines Feuers, von Fasching usw. eignen.
- Stellt kleine „Familien“ oder Gruppen von Farben zu einem speziellen Thema zusammen und achtet darauf, wie ihr durch sie erreichen könnt, was ihr ausdrücken möchtet. Z.B. kann man für die Darstellung eines brennendes Hauses rot, schwarz und gelb zusammenstellen, oder braun, rot und gelb für die Darstellung des Herbstes.

Raumdarstellung

Das Problem der Raumdarstellung frustriert Schülerinnen und Schüler in der Präadoleszenz häufig. Nun gilt es, die Aufmerksamkeit der Kinder auf die Tatsache lenken, daß unterschied-

liche räumliche Entfernungen durch Überschneidungen, Größenunterschiede und unterschiedliche Farbabtönungen gekennzeichnet werden können. Die Schülerinnen und Schüler erkennen so, daß die Raumdarstellung keineswegs allein vom Einsatz der Linearperspektive abhängt. Tatsächlich kann eine eindrucksvolle räumliche Darstellung auch ohne die Einhaltung der Gesetze der Linearperspektive erzielt werden.
Die Moderne ist voll von Beispielen hierfür: *Feininger, Picasso, de Chirico, Dali, Braque, Dix, Beckmann* und viele andere. Die räumlichen Darstellungen dieser Künstler sollten zusammen mit den Schülerinnen und Schülern studiert werden.
Ihre Aufgabe als Kunsterzieherin und Kunsterzieher besteht nicht so sehr darin, den Schülerinnen und Schülern eine bestimmte Raumdarstellung beizubringen, sie gar mit den Gesetzen der Linearperspektive zu traktieren, als vielmehr darin, ihnen zu helfen, die verschiedenen Phasen ihres Gefühls des Ungenügens hinsichtlich der Raumdarstellung zu überwinden, indem sie zu einer ihnen eigenen Form der Raumdarstellung gelangen. Hierzu ist es zweckmäßig, unterschiedliche Raumdarstellungen mit Kindern zu diskutieren und diese anhand von Bildern zu belegen. Hierzu einige Beispiele:

- Die orientalische Raumdarstellung, die linearperspektivische Raumdarstellung nicht kennt.
- Die Linearperspektive der Renaissance, die sich wie eine mathematische Aufgabe betrachten läßt.
- Die kubistische Auflösung der Linearperspektive der Renaissance mit ihrer Kombination von unterschiedlichen Standorten.
- Die Raumdarstellung als Vexierbild bei *Escher.*

Erfahren werden soll hierdurch, daß die Linearperspektive der Renaissance keineswegs die „richtige“ Form der Raumdarstellung ist, sondern daß eine überzeugende Raumdarstellung auch ohne und gerade gegen deren Gesetze möglich ist. Sie sollten Kindern in der Grundschule also auf keinen Fall die Linearperspektive aufzwingen oder etwa deren eigene Form der Raumdarstellung als „falsch“ bezeichnen. Vielmehr gilt es, die Schülerinnen und Schüler in der Grundschule dazu zu ermutigen, sich ihre persönliche Darstellungsform des Raums zu erarbeiten.

Das beobachtende Zeichnen

Vor allem ältere Auffassungen, die als Aufgabe des Faches Kunst in der Grundschule die Ermöglichung des Selbstausdrucks sehen, wenden sich gegen die Berücksichtigung der Beobachtung bei künstlerisch-ästhetischen Aktivitäten. Dabei werden der Selbstausdruck den unteren, die Beobachtung den älteren Jahrgangsstufen zugewiesen. Aber diese Unterscheidung gehört zu den Mythen der Kunsterziehung. Beobachtendes Zeichnen und künstlerisch-ästhetische Erfahrungen schließen sich keineswegs aus. Selbst wenn Kinder um eine möglichst realistische Darstellung bemüht sind, stellen sie, wie im übrigen auch Künstlerinnen und Künstler, nicht das dar, was tatsächlich existiert, sondern was sie sehen – und dies ist immer etwas Subjektives. Beobachtendes Zeichnen meint also nicht, Kinder dazu anzuleiten, mit photographischer Genauigkeit ein möglichst detailgetreues Abbild von vorgegebenen Gegenständen herzustellen. Wenn eine Kunsterzieherin und ein Kunsterzieher, Schülerinnen und Schüler „nach der Natur" zeichnen lassen, geht es ihnen sicherlich nicht um eine Steigerung des Realismus, sondern vielmehr um ein Einfühlen in die Natur und damit um eine der Natur mehr entsprechende Darstellung. Das beobachtende Zeichnen soll also dazu beitragen, Objekte genauer oder auch neu wahrzunehmen und so die Sensitivität gegenüber Dingen und Menschen zu stärken und damit auch bildnerische Stereotpen zu überwinden.

Aktivitäten für die Leserin und den Leser

Kunsterzieherinnen und Kunsterzieher sollten eng mit den Medien und Techniken vertraut sein, die sie im Kunstunterricht einsetzen. Selbst bei einer abgeschlossenen Kunsterzieherausbildung ist dies nicht immer der Fall. Die nachstehenden Aktivitäten wenden sich ebenso wie die in den Kapiteln 7 bis 11 vorgeschlagenen Aktivitäten vor allem an die mit künstlerischen Techniken nicht so vertraute Klassenlehrerin und Klassenlehrer.

1. Malen Sie mit einem grobborstigem Pinsel in Tempera auf dunklem Papier ein Arrangement von Farbzonen. Versuchen Sie, über diesen Farbzonen unterschiedliche Struktureffekte auf folgende Weisen zu entwickeln:
a) Halten Sie den etwas in Farbe getauchten, aber nahezu trockenen grobborstigen Pinsel aufrecht, so daß die Borsten das Papier vertikal berühren, drücken Sie ihn dabei vorsichtig auf das Papier, damit Punktmuster entstehen.
b) Geben Sie etwas pulvrige Farbe gemischt mit sehr wenig Wasser auf die zugrundeliegende Farbkomposition, um so gröbere Strukturen zu schaffen. Um die Struktureffekte zu verstärken, können Sie der Temperafarbe auch Sand oder Sägemehl hinzufügen.
c) Geben Sie auf einen Schwamm Farbe auf und tupfen oder reiben Sie mit ihm auf Ihrer Farbkomposition.

2. Wählen Sie einige Gegenstände und bilden Sie daraus ein Stilleben. Fertigen Sie hiervon mit Kreide eine Skizze an, wobei Sie helle Farben verwenden; kontrastieren Sie diese Farbzonen mit dunklen bis schwarzen Stiften.

3. Skizzieren Sie perspektivische Darstellungen von folgenden Objekten:
a) Einen Gehweg oder Flur, in dessen Mitte Sie stehen;
b) eine Tasse mit Untertasse auf einem Tisch unterhalb ihrer Augenhöhe;
c) einen beliebigen Gegenstand über Ihrer Augenhöhe.

4. Fertigen Sie von einem Menschen aus verschiedenen Perspektiven schnelle Skizzen an (nicht länger als drei Minuten). Beginnen Sie danach, sorgfältiger und differenzierter zu zeichnen.

5. Setzen Sie sich vor einen Spiegel und studieren Sie sich zum Zwecke der Anfertigung eines Selbstporträts. Untersuchen Sie dabei genau die verschiedenen Bereiche Ihres Gesichts: die flachen Zonen, die Wölbungen und Einbuchtungen, die Falten und Pickel usw. Zeichnen Sie dann mit Kreide oder einem sehr weichen, dikken Stift Ihr Gesicht in Lebensgröße. Verwenden Sie danach andere Medien.

Kapitel 7

Drucken

Von allen künstlerischen Techniken ist das Drucken vielleicht das vielfältigste Medium. Ich kann mich deshalb nur auf einige für die Grundschule relevante Drucktechniken konzentrieren. Dieses Kapitel kann und soll keinen Lehrgang über Drucktechniken vermitteln. Im Gegensatz zum Zeichnen und Malen oder dem plastischen Arbeiten, die ein weitgehend direktes Arbeiten darstellen, ist das Drucken ein indirektes Verfahren: man trägt auf einem Objekt eine Darstellung negativ auf, um die graphische Wirkung auf einem anderen Objekt, dem Bildträger, positiv zu erzielen. Dies macht das Spannende und Überraschende, weil nur bedingt Kontrollierbare, von Drucktechniken selbst für den Fachmann aus, und erst recht gilt dies für das Kind. Aus dieser Besonderheit ergibt sich auch die Schwierigkeit der Arbeit mit Drucktechniken im Kunstunterricht der Grundschule. Sie besteht darin, daß Kinder Fortschritt und Qualität ihrer Arbeit nur eingeschränkt verfolgen können. Drucken ist für Kinder also ein relativ komplizierter und unsicherer Prozeß, woraus sich eine Reihe von nicht nur vermittelnd-didaktischen, sondern auch von grundlegenden pädagogischen Fragen ergibt. (Zur Unterrichtsplanung beim Drucken vgl. S. 37–39.)[1]

Frottage

Ein guter Einstieg in Drucktechniken auf der Grundschulebene ist die Frottage, deren Technik darin besteht, die Struktur von Gegenständen auf darüber gelegtem Papier mit einem weichen Bleistift durchzureiben. Hier braucht ein Druckstock nicht erst mühsam hergestellt zu werden, man muß ihn vielmehr in unterschiedlichem Material aufsuchen oder „finden". Dieses „Finden" ist in hohem Maß mit der Entwicklung von Phantasie hinsichtlich dessen verbunden, was man mit Material alles anstellen könnte. So lernt man beim „Finden" von Materialien für eine Frottage auch das Hinsehen, das Neu-Sehen, also das Achten auf neue Einsatzmöglichkeiten, die von den eingespielten und gewohnten abweichen. Für die Frottage eignen sich nahezu alle Materialien, die eine reizvolle Oberflächenstruktur aufweisen. (Zur Praxis der Frottage vgl. auch S. 142, 149.)

Monotypie

Die Monotypie ist eine Drucktechnik, die Kinder als besonders stimulierend empfinden. Nachdem sie einmal damit begonnen haben, ist kaum mehr ein Halten, sie wollen alle Möglichkeiten dieser Technik ausprobieren. (Zur Praxis der Monotypie vgl. auch die Anregungsblätter auf S. 142–148.)
Für eine Monotypie benötigt man eine (zur Vermeidung von Verletzungen an den Kanten abgeschliffene) Glasplat-

---

[1] Zum Drucken in der Grundschule vgl. auch die im Literaturverzeichnis aufgeführten Arbeiten von *Brügel, Merz* (1982), *A. Müller, Ullrich* (1984), *Wagner* (1982: Geschenkpapier).

te; gegebenenfalls kann auch eine glatte Kunststoffplatte verwendet werden, allerdings ist das Naturmaterial Glas allemal attraktiver. Die einfachste und die zugleich der Malerei am nächsten kommende Form der Monotypie besteht darin, mit Temperafarbe ein Bild auf die Platte zu malen. Sodann wird ein Saugpapier sorgfältig auf die Platte gelegt und (am besten mit einem trokkenen Tuch) vorsichtig festgetupft und darüber gestrichen. Anschließend wird das Blatt ebenso sorgfältig wieder abgezogen.

Eine fortgeschrittenere Form der Monotypie besteht darin, die Platte mittels einer Gummiwalze mit Druckerschwärze gleichmäßig einzufärben; man kann aber auch andere Farben oder gar mehrere Farben verwenden. Sodann wird mit einem spitzen Gegenstand, z. B. einem angespitzten Holzstäbchen eine Umrißzeichnung in die aufgetragene Farbe eingekratzt. Ein Blatt saugfähigen Papiers, das danach sorgfältig auf die Platte gelegt

und vorsichtig auf die Farbe gedrückt wird (man kann dazu ein Tuch oder auch eine saubere Gummiwalze verwenden), gibt alle eingefärbten Stellen schwarz bzw. farbig wieder, nur die ausgekratzten Stellen werden weiß. Manchmal kann man zwei bis drei Drucke von der Platte abziehen, die, da ja die Farbe immer weniger wird, alle unterschiedlich ausfallen. Durch die Verwendung von Papier mit unterschiedlicher Struktur kann man die Vielfalt der Drucke noch erweitern.

Eine weitere Form der Monotypie besteht darin, die Platte zunächst einzufärben, dann ein Blatt Papier leicht aufzulegen und auf diesem Blatt mit einem Stift zu zeichnen, wobei man darauf achten muß, daß die Hand nicht auf dem Papier aufliegt, weil sonst durch den Druck und die Wärme der Hand die Farbe an dem Papier durchgedrückt wird. Nach dem vorsichtigen Abziehen des Papiers zeigt sich eine schwarze Zeichnung mit einem mal zarteren, mal festeren schwarzen Hintergrund.

Eine andere Form der Monotypie besteht darin, ausgeschnittene oder ausgerissene Papierformen, gegebenenfalls nach einem gewünschten Muster, auf die eingefärbte Platte zu legen und darauf ein Blatt Papier vorsichtig festzudrücken. Auf dem dann abgezogenen Papier erscheinen die abgedeckten Stellen weiß, die anderen schwarz. Reizvolle Strukturen ergeben sich, wenn man statt Papierformen andere Objekte auflegt, z.B. an den Rändern gezackte Blätter von Pflanzen oder Bäumen oder Klöppelspitzen, ausgeschnittene Muster usw.

Linol- und Holzschnitt

Der Linolschnitt ist seit langem eine auch in der Grundschule eingebürger-

te Technik. Für den mit ihm verwandten Holzschnitt gilt dies weniger — einfach aus dem Grunde, daß er aufgrund der schwereren Bearbeitbarkeit des Holzes und wegen des Umgangs mit scharfem Werkzeug gefährlicher ist. Für eine erste Demonstration und erste Versuche kann man auch Styropor verwenden, das den Vorteil hat, weich und billig bzw. kostenlos zu sein, aber auch den Nachteil hat, den besonderen Materialreiz, den vor allem Holz aufweist, zu vermissen.
Die Technik des Linol- und Holzschnitts ist einfach zu beschreiben. Auf ein Stückchen Linoleum oder Holz wird eine möglichst „holzschnittartige" Zeichnung aufgetragen; die auf dem Druck später weiß erscheinenden Stellen werden ausgehoben, während die unangetasteten Stellen schwarz bleiben. Die Fläche wird sodann mit Druckerschwärze oder Farbe eingewalzt, die dann auf ein darüber gelegtes Papier angedrückt wird. Das Ausheben der entsprechenden Partien verlangt vor allem bei Holz eine nicht unerhebliche Geschicklichkeit und Kraftanstrengung in den Fingern. Deshalb eignet sich das Verfahren, auch wegen der mit dem Einsatz von scharfem Werkzeug verbundenen Verletzungsgefahr, nicht für Anfangsklassen.

Kinder werden während ihrer Arbeit gelegentlich Probedrucke ziehen, nicht nur um den Arbeitsfortschritt zu erkennen, was wegen der Negativarbeitsweise natürlich besonders schwierig ist, sondern auch, weil sie oft nicht die Geduld aufbringen, so lange zu warten, bis die Arbeit abgeschlossen ist. Ein solcher Probedruck kann auch dadurch gezogen werden, daß man auf dem aufgelegten Papier die Struktur — wie eine Frottage — durchreibt.

Aktivitäten für die Leserin und den Leser

Die folgenden Aktivitäten dienen wiederum dazu, den mit künstlerischen Techniken und Erfahrungen weniger vertrauten Lehrerinnen und Lehrern Anregungen zu geben, mit den Techniken und Medien zu experimentieren und dabei nicht nur diese, sondern auch sich selbst auszuprobieren.

1. Tragen Sie auf einer Glasplatte in einer Farbe eine Umrißzeichnung auf. Nachdem Sie das Bild abgezogen haben, nehmen Sie eine zweite Farbe und malen damit Ergänzungen zu dem ersten Bild auf die Platte. Zum Drucken nehmen Sie dasselbe Blatt, auf das Sie die Zeichnung mit der ersten Farbe abgezogen haben (nicht ganz einfach, da man sich bei der zweiten Zeichnung die erste Zeichnung hinzudenken muß).
2. Stellen Sie eine Monotypie her, indem Sie auf eine Platte mehrere Farben auftragen und dann auf dem aufgelegten Papier zeichnen.
3. Stellen Sie ein nichtgegenständliches Blatt her, indem Sie auf die eingefärbte Platte Strukturen aus verschiedenen Materialien legen, z.B. Sackleinen, Fäden usw. Ziehen Sie danach einen Druck ab.
4. Experimentieren Sie mit verschiedenen Gemüsesorten (vor allem Kraut), die Sie unterschiedlich schneiden, um möglichst vielfältige strukturelle Effekte zu erzielen.
5. Experimentieren Sie mit einem Stück Linoleum, in das Sie eine nichtgegenständliche Darstellung schneiden. Halten Sie den Arbeitsfortschritt in Probedrucken fest. Versuchen Sie dabei, mit möglichst vielfältigen Strukturen zu experimentieren.

Kapitel 8

Plastisches Arbeiten

Das plastische Arbeiten eröffnet zu der beim Zeichnen, Malen und Drukken möglichen zweiten Dimension die dritte Dimension. Leider kommt es in der Grundschule eher zu kurz, was um so bedauerlicher ist, als es den in der Grundschule noch sehr starken sinnlich-taktilen Bedürfnissen der Kinder sehr entgegenkommt. Ich möchte in Auswahl einige wesentliche Techniken vorstellen, die sich besonders für die Grundschule eignen. Auch hier muß es bei einigen Hinweisen bewenden; es ist nicht beabsichtigt, auf den folgenden Seiten einen Lehrgang über plastisches Arbeiten zu geben.[1]

Arbeiten mit Ton

Ton ist ein populäres Medium für plastisches Arbeiten. Es eignet sich für Kinder auf allen Entwicklungsstufen.[2] Am zweckmäßigsten ist es, Ton aufbereitet in Hobbyläden und Künstlerbedarfsgeschäften zu kaufen, dann kann man sich die doch etwas mühselige Aufbereitung von in der Natur selbst abgebautem Ton ersparen. Der Vorteil des Arbeitens mit Ton besteht darin, daß man auf keine bestimmte Technik festgelegt ist, ja ohne große technische Vorkenntnisse zu arbeiten beginnen kann, um dann während des Arbeitens sich technische Fertigkeiten anzueignen. Wichtig ist, daß man den Kindern die Möglichkeit läßt, statt sogleich bestimmte Figuren zu formen, sich mit dem Ton zu befassen, diesen zu kneten, in der Hand zu spüren, zunächst seine Kälte-, dann seine Wärmeausstrahlung, die sich von dem eigenen Körper auf den Ton überträgt, die Augen zu schließen und dabei den Ton durch die Hand gleiten zu lassen, die taktilen Qualitäten zu erfahren und zugleich die eigenen haptischen Bedürfnisse.

Die zunächst unmerklich und eher unbewußt in der Hand erwachsenden Formen erhalten von den Kindern Bezeichnungen. Zunehmend werden die entstehenden Symbole mit intendierten Darstellungen verbunden. Die Darstellungen werden verfeinert, detaillierter und streben zumeist auch nach einer realistischeren Abbildung. Die Kinder mögen kleine Kügelchen andrücken, um Augen, Nase und Ohren zu markieren, wobei sie lernen, daß man die anzufügenden Teile mit etwas Feuchtigkeit an den Hauptteil andrücken muß, damit sich beide miteinander verbinden. Die Kinder lernen zunehmend, daß Teile sich nicht zu weit aus der Masse herausstrecken dürfen, weil sie sich sonst langsam nach unten verformen. Sie erfahren,

---

[1] Vgl. spezifisch zum plastischen Arbeiten in der Grundschule folgende im Literaturverzeichnis aufgeführte Arbeiten: *Aissen-Crewett* (1986: *Fantasia)*, *Caspers, Demandewitz, Hedderich* u. a., *Hinkel* (1985: Erschrecken), Merz (1984), *Pohl.*

[2] Vgl. auch die im Literaturverzeichnis aufgeführten Arbeiten von *Kühl, Maier* (1984: *Supermann)*, *Schewski/Claus.*

daß Ton beim Arbeiten langsam abtrocknet und dieser sich dann nicht mehr so leicht bearbeiten läßt, er also immer feucht gehalten werden muß, was vor allem wichtig ist, wenn man die Arbeit unterbricht. Sie lernen, daß das fertige Tongebilde beim Trocknen immer wieder befeuchtet werden muß, damit, weil das Innere länger als die äußere Schicht zum Trocknen braucht, keine Risse entstehen.

Arbeiten mit Gips

Gips ist ein gut geeignetes Medium für plastisches Arbeiten auch in der Grundschule. Ein gewisser Nachteil besteht darin, daß Gips nach dem Anrühren relativ zügig verarbeitet werden muß. Um das Abtrocknen der Gipsmasse zu verzögern, kann man dem Gipspulver Salz hinzusetzen (etwa ein Teelöffel Salz auf zwei Tassen Gipspulver).
Nach dem Anrühren gießt man den Gips in eine bereitstehende Form, um so einen Grundförmling zu erhalten, der nach dem Abtrocknen weiter bearbeitet werden kann. Als Formen eignen sich Pappschachteln verschiedener, je den zu erarbeitenden Objekten entsprechenden Größen, von Zigarettenschachteln bis zu Schuhkartons. Nach dem Abtrocknen des Förmlings lassen sich die durchweichten Schachteln und Kartons leicht von der Gipsform entfernen.
Gips kann mit anderen Materialien vermischt werden, z. B. mit Sand, Asche oder mit Kleinmaterialien, um unterschiedliche Dichte- und Härtegrade oder reizvollere Strukturen zu erzielen. Man kann auch Farbe zusetzen, um so den Reiz zu erhöhen. Beliebt ist hierbei vor allem der Marmoreffekt, der dadurch erzielt wird, daß die Farbe nicht vollständig verrührt wird.
Die Technik des Bearbeitens von Gipsförmlingen ist von Kindern recht leicht zu handhaben. Hierzu können verschiedene Werkzeuge benutzt werden, von stumpfen Messern bis zu den für Holzschnitzereien und Linolschnitten gebräuchlichen Werkzeugen. Nach der Grobbearbeitung durch diese Instrumente kann die Gipsfigur leicht mit feinem Schmirgelpapier abgerieben und anschließend bemalt werden.
Eine weitere Form der Arbeit mit Gips besteht darin, medizinische Binden oder Stoffstücke in Gipsflüssigkeit zu tauchen und sie über Substrukturen zu wickeln. Der Plastiker *George Segal* ist durch so entstandene Körper-Plastiken bekannt geworden.

Karton-Plastiken

Eine immer beliebter werdende und einfache Form von Plastiken sind Karton-Plastiken, die dadurch entstehen, daß man Kartons zu Plastiken zusammenbaut. Man benötigt hierzu eine Sammlung von Kartons kleinster bis mittlerer Größe, Klebestreifen (aus Papier, nicht aus Plastik, damit man darüber malen kann) und Kleber, schließlich auch noch zum späteren Bemalen Temperafarbe und Pinsel. Zuerst experimentieren die Kinder mit den verschiedenen Kartons herum, stellen sie zusammen, bauen sie auf, lassen sie auch wieder zusammenfallen. Das Spielen mit den Kartons läßt die Kinder Möglichkeiten entdekken, auf die sie nicht ohne weiteres kommen würden, würden sie nach einem festen Bauplan vorgehen. Wenn sich Strukturen und Gebilde aus den zueinander zugeordneten und aufeinander aufgestabelten Kartons herauskristallisieren (diese können auch nichtgegenständlich sein), werden sie zusammengeklebt. Schließlich können die entstandenen Gebilde bemalt oder mit Papierverzierungen beklebt werden.

Plastiken aus Papiermaché

Plastiken aus Papermaché haben in der Kunst eine lange Tradition. Das Verfahren eignet sich gerade auch für die Grundschule. Wenn man Kindern eine Plastik aus Papiermaché vorstellt, dann können sie sich, da diese so fest und stabil ist, kaum vorstellen, daß sie aus Papier gemacht ist. Das Spannende für Kinder ist gerade die Erfahrung der Metamorphose des Zeitungspapier hin zu einer stabilen Plastik.
Um die tonartige Masse von Papiermaché herzustellen, zerreißt man (holzhaltiges) Zeitungspapier in ganz kleine Stückchen. Über Nacht läßt man das Papier sich mit Wasser vollsaugen. Danach gießt man das Wasser ab, preßt aus der Papiermasse das Wasser heraus (hierzu die Masse in ein Tuch geben) und gibt weißen Holzkleber hinzu. Die Masse wird verrührt, damit sie eine tonartige Konsistenz erhält. Um die Masse geschmeidiger zu machen, kann man etwas Speiseöl hinzugeben. Aus der Masse kann man verschiedenartige Plastiken formen: Tiere, Früchte, Köpfe, Menschen usw. Nachdem die Plastiken vollständig getrocknet sind (dies dauert einige Tage), können sie weiterbearbeitet werden. So kann man Löcher in sie hineinbohren; man kann aus ihnen auch Formen schnitzen. Besonders reizvoll ist das Bemalen; hierzu sollte man zweckmäßigerweise Akrylfarbe verwenden, weil diese besonders gut deckt und kräftig ist und so dem Papiermaché einen Schutzmantel verleiht. Wenn man andere Farben verwendet, sollte man die Objekte mit Schellack nachbehandeln.

Plastiken aus Holzresten

Plastiken aus Holz zu schnitzen, ist für Kinder in der Grundschule eine zu schwierige Technik, auch eine zu gefährliche, wenn man an die scharfen Schnitzwerkzeuge denkt. Dennoch können Grundschulkinder Holzplastiken erstellen, nämlich solche aus Holzresten. Wie so oft ist auch hier Picasso ein Vorbild, der viele Plastiken aus Abfallmaterial und Fundgegenständen gebaut hat, so auch aus Holzabfällen. Zur Anregung können Sie den Kindern z. B. eine Abbildung der 1914 aus Holzabfällen gefertigten Plastik „Musikinstrumente“ zeigen.
Holzabfälle bekommt man entweder in einer Schreinerei oder einem Baumarkt, der Holz zurechtschneidet und somit auch Abfälle produziert. So bekommt man verschiedenförmige Holzstücke, Hobelspäne und Holzmehl zusammen. Dazu kann man auch anderes Kleinmaterial aus Holz anschaffen, wie Holzspachteln, mit denen die Ärztin und der Arzt beim In-den-Hals-Sehen die Zunge herunterdrücken, oder Zahnstocher. Mit diesen Materialien spielt man ein wenig, experimentiert mit ihnen, macht Versuche zur Zusammenstellung, entwikkelt Ideen. Schließlich werden die einzelnen Teile zu Plastiken zusammengefügt und -geklebt. Anschließend kann die Plastik bemalt werden.

Aktivitäten für die Leserin und den Leser

Auch die nachstehenden Aktivitäten sollen den mit künstlerischen Techniken weniger vertrauten Lehrerinnen und Lehrern Gelegenheit geben, mit unterschiedlichen Techniken und Medien zur Herstellung von Plastiken zu experimentieren.

1. Suchen Sie den Schulhof und das Gelände rings um die Schule nach Abfallmaterial, ab. Überlegen Sie, welche Plastiken Sie daraus herstellen könnten und welche Techniken Sie hierzu anwenden oder neu entwickeln könnten.
2. Stellen Sie aus Gips eine Art Gedenkplatte für ein Klassen- oder Schulereignis her.
3. Gießen Sie einen Gipsblock und erarbeiten Sie daraus eine Kleinplastik.
4. Bauen Sie aus feinem Kupferdraht eine nichtgegenständliche Plastik. Versuchen Sie, Ihren persönlichen Rhythmus mit der Biegung des Kupferdrahts in Einklang zu bringen. Bauen Sie eine weitere Plastik aus schwer biegbarem Draht, wozu Sie eine Zange und anderes Handwerkszeug verwenden. Analysieren Sie die Unterschiede der beiden Plastiken und deren Abhängigkeit von dem verwendeten Material.
5. Überlegen Sie sich für eine Ausstellung von Schülerarbeiten, wie Sie auf anschauliche Weise (ohne langatmige Beschriftung) den Prozeß einer Papiermaché-Plastik vom Zeitungspapier bis zum fertigen Objekt darstellen können.

Kapitel 9

Neue Medien

Wenn das Wort „Medien“ im Kunstunterricht verwendet wird, denkt man üblicherweise an Materialien wie Farbe, Ton, Kohle – und vergißt darüber, daß es auch die „neuen Medien“ gibt, wie Film, Fernsehen, Video, Dias, Tonbänder und ähnliche Kommunikationsmittel. Diese haben eher zögerlich Eingang in den Kunstunterricht gefunden. In diesem Kapitel möchte ich zeigen, wie die neuen Medien auch im Kunstunterricht der Grundschule eingesetzt werden können.[1]

Neue Medien im Kunstunterricht

Durch den Einsatz der neuen Medien kann das Verständnis für Kunst und künstlerische Prozesse in vielfältiger Weise erweitert und vertieft werden:

- Ein *Film* über eine Künstlerin oder einen Künstler kann etwas von dem Prozeß der Veränderung und Reifung eines Individuums und seiner künstlerischen Ausdrucksweisen zeigen.
- Ein Vergleich von *Dias* von Kunstwerken kann zu Erkenntnissen über Ähnlichkeiten und Unterschiede in Stil, Inhalt und dergleichen führen.
- Eine kleine Sammlung von *Reproduktionen*, z. B. Postkarten, erlaubt Schülerinnen und Schülern, Kunstwerke kennzulernen und zu studieren.
- Eine *Videoaufzeichnung* von künstlerischen Aktivitäten einer Künstlerin oder eines Künstlers gibt Einsichten in künstlerische Arbeitsweisen.

Aber Medien sind nicht nur als Vehikel zur Vermittlung und Förderung von Kenntnissen, Fertigkeiten und Fähigkeiten nützlich. Im Kunstunterricht sollten wir uns auf die neuen Medien vor allem als Kunstform besinnen, und dies heißt, diese Medien in die Hände von Schülerinnen und Schülern zu geben, damit diese sie als kreatives Potential zu gebrauchen lernen. Die Erfahrung zeigt, daß Schülerinnen und Schüler mit diesen weit besser umzugehen wissen, als wir uns dies vorstellen, besser oft auch, als wir Erwachsene dies können. Kinder sind schon recht früh in der Lage, Tonaufnahmen mit dem Band zu machen, Fotokameras zu handhaben und unterschiedliche Projektionstechniken zur Herstellung einer Multimediashow einzusetzen. Einige dieser Aktivitäten werden nachstehend beschrieben. Zunächst will ich kurz aufzeigen, welche Bedeutung die neuen Medien für die Herausbildung der Wahrnehmungsfähigkeit, auch der ästhetisch-künstlerischen, haben.

Kinder sind heutzutage nicht nur in der Lage, sich mit neuen Medien aktiv

---

[1] Vgl. ergänzend folgende nicht spezifisch für die Grundschule bestimmte Arbeiten: *Norbert Garborini; Hans-Günther Richter; Günter Waßarmé* (Hrsg.): Fotografie im Kunstunterricht. Frankfurt/M. u.a. 1981; *Helmut Korte:* Film und Foto als Gegenstand der Ästhetischen Erziehung. In: Kunst+Unterricht Sonderheft 1982, 86–92; *Jens Thiele:* Film- und Videoarbeit in der Schule. In: Kunst+Unterricht 67/1981, 10–17; Themenheft „Medien im Unterricht: Foto, Film, Fernsehen“ der Zeitschrift für Kunstpädagogik 11 (1982) H. 3.

zu beschäftigen. Sie finden dies auch besonders attraktiv, oft spannender als eine „normale“ Kunststunde. Die Faktoren, die einer solchen Aktivität am ehesten im Wege stehen, bestehen eher auf seiten der Kunsterzieherinnen und Kunsterzieher, nämlich in dem Mangel an Wissen über die neuen Medien, an eigenen Erfahrungen mit ihnen und an der Bereitschaft, sie im Kunstunterricht einzusetzen. Dabei ist das visuelle Sehen von Kindern weitgehend durch die neuen Medien geprägt. Der Sinn für Bewegung orientiert sich an Film, Fernsehen und Video. Die neuen Medien beeinflussen auch wesentlich die Raum-Zeit-Vorstellungen von Kindern. Das Wahrnehmungsvermögen und die visuellen Vorstellungen werden immer stärker durch Fernsehen und Film geprägt, immer weniger durch die mittels eigener künstlerisch-ästhetischer Aktivitäten angeeignete Bildwelt.
Als Kunsterzieherinnen und Kunsterzieher müssen wir deshalb sensitiv gegenüber allem sein, was sich außerhalb des Klassenzimmers oder Kunstraums in bezug auf die neuen Medien begibt. Wir müssen uns deshalb Gedanken auch darüber machen, wie wir neben den traditionellen Medien auch die neuen Medien in unseren Kunstunterricht einbeziehen. Dabei reicht es nicht aus, wie dies oft empfohlen wird, sich mittels der überlieferten künstlerisch-ästhetischen Ausdrucksformen mehr oder minder kritisch mit den neuen Medien zu befassen. Vielmehr gilt es, deren kreative und innovative Potentiale aktiv handelnd zu nutzen.
Die neuen Medien stellen für die Wahrnehmung und Gestaltung eine Herausforderung dar. Sie fügen den bisherigen Medien vor allem auf dem Gebiet von Zeit, Bewegung und Licht neue bisher unbekannte Wirkungen hinzu. Wir wären als Kunsterzieherinnen und Kunsterzieher kurzsichtig, würden wir die sich daraus ergebenden Möglichkeiten und Motivationen nicht nutzen. Wir würden uns sonst die Möglichkeit entgehen lassen, die bildende Kunst mit anderen Künsten zu kombinieren, was gerade mittels der neuen Medien in Form von Multi-Media-Shows, Interaktionen von Klang, Körperbewegung, Licht sowie Klang, Bild, Bewegung oder Mixed-Media-Theater z. B. in der Kombination von Theater, Tanz, Musik, Film möglich und für Kinder besonders reizvoll ist. Die nachstehend beschriebenen Aktivitäten sind in Grundschulklassen getestet worden. Sie reichen von einfachen Projektionen, die in einer Unterrichtsstunde durchgeführt werden können, bis hin zu komplexeren Operationen, die manchmal viele Stunden verlangen.

Bilderprojektionen

Die einfachste Form, Bilder für Projektionszwecke herzustellen, besteht darin, zwischen zwei Diagläser Materialien zu geben, z. B. Theaterschminke, Öl, Temperafarbe, Asche, Sand, Zellophan, Tusche, Nagellack usw. Man kann aber auch beide Glasplättchen separat bearbeiten, etwa dergestalt, daß man auf dem einen Plättchen die Farbeffekte, auf dem anderen die Struktureffekte erzeugt, die durch das Zusammenfügen der beiden Platten dann verstärkt werden. Eine andere Variante besteht darin, auf der einen Glasplatte weiche Formen zu gestalten und auf der anderen Platte kräftige Konturen, um die Kontraste durch das Zusammenfügen der Plättchen miteinander zu kombinieren. Schwieriger ist es, wenn zwei Dias hergestellt werden, die durch zwei Projektoren an die Wand projiziert und so miteinander kombiniert werden. Der Zusatz von dickflüssigem Öl bietet den Vorteil, daß die Bilder sich aufgrund der Fließbewegung des Öls bei dessen Erwärmung in ständiger Bewegung befinden.

Das ganze Verfahren wird vereinfacht, wenn man statt mit Diaplättchen mit einer auf einen Overhead-Projektor gelegten Folie arbeitet. Dieses Verfahren bietet die Möglichkeit, während des Arbeitsprozesses ständig Änderungen vorzunehmen, indem man weitere Materialien hinzufügt oder die bisherigen Materialien verschiebt, übereinanderschichtet usw. Die Unterrichsstunde kann damit beginnen, daß die Kinder mittels eincs Overhead-Projektors mit Farbe und Licht experimentieren. Zu Anfang kann es sich empfehlen, nicht allzu viele Materialien zu verwenden, um mit nur wenigen Materialien deren Kombinationsmöglichkeiten gezielter steuern zu können. Nach der Experimentierphase und den Diskussionen darüber, wie bestimmte Effekte erzielt werden können, erweist sich Musik beim Malen nach den entstehenden Bildern als förderlich für Farb-, Form- und Bildassoziationen.

Filmherstellung ohne Filmkamera

Es gibt verschiedene Techniken, filmähnliche Effekte und sich bewegende Bilder herzustellen, ohne hierfür eine Filmkamera einzusetzen. Dabei kann man zunächst an die Erfahrungen der Kinder mit dem „Daumenkino" anknüpfen, dessen Herstellung im übrigen auch zum Gegenstand des Unterrichts machen. Filme ohne Kamera kann man dadurch herstellen, daß man die Bilder direkt auf den unbelichteten Filmstreifen zeichnet oder malt. Hierzu nimmt man am besten 16-mm-Filmstreifen, weil sie größere Flächen zum Bearbeiten bieten. Die einfachste Technik besteht darin, mit nicht abwaschbaren Folienstiften auf den Filmstreifen zu zeichnen. Wenn der Filmstreifen schwarz ist, kann man auch in die Emulsion hineinkratzen (nicht zu tief, damit der Film nicht reißt). Beim Bearbeiten des Filmstreifens legt man diesen auf ein Blatt weißen Papiers, um so die entstehenden Zeichnungen besser zu sehen.

Bevor die Schülerinnen und Schüler mit der Arbeit am Filmstreifen beginnt, sollten Sie ihnen erkären, wie Bewegung beim Film erzielt wird, daß hierzu vierundzwanzig Einzelbilder pro Sekunde die Projektionslinse zu passieren haben, man also, um z.B. einen Film von drei Sekunden zu produzieren, zweiundsiebzig Bilder in Folge herstellen muß. Da die meisten Schülerinnen und Schüler in der Grundschule Probleme haben, die Bild-Zeit-Relation zu verstehen, ist es ratsam, ihnen zunächst einige einfache Aktivitäten zu ermöglichen, um so grundlegende Bewegungsabläufe zu erforschen, und zwar in verschiedenen räumlichen Dimensionen: horizontal, vertikal, in die Tiefe. Eine grundlegende Aktivität besteht darin, die Schülerinnen und Schüler eine Reihe von Punkten, Kreisen, Sternen, Kreuzen oder anderen einfachen Bildzeichen herstellen zu lassen, die auf den Betrachter zukommen oder von ihm zurückweichen (vgl. hierzu die linke Bildfolge des abgebildeten Filmstreifens).

Damit die Objekte den Eindruck erwecken, sich auf den Betrachter zuzu-

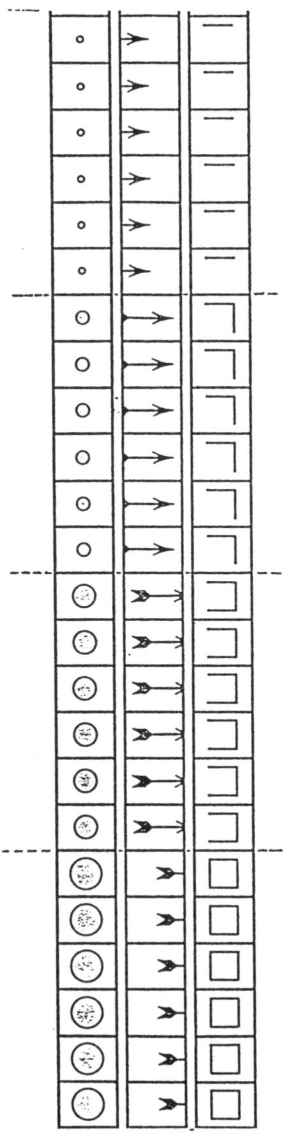

Herstellen von Filmsequenzen ohne Filmkamera: Je sechs gleiche Einzelbilder bilden ein Filmsegment. Links: Ein Objekt kommt auf den Betrachter zu. Mitte: Ein Objekt bewegt sich in der Horizontale von links nach rechts. Rechts: Entstehung eines Quadrats.

bewegen, sollten sie zunächst sehr klein sein und graduell an Größe zunehmen, bis sie das Bild ganz ausfüllen oder sogar „den Rahmen sprengen". Die Objekte scheinen sich von dem Betrachter zu entfernen, wenn sie graduell an Größe abnehmen. Hierbei sollte man mindestens sechs Einzelbilder für jede Stufe des Ab- oder Zunehmens anfertigen, da es beim Abspielen des Films so lange dauert, bis das Auge sich an eine unterschiedliche Bewegungseinheit anpaßt.

Soll der Eindruck erweckt werden, ein Objekt bewege sich horizontal von links nach rechts, zeichnet man den rechten Teil des Objekts auf die linke Seite von sechs Einzelbildern. Im weiteren Verlauf werden wiederum je sechs Einzelbilder von den nach links fortschreitenden Teilen des Gegenstandes angefertigt, bis schließlich der äußerste linke Teil des Objekts auf die rechte Hälfte der letzten sechs Einzelbilder gezeichnet wird (vgl. die zweite Bildfolge auf dem abgebildeten Filmstreifen).

Eine weitere Aktivität soll die Fähigkeit entwickeln, eine Form wachsen oder sich in eine andere Form verändern zu lassen. Diese Aufgabe macht es erforderlich, daß die Schülerinnen und Schüler sich zuerst das Endprodukt vorstellen und dann den Gestaltungsprozeß in Segmente unterteilen, die sich folgerichtig fortentwickeln. Damit sich eine Linie z.B. in ein Quadrat entwickelt, zeichnet man zunächst eine horizontale Linie, und zwar in sechs Einzelbildern, dann werden die beiden vertikalen Verbindungslinien und schließlich die weitere horizontale Linie in je weiteren sechs Einzelbildern hinzugefügt, bis die vier Seiten des Quadrats vollendet sind (vgl. die rechte Bildfolge auf dem abgebildeten Filmstreifen). Auf ähnliche Weise

können auch andere Formen hergestellt werden.
Idealerweise sollten die Kinder Zugang zu einer Film-Editing-Maschine haben, damit sie ihre Arbeit sofort betrachten können. Mit einer derartigen Maschine können die Schülerinnen und Schüler zum einen die Einzelbilder betrachten, zugleich aber auch die Bildung einer Sequenz von Einzelbildern zu einem Filmstreifen.
Da die Herstellung eines Films ohne Kamera, so kurz dieser auch sein mag, einen erheblichen Arbeits- und Zeitaufwand darstellt, bietet sie sich als Gemeinschaftsarbeit an. Dabei müssen die Einzelarbeiten sehr präzise überlegt und aufgeteilt werden, sollen sich die Einzelteile zu einem Gesamtfilm zusammenfügen. Bei dem gemeinsamen Erarbeiten eines Films ist es empfehlenswert, alle Bilder, die für die Herstellung des Filmes benötigt werden, zunächst zu skizzieren. Jedes Kind arbeitet dann am besten an einer Passage des Films, also an je 6, 12, 18 oder 24 Bildern. Dies hat den Vorteil, daß alle Passagen einer Bewegung gezeichnet werden und keine vergessen wird. Die einzelnen Passagen werden sodann mit Filmkleber zusammengeklebt.

Multimedia-Show

Die Multimedia-Show kombiniert eine Reihe von unterschiedlichen Medien. Dies beginnt mit den traditionellen Medien und Mitteln zur Darstellung (Vorlesen, mündlicher Vortrag, Drama, Singen, Musik) bis hin zum Einsatz von neuen Medien: Projektionen von Bildern und Lichtshows. Auch hier ist es erforderlich, die Kinder zunächst mit den einzelnen Medien experimentieren zu lassen, damit sie zum einen die Eigenschaften der einzelnen Medien spielerisch erfahren und zum anderen deren unterschiedliche Kombinationsmöglichkeiten und die hierbei immer wieder neu entstehenden Eigenschaften entdecken. So sollten die Kinder mit der Koordination von Bewegung und Licht experimentieren, mit der Kombination von stehenden und sich bewegenden Bildern oder der Kombination von Klängen, Bewegung und Licht. Dabei ist auf eine Reihe von Problemen zu achten: Welche Medien passen zusammen? Wie müssen die einzelnen Medien verändert oder angepaßt werden, damit sie zueinander passen?
Die Multimedia-Show ist eine echte Gruppenveranstaltung. Nicht nur müssen die Ideen von vielen zusammengetragen und aufeinander abgestimmt werden. Auch die Aufführung oder Performance kommt ohne die gute und erprobte Zusammenarbeit von Schülerinnen und Schüler nicht aus.
Zum Gelingen einer Multimedia-Show trägt die Ausstattung viel bei. Sie sollten also zunächst einmal eine Inventur der in der Schule verfügbaren audio-visuellen Geräte erstellen. Folgende Geräte sollten zweckmäßigerweise zur Ausstattung einer Multimedia-Show gehören:

- **Dia-Projektor:** zur Vorführung von selbst hergestellten Dias.
- **16-mm-Filmprojektor:** zur Vorführung von ohne Kamera hergestellten Kurzfilmen.
- **Overhead-Projektoren:** zur Manipulation von auf eine Folie gelegten unterschiedlichen Materialien, wie dickflüssigem Öl, Zellophan, Asche, Glasprismen, konvexe und konkave Linsen usw., die, in Bewegung gesetzt, unterschiedliche sich ständig verändernde reizvolle Strukturen erzeugen.

• **Musik-Rekorder:** zum Abspielen von Musik zur Multimedia-Show. Bei der Auswahl der Musik besteht die Schwierigkeit darin, die durch andere Medien erzeugten Bilder mit Stimmung, Takt, Länge und anderen Eigenschaften der Musik in Einklang zu bringen, was vor allem dann nicht ganz leicht ist, wenn, wie bei der Arbeit mit dem Overhead-Projektor, die Bilder während der Vorstellung improvisiert werden.

• **Bandaufnahmegeräte:** Die Kinder können auch Klangeffekte für die Multimedia-Show selbst herstellen und hierzu Straßenlärm, Kinderlaute, Vögelgezwitscher usw. aufnehmen. Sie können in Flaschen blasen, Klänge und Rhythmen mit unterschiedlichen Materialien herstellen. Hier bietet sich eine Brücke zum Musikunterricht.

Bevor Sie eine Multimedia-Show einrichten, sollten Sie auch an einige technische Details denken, z. B. ganz einfach daran, daß durch den Anschluß von verschiedenen Geräten die Leitung nicht überfordert wird. Der Raum, in dem die Multimedia-Show veranstaltet wird, muß verdunkelbar sein. Sie sollten auch für mehrere Leinwände sorgen; man kann sich aber auch mit Bettüchern behelfen, was sogar den Reiz erhöhen kann, wenn diese etwas verknittert und nicht ganz glatt gespannt werden und Falten werfen. Teilweise können die Bilder auch direkt auf Wände, Decken oder sogar die Teilnehmer und Zuschauer projiziert werden, was ebenfalls höchst anregende Effekte erzeugen kann.

Video-Arbeiten

In vielen Schulen ist heute bereits eine Videoanlage einschließlich Video-Kameras vorhanden. In der Regel wird eine solche Anlage für den Kunstunterricht kaum genutzt. Wenn man aber die kreativen Möglichkeiten einer Videoanlage unbefangen untersucht, entdeckt man, daß sie ein wirklich revolutionäres Instrument darstellt. Der Umgang mit einer Video-Kamera vermittelt Kindern die Erfahrung, eine Maschinerie beherrschen zu lernen, von der sie selbst oft in Gestalt eines Videoabnahmegeräts bislang beherrscht wurden. Sie, die bisher lediglich Zuschauer waren, werden nun plötzlich zu Akteuren, zu Schauspielern, Regisseuren, Produzenten. Ihr neuer Herrschaftsbereich ist nun ein Studio *en miniature,* bestehend aus einer Kamera, einem Monitor und anderen technischen Geräten für Aufnahme und Zuspielung. Bislang passive Beobachter, lernen sie nun, die Kamera zu beherrschen, Bilder zu erzeugen und das Ganze über den Monitor zu kontrollieren, zu korrigieren und zu verändern. Dabei brauchen sie ihre Aktivitäten nicht auf das Klassenzimmer oder das Schulgebäude zu beschränken; aufgrund der leichten Beweglichkeit der Geräte können sie ihre Aktivitäten auch auf den Schulhof, die Nachbarschaft und viele andere Orte erweitern.

Es würde zu weit führen, hier den Betrieb einer Videoaufnahmeanlage zu beschreiben. Die entsprechenden technischen, organisatorischen und künstlerischen Fertigkeiten sollten Sie als Kunsterzieherin und Kunsterzieher am besten in einem Workshop erlernen. Ich möchte aber einige Aktivitäten beschreiben, die Kinder aus der vierten und fünften Jahrgangsstufe in einem während der Sommerferien durchgeführten Kurs durchführten:

• Sie entwarfen ihre eigenen Werbespots, indem sie die „Botschaft“ ihrer Werbung konzipierten, die Waren und

Packungen herstellten, die Rahmenhandlung entwarfen und das Ganze schließlich auf Video aufzeichneten.

- Sie schrieben die Skripts zu verschiedenen kleinen Spielen, die sich aus einer Reihe von kurzen Improvisationen entwickelten.
- Sie untersuchten die Licht- und Schatteneffekte mit den Kameras.
- Sie führten kleine improvisierte Rollenspiele mit sozialen Situationen durch, die mit schulischen und häuslichen Erfahrungen zu tun hatten, und zeichneten diese auf.
- Sie erarbeiteten kleine Filme, in denen sie den Zuschauern einfache künstlerische Techniken demonstrierten, wie Linoldruck, Monotypie usw.
- Sie wechselten sich in der Arbeit als Kameramann/-frau, BeleuchterIn, RegisseurIn, DarstellerIn, ProduzentIn usw. ab.

Aktivitäten für die Leserin und den Leser

Im vorstehenden Kapitel sind einige Aktivitäten beschrieben, in denen es um das Zusammenspiel von Licht und Bewegung geht. Nachstehend einige weitere Aktivitäten dieser Art.

1. Lassen Sie gleichzeitig zwei Filme laufen, wobei Sie bei dem einen den Ton, bei dem anderen das Bild weglassen. Versuchen Sie nun Verbindungen herzustellen zwischen dem Bild des einen Films und den Soundtracks des anderen Films.

2. Improvisieren Sie auf einer auf einen angeschalteten Overhead-Projektor aufgelegten Klarsichtfolie mit einer Reihe von Materialien und Farben; lassen Sie sich in Ihren Improvisationen von den Veränderungen auf dem Projektionsschirm zu neuen Erfindungen weitertragen.

3. Projizieren Sie auf einen Bildschirm ein Dia und lassen Sie darüber eine Filmsequenz laufen. Versuchen Sie, die durch die Kombination entstehende Erweiterung, Veränderung usw. in neuen Bildvorstellungen aufzunehmen.

4. Projizieren Sie von mehreren Projektoren Dias oder Filme auf einen Bildschirm. Lassen Sie dazu ebenfalls zwei oder drei Soundtracks oder andere Tonmaterialien laufen. Versuchen Sie aus dieser Mischung neue Bild-/Ton-Ideen zu entwickeln.

5. Halten Sie bei einem Film das Bild an und lassen Sie den Ton weiterlaufen. Wie könnte man das Geschehen bildlich anders umsetzen, als dies in dem Film tatsächlich geschieht?

6. Übermalen Sie ausrangierte Filme oder bearbeiten Sie diese sonst auf unterschiedliche Weise. Dies kann, ohne Bezug zum Inhalt, an zufällig ausgewählten Stellen geschehen oder auch, gezielt auf den Inhalt, durch eine entsprechende Veränderung einzelner Passagen.

7. Experimentieren Sie mit der Wechselwirkung von Bild und Musik. Wählen Sie eine Musik aus und entwerfen Sie dazu auf Diarähmchen nichtgegenständliche Bilder, wobei Farben, Linien, Strukturen, Massen usw. die (bei Ihnen hervorgerufene) Stimmung der Musik reflektieren.

Kapitel 10

Gruppenaktivitäten im Kunstunterricht

Eine wesentliche Aufgabe der Schule ist es, zu demokratischem und sozialem Verhalten hin zu erziehen. Hierbei kommt Gruppenaktivitäten eine wichtige Bedeutung zu. Sie allerdings werden im Kunstunterricht zu wenig beachtet. In diesem Kapitel will ich deshalb einige ästhetisch-künstlerische Aktivitäten aufzeigen, die sich in besonderem Maße für die Entwicklung von sozialen Interaktionen eignen.
Gruppenarbeit ist mehr als die Summe von Einzelarbeiten, mehr als die gemeinsame Herstellung eines Endprodukts. Kennzeichnend für die Gruppenarbeit ist vor allem die Erfahrung des gemeinsamen Gruppenprozesses, des gemeinsamen Wahrnehmens, Überlegens und Erarbeitens. Die ästhetisch-künstlerische Gruppenarbeit ändert auch den Charakter von Kunst. Statt daß Kunst als ein durch einen einzigen Menschen hergestelltes individuelles Produkt verstanden wird, wird es als ein Prozeß der Interaktion einer Gruppe von Menschen begriffen, in der jede und jeder die Möglichkeit zu individuellen wie gruppenbezogenen Erfahrungen hat, die sie bzw. er bei einer Einzelarbeit nicht haben würde.[1]

Grundüberlegungen zur Gruppenarbeit

Gruppenarbeit im Kunstunterricht wirft spezifische Probleme hinsichtlich der Planung, der Organisation sowie der Rollen- und sonstigen Arbeitsteilung auf. Wie funktioniert Gruppenarbeit? Auf welche Weise sollte die Gruppenarbeit organisiert werden? Was sollte bevorzugt Gegenstand der Gruppenarbeit sein? Was ist Ihre Rolle als Lehrerin und Lehrer in der Gruppenarbeit? Gruppenarbeit sollte in allen Stadien ein gemeinsames Unternehmen darstellen. Schon bei der Festlegung der Art des Gruppenprojekts sollten die Schülerinnen und Schüler eine entscheidende Rolle spielen. Dabei können und sollten Sie als Kunsterzieherin und Kunsterzieher Vorschläge und Anregungen geben.
Aber umgesetzt können diese Vorschläge und Anregungen nur werden, wenn sie von den Kindern auch vollen Herzens angenommen werden. Noch zentraler sind die Schülerinnen und Schüler bei der Planung und der Ausführung gefordert. Auch das Evaluieren, also das Bewerten und Beurteilen, ist in erster Linie Sache der Kinder selbst; sie sollten hierfür die Kriterien erarbeiten, nach denen sie den Gruppenprozeß und das Produkt der Gruppenarbeit beurteilen. Da stellen sich Fragen wie: Haben die Gruppenmitglieder ausgeführt, was sie planten?

[1] Zur Gemeinschaftsarbeit im Kunstunterricht der Grundschule vgl. auch *Hermann Loddekemper; Norbert Schier:* Beispiele für Gruppenarbeit im Bereich der ästhetischen Erziehung. In: Wolfgang Klafki u. a. (Hrsg.): Gruppenarbeit im Grundschulunterricht. Paderborn 1981, 169–186.

Was haben sie durch die Arbeit in der Gruppe gelernt? Was erscheint als besonders gelungen? Welche Fehler wurden gemacht? Welche positiven Erfahrungen, Verhaltensweisen oder Aktionsformen könnten Anregungen für zukünftige Gruppenarbeiten bilden? Wie könnte die Tätigkeit das nächste Mal besser organisiert werden?

Bevor Sie sich für ein Gruppen-Projekt entscheiden, müssen Sie nicht nur die Frage stellen, ob sich das Projekt von der Technik her für eine Gruppenarbeit eignet; Sie müssen auch entscheiden, ob das Projekt vom Arbeitsumfang her möglicherweise zu groß ist, um von der betreffenden Gruppe überhaupt bewältigt zu werden.

In ihrem Enthusiasmus kann bei Kindern „der Appetit größer sein als der Magen“, das Verlangen größer als die tatsächliche Fähigkeit zur Bewältigung. Es kann z. B. sein, daß Schülerinnen und Schüler, einmal entschlossen, ein Wandgemälde für die Eingangshalle der Schule gemeinsam zu erarbeiten, sich eine zu große Fläche auswählen, die von der Zahl der Schülerinnen und Schüler her in angemessener Zeit einfach nicht zu bewältigen ist. Dann besteht die Gefahr, daß die in Angriff genommene Arbeit nicht oder nur unzulänglich vollendet werden kann – und dies führt zu Frustrationen auf allen Seiten: bei den betreffenden Schülerinnen und Schülern, bei Ihnen als Kunsterzieherin und Kunsterzieher, bei den anderen Schülerinnen und Schülern sowie den Lehrerinnen und Lehrern, die alle das dann unfertige oder unzulänglich vollendete Produkt über Jahre ansehen müssen.

Am Anfang des Projekts liegt Ihre Aufgabe vor allem darin, die Intentionen der Schülerinnen und Schüler und die Machbarkeit des Projekts innerhalb angemessener Zeit und mit angemessenen Mitteln und den zur Verfügung stehenden Fähigkeiten herauszufinden. Im Zweifel sollten Umfang und Dauer eher begrenzt gehalten werden. Dies gibt die Möglichkeit, sich Details der Gestaltung zu widmen und erforderlichenfalls einzelne Passagen nachzuarbeiten. Wichtig ist auch, daß der Ablauf der Gruppenmalerei möglichst detailliert festgelegt wird und hierbei auch Verantwortlichkeiten innerhalb der Gruppe festgelegt werden; so kann es sich empfehlen, die Schülerinnen und Schüler in mehrere Gruppen aufzuteilen, die je einen bestimmten Bereich des Wandbilds bearbeiten.

Vorstufen von Gruppen-Aktivitäten

Jüngere Kinder im Kindergarten, in der Vorschule und der Eingangsstufe mögen noch nicht in der Lage sein, eine Gruppenarbeit planvoll durchzustehen. Dennoch können sie zusammen arbeiten, und zwar bei Projekten, die man als Quasi-Gruppenprojekte oder Vorstufen von Gruppen-Aktivitäten bezeichnen kann. Diese Projekte können z. B. darin bestehen, daß alle Kinder zu einem Thema ihre künstlerisch-bildnerischen Beiträge leisten. Wenn etwa das Thema „Frühling“ gewählt wird, können die Kinder auf einer ausgelegten Papierbahn verschiedene Gegenstände und Symbole malen, die mit Frühling zu tun haben. Viele andere Themen können auf diese Weise bearbeitet werden:

• Einkaufen: Verschiedene Läden können gezeichnet oder gemalt werden, zusammen mit Waren, Verkäuferinnen und Verkäufern und Menschen, die einkaufen. Auch können

gegebenfalls die einzelne Arbeiten ausgeschnitten und, zu Kompositionen geordnet, aufgeklebt werden.
• Unsere Straße: Die Kinder malen „ihr“ Haus oder ganz einfach Häuser und stellen sie zu einer Straße zusammen, mit Autos, Verkehrszeichen, Radfahrern, Fußgängern usw.
• Unsere Freunde: Zeichnungen und Malereien von einzelnen Kindern werden zu Gruppen zusammengestellt.
• Am Himmel und auf der Erde: Die Kinder malen Gegenstände, die man am Himmel sehen kann, und solche, die sich auf der Erde befinden. Auch diese werden ausgeschnitten und auf die oberen und unteren Teile einer Papierbahn aufgeklebt.

Wandmalerei

Eine anspruchsvollere Form der Gruppenarbeit stellt die Wandmalerei dar.[2] Es ist nicht schwierig, Kinder für Wandmalerei zu interessieren, ja zu begeistern. Bilder, Filme und Dias von Wandmalereien können hierzu anregen, gelegentlich finden sich Wandmalereien auch in der Nähe der Schule. Manchmal haben sich die Kinder selbst schon mal mit Wandmalereien versucht. Nahe liegt es, Sinn und Zweck von Wandmalerei im Zusammenhang der Ausgestaltung der Schule zu diskutieren. Hierzu bieten sich vor allem die Eingangshalle, Pausen- und Versammlungsräume, Flure usw. an.

Die Schülerinnen und Schüler diskutieren eingehend die auftauchenden Fragen: Welche Motive und Themen könnten gewählt werden, welche Materialien werden benötigt, welche Techniken sollten angewendet werden, an welcher Stelle sollte die Wandmalerei angebracht werden, wie sollte die Arbeit unter den Schülerinnen und Schülern und den zu bildenden Gruppen aufgeteilt werden usw.? Wichtig ist die Abstimmung sowohl zwischen den verschiedenen Gruppen untereinander wie auch innerhalb der jeweiligen Gruppen – und dies sowohl bei der Vorplanung wie auch im Verlaufe der Ausführung des Projekts.

Ihre Aufgabe als Kunsterzieherin und Kunsterzieher besteht vor allem in einer intensiven Vorbereitung. Die Schülerinnen und Schüler müssen sich ausreichend über die spezifischen Probleme einer Wandmalerei in planerischer und praktischer Hinsicht klar

---

[2] Vgl. auch die im Literaturverzeichnis aufgeführte Arbeit von *Beyer* (1988); ferner – nicht spezifisch die Grundschule betreffend –: *Heinrich Dreidoppel:* Wandmalerei in der Schule. Zwischen Aktion, Wohnlichmachen und Kunst. In: Kunst+Unterricht 91/1985, 12–15; *Axel Jansa:* Ratgeberei Wandmalerei. Einige Hinweise, Tips und Ratschläge für die Wandmalerei mit Kindern und Jugendlichen. In: Kunst+Unterricht 91/1985, 16–18.

werden. Dies zu vermitteln, ist vor allem Ihre Aufgabe. Ergänzend können Sie auch Wandmalereien aus der Kunstgeschichte heranziehen. Die Wandmalereien in Ravenna, Michelangelos „Sixtinische Kapelle“, Chagalls Deckenmalereien in der Pariser Oper sind nur einige Beispiele.

Der Begriff „Wandbild“ bezeichnet im engeren Sinne eine Malerei, die unmittelbar auf die Wand aufgetragen wird. Dies ist, zumal in der Grundschule, aber nicht immer möglich oder ratsam. Im weiteren Sinne soll deshalb unter „Wandbild“ auch eine Malerei verstanden werden, die auf einem großflächigen Papier entsteht, das dann auf eine Wand aufgebracht wird.

Was sind die technischen Erfordernisse dieser Kunstform? Sofern beabsichtigt ist, die Farbe unmittelbar auf die Wand aufzutragen, muß geprüft werden, ob dies überhaupt möglich ist, was z.B. dann nicht der Fall ist, wenn die Wand aus Kunststoff besteht oder mit Kunststoffarbe beschichtet ist. Gegebenenfalls muß die Wand grundiert werden, was, sofern Sie selbst nicht über ausreichende Kenntnisse verfügen, durch einen professionellen Maler/Tüncher geschehen sollte. Man sieht also, daß der Farbauftrag unmittelbar auf die Wand technische Probleme aufwerfen kann, die nicht ohne weiteres zu bewältigen sind — erst recht nicht von Grundschulkindern.

Wandmalerei ist in verschiedener Weise denkbar, als eine eher spontane oder als eine eher geplante. Bei der spontanen sucht sich jedes Kind einen Teil der Wand aus und malt darauf, was es sich ausgedacht hat, möglicherweise auch, was es spontan an die Wand bringt. Dabei kann man auch Schiffbruch erleiden: Kinder können Probleme beim Farbauftrag haben, schlimmstenfalls kann es in Einzelfällen auch passieren, daß die Kinder in Frust geraten und die Wand einfach beschmieren. Ein „ordentliches“ Wandbild aber, das ein einheitliches Bild darstellt, von dem die Kinder einzelne Teile malen, kann von Grundschulkindern nicht allein bewältigt werden. Die Kinder sind hier also auf Ihre Planung und Unterstützung in besonderem Maße angewiesen. Das Bild muß zuerst auf Papier vorgezeichnet und von dort in Umrissen auf die Wand übertragen werden. Wenn Sie an eine Wandmalerei denken, sollten Sie sich also der technischen Schwierigkeiten voll bewußt sein.

Planung und Ausführung der Wandmalerei sind unterschiedlich je nach der künstlerischen und interaktionellen Entwicklung der Kinder. Das Kind im Kindergarten kann zusammen mit anderen Kindern an einer Papierbahn arbeiten. Jedes Kind malt seine eigenen Objekte und seine eigene Komposition, ohne daß der Bezug zu den Arbeiten der anderen Kinder im vornherein koordiniert würde. Etwa ab der dritten Jahrgangsstufe kann man beginnen, ein Wandgemälde gezielter zusammen mit Kindern zu planen und arbeitsteilig in gemeinsamer Arbeit auszuführen.

Puppenbau und Puppenspiel

Die Wandmalerei stellt jüngere Grundschulkinder möglicherweise vor Probleme, die nicht leicht zu überwinden sind. Ganz anders ist dies beim Puppenbau und Puppenspiel. Sie bilden ein ganz hervorragendes Mittel zu integrierter und integrierender Gruppenarbeit. Um so bedauerlicher ist es deshalb, daß Puppenbau und Puppen-

spiel in der Grundschule seit vielen Jahren vernachlässigt werden. Die Gründe sind wahrscheinlich in zwei Richtungen zu sehen. Zum einen ist man leicht geneigt, das Puppenspiel als musisches Relikt zu sehen, das dem (mißverstandenen) künstlerischen Anspruch nicht genügt.
Zum anderen stellen sich auch hier organisatorische und zeitliche Probleme. Da man sich im Kunstunterricht weitgehend angewöhnt hat, kurzatmige Aktivitäten zu erledigen, die sich in den Takt der Schulstunden fügen, schreckt man offenbar vor längerfristigen Projekten zurück. Den Bedenken hinsichtlich des Zeitaufwands kann man dadurch begegnen, daß man die Kinder weniger komplizierte Puppen bauen läßt, um so genügend Zeit zum Puppenspiel zu haben. Es kommt nicht so sehr darauf an, daß die Schülerinnen und Schüler „schöne" Produkte herstellen. Entscheidendes Gewicht sollte auch hier auf den Gruppenprozeß und die Geeignetheit der Puppen zu einem phantasievollen Puppenspiel gelegt werden. Und hierzu eignen sich perfekte, zumeist auf einen spezifischen Charakter festgelegte Puppen erfahrungsgemäß weniger als solche Puppen, die gerade wegen ihrer mangelnden Perfektion der Phantasie größeren Spielraum lassen. (Zum Bau einfacher Puppen vgl. die Anregungsblätter auf S. 155–161.)[3]

Aktivitäten für die Leserin und den Leser

1. Untersuchen und beschreiben Sie eine Gruppenaktivität nach Ihrer Wahl in der Klasse nach den Stufen: Zweck definieren, Planen, Projekt festlegen, Ausführen, Evaluieren.

2. Studieren Sie Wandmalereien in Ihrer Gegend / Gemeinde / Stadt nach unterschiedlichen Kriterien, z. B. Thema, Bezug zur Umgebung, graphische und farbliche Gestaltung, technische Ausführung.

3. Machen Sie Entwürfe für ein Wandgemälde für unterschiedliche Wandflächen in Ihrer Schule. Versuchen Sie dabei, auf die Spezifika der Schule einzugehen.

4. Lassen Sie Ihre Schülerinnen und Schüler einfache Puppen bauen und mit diesen kurze Rollenspiele durchführen. Versuchen Sie danach, die spezifischen Eigenschaften eines jeden Kindes in bezug auf Auswahl und Gestaltung von Charakteren sowie deren Umsetzung im Puppenspiel zu identifizieren. Was haben Sie dabei neu an den Kindern entdeckt?

---

[3] Vgl. ferner die im Literaturverzeichnis aufgeführten Arbeiten von *Brunnhuber, Gerlach, Suckow* u. a. sowie: *Angelika Gerlach:* Handpuppen im Unterricht einer Vorbereitungsklasse. Improvisierte Spielfiguren im Anfangsunterricht. In: Zeitschrift für Kunstpädagogik 12 (1983), H. 6, 28–32; *Marlies Krause; Ute Krause:* Mit Schirm, Mops und Zitrone – Ein Puppen-Allerlei. In: Kunst+Unterricht 97/1985, 38–40; *Peter Weitzner:* Puppentheater als Spielprozeß in der Schule. Psychologische Phänomene des Puppenspiels. In: Kunst+Unterricht 97/1985, 28–31.

Kapitel 11

Kunstunterricht für Kinder mit besonderen Bedürfnissen

Mit der Integration von Kindern mit Behinderungen, die wir so schnell „behinderte Kinder" nennen, ist es nicht weit her. Noch immer „sondern" wir solche Kinder in „Sonderschulen" ab. Zumeist nur in Versuchsprojekten werden solche Kinder in Einzelfällen auch in sogenannte „Regelschulen" aufgenommen. Dabei können wir nicht einmal genau definieren, was „Behinderte" sind, sind wir selbst doch alle in gewissem Maße „behindert", haben wir doch alle unsere Schwächen, die zugleich Stärken sein können, haben wir doch alle Bereiche, in denen wir einer besonderen Förderung bedürfen. Ich möchte deshalb auch den abwertenden und ausgrenzenden Begriff der „Behinderung" weitgehend vermeiden und lieber von „Kindern mit besonderen Bedürfnissen" sprechen (mag diese Bezeichnung auch etwas umständlich erscheinen), um so deutlich zu machen, daß diese Kinder unserer besonderen Aufmerksamkeit und Fürsorge bedürfen. Wenn ich von Kindern mit besonderen Bedürfnissen spreche, will ich damit auch in Erinnerung rufen, daß hinsichtlich solcher Kinder grundsätzlich nichts anderes gilt, als was für die Erziehung allgemein zu berücksichtigen ist: Erziehung ist individuell, muß auf die verschiedenen Ausgangslagen und Bedürfnisse eines jeden Kindes eingehen. Insofern unterscheidet sich Kunstunterricht für Kinder mit speziellen Bedürfnissen nicht grundlegend von dem für andere Kinder. Die Erfahrung mit Kindern mit besonderen Bedürfnissen zeigt, daß die Ähnlichkeiten des Kunstunterrichts für „behinderte" und „nichtbehinderte" Kinder weitaus größer sind als die Unterschiede. Aber es gilt auch: je ausgeprägter die besonderen Bedürfnisse sind, desto feiner justiert müssen die didaktischen Maßnahmen sein. Bevor ich mich den spezifischen Anpassungen der didaktischen Maßnahmen an die besonderen Bedürfnissen einzelner Kinder und Kindergruppen zuwende, möchte ich zunächst aufzeigen, worin die Vorteile des Kunstunterrichts gerade für Kinder mit besonderen Bedürfnissen liegen.[1]

[1] Vgl. ergänzend zur Praxis der Didaktik des Kunstunterrichts mit behinderten Kindern: *Meike Aissen-Crewett:* Ästhetische Erziehung für Behinderte. Ein Arbeitsbuch für die Praxis. Dortmund 1987, [2] 1989; dort auf S. 157–170 auch eine umfangreiche Bibliographie. Zu den Voraussetzungen des Kunstunterrichts mit Behinderten vgl. *Meike Aissen-Crewett:* Behinderte und Kunstunterricht. Untersuchungen zur Ausgangslage der ästhetischen Erziehung und der Wirkung künstlerischer Aktivitäten bei Behinderten. In: Behindertenpädagogik 25 (1986), 286–292. Vgl. ferner *Meike Aissen-Crewett:* Darstellendes Spielen mit geistig behinderten Kindern. Dortmund 1988.

Die Vorteile des Kunstunterrichts für Kinder mit besonderen Bedürfnissen

Die Vorteile des Kunstunterrichts für Kinder mit besonderen Bedürfnissen kann man in folgenden Punkten zusammenfassen:

1. Mittels ästhetisch-künstlerischer Aktivitäten sind Kinder mit besonderen Bedürfnissen in der Lage, Produkte zu erschaffen, die denen ihrer nichtbehinderten Mitschülerinnen und Mitschüler in der Regel gleichrangig sind. Ein Vergleich mit den Arbeiten von Schülerinnen und Schülern ohne gravierende besondere Bedürfnisse fällt also in der Regel nicht zu ihren Ungunsten aus. Dies trägt zur Steigerung ihres Selbstwertgefühls bei.

2. Der Prozeß der Symbol- und Konzeptschaffung unterscheidet sich bei Kindern mit besonderen Bedürfnissen nicht grundsätzlich von dem ihrer nichtbehinderten Mitschülerinnen und Mitschüler. Mittels der Kunst werden auch Kinder mit besonderen Bedürfnissen befähigt, Symbole, Konzepte, Vorstellungen zu bilden und auszudrücken, die sie oft in anderer Weise, z. B. aufgrund einer beschränkten sprachlichen Ausdrucksfähigkeit, nicht artikulieren können.

3. Nicht anders als bei nichtbehinderten Kindern geben ästhetisch-künstlerische Aktivitäten auch Kindern mit besonderen Bedürfnissen die Möglichkeit, psychischen und emotionalen Stau abzureagieren, ein neues Selbstbild von sich zu gewinnen, Vorstellungen vom angeblichen Nichtkönnen zu überwinden, Hemmschwellen abzubauen, Gefühle, Erinnerungen, Gedanken zu aktivieren und ihr Selbstwertgefühl zu stärken.

4. Ästhetisch-künstlerische Aktivitäten vermitteln lebensnotwendige sensorische und motorische Erfahrungen, die zugleich positive Auswirkungen auf die gesamten geistigen, psychischen und physischen Fähigkeiten haben. Die Integration von physischen, psychischen und geistigen Operationen wiederum fördert das Zusammengehen von Denken und Fühlen. Auch in dieser Hinsicht ist die Funktion von ästhetisch-künstlerischen Aktivitäten bei allen Kindern im wesentlichen die gleiche.

5. Ästhetisch-künstlerische Aktivitäten ermöglichen Kindern mit besonderen Bedürfnissen die Erfahrung, weitgehend eigenständig Entscheidungen zu treffen und Probleme lösen zu können.

6. Kunstunterricht ermöglicht die Schaffung einer offenen, kommunikativen, nichtbedrohlichen Atmosphäre, die die wechselseitige Integration von allen Kindern, ob nun mit besonderen Bedürfnissen oder ohne sie, in besonderem Maße fördert.

Allgemeine Leitlinien für den Kunstunterricht für Kinder mit besonderen Bedürfnissen

Ich habe bereits gesagt, daß die Unterschiede des didaktischen Vorgehens bei Kindern mit besonderen Bedürfnissen und bei nichtbehinderten Kindern geringer sind, als allgemein angenommen wird. Aber natürlich gibt es beim Kunstunterricht für Kinder mit besonderen Bedürfnissen eine Reihe von Gesichtspunkten, die der besonderen Aufmerksamkeit bedürfen. Insofern gilt es, die allgemeinen didaktischen Grundsätze des Kunstunterrichts den besonderen Bedürfnissen von behinderten Kindern anzupassen.

Analyse und Strukturierung des künstlerisch-ästhetischen Arbeitsprozesses

Wenn man mit Kindern mit besonderen Bedürfnissen ästhetisch-künstlerisch arbeitet, ist eine sorgfältige Planung erforderlich. Wir müssen unsere Aufmerksamkeit vor allem auf die Frage richten, auf welche Weise wir unter Berücksichtigung der je spezifischen Fähigkeiten und Möglichkeiten von Kindern mit besonderen Bedürfnissen die Aufgaben so wählen, strukturieren und vermitteln, daß sie von diesen verstanden und umgesetzt werden können.

Bei der Aufgabenanalyse ist es vordringlich, zu bestimmen, welche grundlegenden Konzepte vermittelt werden müssen, damit die Schülerinnen und Schüler mit besonderen Bedürfnissen die Aufgabenstellung sowie den zu ihrer Realisierung erforderlichen ästhetisch-künstlerischen Prozeß verstehen. Dazu ist es notwendig, diesen Prozeß in einzelne Schritte zu untergliedern.

Eine solche Strukturierung ist bei eher technisch orientierten Aufgaben, z. B. beim Drucken, wegen der dort sich aus der Natur der Sache ergebenden Abfolge von technischen Aktivitäten in der Regel ohne besondere Schwierigkeiten möglich. Bei anderen Techniken, z. B. beim Malen, ist eine derartige aus den technischen Gegebenheiten folgende Sequenz von Aktivitäten weniger erkennbar und von der Sache her in der Regel kaum erforderlich. Dennoch muß man sich auch hier um eine Strukturierung bemühen. Für manches Kind mit besonderen Bedürfnissen, z. B. mit einer geistigen Behinderung, kann es eine erhebliche Schwierigkeit bedeuten, zu erkennen, daß es erst die Farbe mit Wasser vermischen muß, dann einen Pinsel in Farbe eintauchen und abstreifen muß, um Farbe auf das Blatt Papier auftragen zu können.

Wenn so das Projekt in Einzelschritte strukturiert worden ist, muß man sich überlegen, welche Teile Kindern mit besonderen Bedürfnissen Schwierigkeiten bereiten könnten, und zwar unterschiedlich je nach verschiedenen Formen und Graden von Behinderungen. Z. B. muß einem Kind mit einer geistigen Behinderung vielleicht gezeigt werden, wie ein Pinsel zu halten und mit Farbe zu füllen ist, während ein gehörloses Kind, das Kommunikationsschwierigkeiten hat, beim Verstehen der Aufgabenstellung unterstützt werden muß und bei einem Kind mit einer Muskelschwäche im Arm bei einem Linolschnitt vielleicht eine Styroporplatte eingesetzt werden muß. Die Aufgabenanalyse erleichtert es Ihnen, diejenigen Einzelteile des Projekts zu identifizieren, die einzelnen Kindern mit je unterschiedlichen besonderen Bedürfnissen Schwierigkeiten bereiten könnten.

Eine derartige Analyse ist schwieriger, als dies auf erste Sicht erscheinen mag. Da die Kunsterzieherin und der Kunsterzieher in der Regel über keine besonderen Kenntnisse in bezug auf die spezifischen Fragen des Kunstunterrichts für Kinder mit besonderen Bedürfnissen verfügen, fällt es ihnen zunächst nicht leicht, die Schwierigkeiten zu erkennen, die Menschen mit je unterschiedlichen Behinderungen beim Verständnis und der Realisierung der ästhetisch-künstlerischen Aufgabe haben können. Sie sollten sich deshalb gewisse Grundkenntnisse über Formen und Grade von Behinderungen und ihre Auswirkungen auf die Praxis des Kunstunterrichts aneignen. Je mehr Erfahrungen man in der ästhetisch-künstlerischen Arbeit mit

Kindern mit besonderen Bedürfnissen hat, desto leichter fällt es einem, potentielle Probleme zu entdecken und sie zu lösen.

Unterstützende psychische Umwelt

Viele Unterrichtsfächer können für Kinder mit besonderen Bedürfnissen eine Bedrohung darstellen, verbunden mit der Erfahrung des Versagens. Als Kunsterzieherinnen und Kunsterzieher sollten wir durch unsere Vorgehensweise sicherstellen, daß der Kunstunterricht positive, freudevolle Erfahrungen vermittelt. Hierzu ist es notwendig, eine unterstützende psychische Umwelt zu schaffen, d.h. eine Atmosphäre, die dazu beiträgt, daß Kinder mit besonderen Bedürfnissen ihre Fähigkeiten möglichst vollständig entfalten können. Wenn Sie mit Kindern mit besonderen Bedürfnissen arbeiten, sollten Sie bei ihnen ein Gefühl des Vertrauens erzeugen, daß die Dinge im Fach Kunst gut laufen. Dazu ist es bei der Vorbereitung notwendig, geeignete Werkzeuge und Materialien auszuwählen.

Erforderlich ist in besonderem Maße die Fähigkeit, Prozesse und Techniken zu erklären und zu demonstrieren. Notwendig ist es ferner viel stärker als bei Kindern ohne Behinderungen, den technischen Ablauf des Prozesses unter Kontrolle zu haben, um so Situationen zu erkennen, in denen Kinder mit besonderen Bedürfnissen Unterstützung benötigen. Will man eine unterstützende Umwelt schaffen, empfiehlt es sich, sich über einige grundlegende Beziehungen zwischen ästhetisch-künstlerischen Aktivitäten und deren psychische Wirkungen auf den Menschen klar zu werden. Hierzu möchte ich einige Einzelheiten ansprechen, die nicht nur Kinder mit besonderen Bedürfnissen betreffen, sondern grundsätzlich auch für nichtbehinderte Kinder Gültigkeit haben.

Die individuelle Schülerin und der individuelle Schüler sind wichtiger als das von ihr bzw. ihm geschaffene Produkt. Uns sollte daran liegen, durch künstlerisch-ästhetische Aktivitäten zur ästhetischen Erfahrungsfähigkeit und damit zur Bereicherung unseres Lebens beizutragen. Unsere Sorge kann deshalb nicht in erster Linie der Qualität des durch ästhetisch-künstlerische Aktivitäten geschaffenen Produkts gelten. Wir machen Musik, wissend, daß wir nie in einem Konzert werden auftreten können. Dies gilt erst recht für unsere ästhetisch-künstlerischen Bemühungen bei Kindern mit besonderen Bedürfnissen.

Wenn das entscheidende Gewicht dem Endprodukt beigemessen wird, dessen Qualität gar noch nach allgemeinen Maßstäben beurteilt wird und nicht nach den jeweils individuellen Fähigkeiten des einzelnen Kindes, zumal des Kindes mit besonderen Bedürfnissen, verhindern wir die Erreichung der oben beschriebenen Ziele des Kunstunterrichts für Kinder mit besonderen Bedürfnissen. Die im Verlaufe des künstlerisch-ästhetischen Prozesses gemachten ästhetischen Erfahrungen sind gerade für das Kind mit besonderen Bedürfnissen wichtiger als das entstehende Produkt, auch wenn man dessen Bedeutung gerade im Hinblick auf ein Fixieren der Erinnerung an diesen Schaffensprozeß und als Gegenstand, in dem sich die gemachten ästhetischen Erfahrungen verkörpern, nicht unterschätzen sollte. Für den Kunstunterricht für Kinder mit besonderen Bedürfnissen gilt erst recht, was auch für alle anderen Kinder wichtig ist: Wir müssen sie dort abholen, wo sie sind. Wunschträume oder genormte Bilder vom kreativen Kind machen Kinder nicht kreativer, handwerklich geschickter oder geistig fähiger, als sie sind. Wenn wir uns an den tatsächlichen Fähigkeiten von Kindern orientieren, dann gerade nehmen wir sie als Indviduen ernst und laufen nicht Gefahr, unerfüllbare Erwartungen und Forderungen an sie zu stellen. Und dann erst geben wir den Kindern die Möglichkeit, im Rahmen ihrer von uns gleichermaßen erkannten wie anerkannten Fähigkeiten mit ihrer Arbeit zufrieden zu sein und damit ihr Selbstwertgefühl zu stärken.

Bei der Erziehung sollten wir keinen Automatismus in der Entwicklung erwarten. So sollten wir auch nicht meinen, im Kunstunterricht fände ein kontinuierlicher Fortschritt statt. Zumal Kinder mit besonderen Bedürfen brauchen den Stillstand, ja die Regression. So wie wir beim Lesen gelegentlich zurückblättern, einzelne Passagen wiederholt lesen, so ist auch das Kind kein Automat, der kontinuierlich von Stufe zu Stufe voran- oder aufwärtsschreitet, so auch muß jedem Kind, zumal demjenigen mit besonderen Bedürfnissen, die Möglichkeit gegeben werden, in Gestalt von bestimmten ästhetisch-künsterischen Aktivitäten auf gewissen Entwicklungsstufen länger zu verharren oder zu ihnen zurückkehren. Auch bietet der Kunstunterricht die Möglichkeit, die eigenen Affekte und Emotionen einzubringen, von denen das Lernen ohnedies nicht zu trennen ist. So ist die bei Kindern, gerade bei solchen mit besonderen Bedürfnissen, oft zu beobachtende temporäre Regression eben kein Rückschritt, sondern ein Sich-Vergewissern, ein Innehalten, mit dem oft auch emotionale Probleme berücksichtigt und gegebenenfalls verarbeitet werden können. Man sollte solchen Kindern die Möglichkeit der Regression, des Innehaltens, des In-sich-Einkehrens geben. Nach einiger Zeit werden sie aus ihrer inneren Behausung gestärkt wieder hervorkommen.

Gefühle des Versagens sind bei Kindern mit besonderen Bedürfnissen nicht ungewöhnlich. Ihnen können wir am ehesten begegnen, wenn wir uns der positiven Aspekte des Nichtgelingens bewußt werden, wenn wir erfolglose Versuche nicht als Niederlagen, sondern als notwendige Schritte zu einem schließlich erfolgreichen Ende sehen. Wir müssen Schülerinnen und Schülern mit besonderen Bedürfnissen also klar machen, daß der Fehlschlag zum Lernen gehört. Wenn wir etwas versuchen und damit keinen Erfolg haben, lernen wir, wie es nicht geht. Wenn unsere Zeichnung nicht nach dem aussieht, was wir eigentlich zeichnen wollten, dann bedeutete sie doch den Versuch einer Annäherung an unsere Vorstellungen.

Kunstunterricht in der Integration von behinderten und nichtbehinderten Kindern

Auch in den bislang eher wenigen Projekten der Integration von Kindern mit besonderen Bedürfnissen in Regelschulen findet eine Integration normalerweise nicht in allen Fächern statt. Kunstunterricht hingegen wird üblicherweise voll in die Integration miteinbezogen. Ein Grund hierfür könnte darin liegen, daß Kunstunterricht in besonderem Maße auf die individuelle Entfaltung setzt und so auch Schülerinnen und Schüler mit ganz unterschiedlichen Fähigkeiten, Lernstilen, Arbeitsverhalten und Leistungsebenen Seite an Seite miteinander arbeiten können. Wegen dieser positiven Aspekte kann der Kunstunterricht einen signifikanten Beitrag zur Integration von Kindern mit besonderen Bedürfnissen leisten.

Normalerweise verfügen die Klassenlehrerin und der Klassenlehrer, die auch das Fach Kunst unterrichten, oder die Kunsterzieherin und der Kunsterzieher, die ausschließlich Kunst unterrichten, über keine besonderen Kenntnisse in der Behindertenpädagogik. Deshalb werden sie auf die Beratung durch eine auf dem Gebiet der Behindertenpädagogik qualifizierte Kollegin oder Kollegen angewiesen sein. Tatsächlich wird in den Integrationsmodellversuchen der Klassenlehrerin und dem Klassenlehrer in der Regel eine Behindertenpädagogin oder ein Behindertenpädagoge zur Seite gestellt. Deren Aufgabe ist es, der Klassenlehrerin und dem Klassenlehrer bzw. Kunsterzieherin und Kunsterzieher dabei zu helfen, mit den je unterschiedlichen besonderen Bedürfnissen der „behinderten" Kinder besser vertraut zu werden und die sich aus der je spezifischen Behinderung ergebenden Probleme für das Fach Kunst zu erkennen. Dabei ist es vor allem nötig, die Aufgaben- und Tätigkeitsbereiche von Behindertenpädagogin und -pädagogen einerseits und Kunsterzieherin und Kunsterzieher andererseits sowie die Kooperationsbereiche zu definieren.

Ihre Aufgabe als Kunsterzieherin und Kunsterzieher ist es insbesondere:

- Ästhetisch-künstlerische Aktivitäten vorzuschlagen und zu erarbeiten, die den besonderen Bedürfnissen solcher Kinder gerecht werden;
- die je spezifischen künstlerisch-ästhetischen Fähigkeiten solcher Kinder zu entwickeln;
- solche Kinder ihren spezifischen Bedürfnissen entsprechend zu motivieren;
- die Akzeptanz solcher Kinder durch die Mitschülerinnen und Mitschüler zu fördern;
- die Anstrengungen solcher Kinder bezüglich ihrer ästhetisch-künstlerischen Anstrengungen im Hinblick auf ihre Behinderung anzuerkennen;
- die wechselseitigen Rückmeldungen an Informationen zwischen Kunstpädagogik und Behindertenpädagogik sicherzustellen.

Aufgabe der Behindertenpädagogin und des Behindertenpädagogen ist es in bezug auf den Kunstunterricht insbesondere:

- dabei zu helfen, die Ziele des Kunstunterrichts und der verschiedenen ästhetisch-künstlerischen Aktivitäten bezüglich des individuellen Kindes mit besonderen Bedürfnissen zu bestimmen;
- der Kunsterzieherin und dem Kunsterzieher die jeweils erforderlichen Informationen und Kenntnisse in bezug auf die jeweilige Behinderung zu vermitteln;
- die im Hinblick auf die jeweilige Behinderung erforderlichen Anpassungen in bezug auf Techniken, Themen usw. vorzuschlagen;
- bei Evaluationsprozessen Unterstützung zu leisten;
- die Kunsterzieherin und den Kunsterzieher beim Unterricht in kritischen Momenten erforderlichenfalls unmittelbar zu unterstützen;
- die Kunsterzieherin und den Kunsterzieher auf spezifische Probleme oder Entwicklungen aufmerksam zu machen, die ihnen vielleicht sonst entgehen;
- die Kunsterzieherin und den Kunsterzieher über alle sonstigen entscheidenden Entwicklungen des Kindes mit

besonderen Bedürfnissen außerhalb des Kunstunterrichts zu informieren.
Die Bereitschaft, Kinder mit besonderen Bedürfnissen zu unterrichten, ist eine Sache; den sich dabei ergebenden Aufgaben auch emotional gewachsen zu sein, ist eine andere. Eine Kollegin, die Sebastian, ein Kind, mit einem Down-Syndrom in ihrer Klasse hatte, erzählte mir einmal: „Als Sebastian weinte, weil er mit einer Arbeit nicht klar kam, hat sich mir innerlich alles zusammengeschnürt. Ich glaube, ich war genauso hilflos, traurig und frustriert wie er." Die Kollegin beschreibt einen der Momente, in dem man, bei allen guten Vorsätzen, selbst nicht weiter weiß, in dem man sich einfach allein, verlassen und hilflos fühlt. Da helfen keine guten Vorsätze mehr, und auch das durch intensive Lektüre und Fortbildungskurse erworbene Wissen hilft nicht weiter. Dann bleibt nichts anderes übrig, als sich auf seine eigenen Erfahrungen und inneren Gefühle zu verlassen, um mit der Sitution emotional fertig zu werden.
Aber nicht nur Sie als Lehrerin und Lehrer müssen sich auf die besonderen Anforderungen hinsichlich der Integration von Kindern mit besonderen Bedürfnissen in Klasse und Unterricht einstellen. Dies gilt auch für die Mitschülerinnen und Mitschüler solcher Kinder. Man kann daran denken, nichtbehinderten Kindern dabei zu helfen, sich der spezifischen aus einer bestimmten Behinderung ergebenden Schwierigkeiten bewußt zu werden, indem sie, bevor Kinder mit besonderen Bedürfnissen in die Klasse eingegliedert werden, Situationen simulieren, in denen sich ein Kind mit besonderen Bedürfnissen bei künstlerisch-ästhetischen Aktivitäten befinden kann.
Kinder können z. B. versuchen, an sich zu erfahren, wie es ist, wenn man nicht sieht, wenn man sich nur im Rollstuhl bewegen kann, wenn man einen Arm nicht bewegen kann, wenn man nicht hört, nicht sprechen kann usw. Der Zweck solcher Übungen wäre es, den Schülerinnen und Schülern ein Gefühl dafür zu vermitteln, welche Auswirkungen Behinderungen auf künstlerisch-ästhetische Aktivitäten haben. Die Kinder sollen durch solche Rollenspiele zugleich Erfahrungen damit machen, wie man Kindern mit besonderen Bedürfnissen helfen könnte. Sie sollen so auch erkennen, daß die Integration keine Einbahnstraße ist, die lediglich Kindern mit besonderen Bedürfnissen zugute kommt, sondern daß aus einer integrativen Erziehung auch Kinder ohne besondere Bedürfnisse profitieren, indem sie das Mitfühlen und Mitdenken mit Menschen lernen, die nicht den üblichen Standards entsprechen. Natürlich sollten Sie derartige Rollenspiele mit aller Vorsicht und mit allem Respekt vor Menschen mit besonderen Bedürfnissen durchführen. Ohnedies können solche Rollenspiele nur auf höchst ungenügende Weise eine Annäherung an die Gefühle und Probleme von Kindern mit besonderen Bedürfnissen bilden. Manche Behinderungen, wie etwa die geistige oder emotionale, lassen sich auf diese Weise ohnedies nicht gedanklich oder emotional erfassen.
Der gemeinsame Unterricht für Kinder mit und ohne besondere Bedürfnisse hat auch seine positiven Rückwirkungen auf die Art des Kunstunterrichts. Noch immer fokussiert Kunstunterricht weitgehend ausschließlich auf Techniken und Themen und vernachlässigt die Förderung der sozialen Entwicklung. Durch den gemeinsamen Unterricht mit Kindern mit besonderen Bedürfnissen erfahren alle Kinder, gleich ob und in welchem Ma-

ße sie behindert sind, daß man im Kunstunterricht auch soziales Verhalten lernen kann. Dies ist nicht nur bei Gruppenprojekten der Fall, sondern auch bei individuellem Arbeiten möglich. Kunstunterricht ist immer ein gemeinsames Unternehmen: Schülerinnen und Schüler teilen sich den Raum, den Tisch, Werkzeuge und Materialien. Kunstunterricht erlaubt auch eine Kommunikation unter Schülerinnen und Schülern, die in anderen Fächern so nicht möglich ist.

Dennoch ist das Kind mit seinen besonderen Bedürfnissen in diese Form sozialen und kommunikativen Handelns nicht automatisch einbezogen. Es besteht immer die Gefahr, daß ein solches Kind von derartigen gemeinsamen Aktivitäten ausgeschlossen bleibt. Sie als Kunsterzieherin und Kunsterzieher sollten insoweit regulierend eingreifen. Der verbale Hinweis an die Schülerinnen und Schüler, doch die Kinder mit besonderen Bedürfnissen besser anzunehmen, richtet dabei in der Regel nicht allzu viel aus. Besser ist es schon, gemeinsame Projekte durchzuführen, z. B. eine Wandmalerei oder eine gemeinsame Collage. Aber auch dann kann die Isolation des Kindes mit besonderen Bedürfnissen nur durchbrochen werden, wenn diesem eine ganz spezifische Rolle innerhalb des Gesamtprojekts zugewiesen wird.

Mit diesen Überlegungen möchte ich nicht zum Ausdruck bringen, daß die Integration von Kindern mit besonderen Bedürfnissen immer und vorwiegend problematisch ist. Üblicherweise ist es so, daß nach einer Zeit des Aneinandergewöhnens eine offene, entspannte Atmosphäre entsteht, in der die Integration von Kindern mit besonderen Bedürfnisssen keine besonderen Schwierigkeiten bereitet. Zumal im Kunstunterricht kann man bei Kindern mit besonderen Bedürfnissen im Vergleich zu sonstigen Fächern ein unterschiedliches Verhalten feststellen. Mir ist es wiederholt vorgekommen, daß etwa Kinder, von denen mir gesagt worden ist, sie hätten schwere Verhaltensstörungen oder seien averbal, im Kunstunterricht durchaus kommunikativ und umgänglich waren, während dies in anderen Unterrichtsfächern nicht der Fall war.

Ein Mädchen, das als hyperaktiv identifiziert war, blieb im Fach Kunst sehr wohl an seinem Platz sitzen; möglicherweise war diese Veränderung des Verhaltens auch dadurch bedingt, daß sie im Kunstunterricht ohne weitere Ermahnungen und Sanktionen von ihrem Platz aufstehen, zum Waschbekken gehen oder sich Material aus dem Materialienschrank holen durfte (und vielleicht war die sonst bei ihr beschriebene Hyperaktivität eine Reaktion auf das in anderen Stunden geltende Verbot, sich im Klassenzimmer frei zu bewegen). So kann es durchaus sein, daß sich aus dem im Kunstunterricht gezeigten Verhalten nützliche Schlußfolgerungen und Empfehlungen für den Unterricht in anderen Fächern ziehen lassen.

Bei Kindern mit besonderen Bedürfnissen sollten Sie statt der Defizite ihre Stärken betonen. Entsprechend sollten für diese Kinder Aktivitäten ausgewählt werden, bei denen sie eine größere Chance zu einem Erfolgserlebnis haben. Natürlich soll hierdurch keine Isolierung von den Mitschülerinnen und Mitschülern ohne besondere Bedürfnisse bewirkt werden. Das Arbeiten an der gleichen Aufgabenstellung sowie mit denselben Werkzeugen, Techniken und Materialien für alle Kinder, ungeachtet der besonderen Bedürfnisse, hat für alle Kinder die positive Wirkung, daß sie voneinander lernen können. Kinder mit besonderen Bedürfnissen sollen an allen Aktivitäten teilhaben; erforderlichenfalls müssen Sie Modifikationen an den Techniken oder Themenstellungen vornehmen. Sie können den besonderen Bedürfnissen von solchen Kindern auch dadurch gerecht zu werden versuchen, daß Sie ihnen mehrere Optionen einräumen und ihnen z. B. erlauben, Techniken, die ihnen besonders liegen, zu wählen.

Planung des Kunstunterrichts für Kinder mit besonderen Bedürfnissen

Bei der Planung des Kunstunterrichts für Kinder mit besonderer Bedürfnissen sind einige Punkte zu beachten, die von dem sonstigen Kunstunterricht abweichen.

Eingangsbeurteilung

Der erste Schritt in der Planung des Kunstunterrichts für Kinder mit besonderen Bedürfnissen besteht in der Bestimmung der Art der Behinderung und deren Grad. Alle relevanten Informationsquellen sollten hierbei herangezogen werden. Hilfestellung können dabei insbesondere die in der Schule arbeitende Behindertenpädagogin bzw. -pädagoge leisten. Sie können insbesondere Auskunft geben über die spezifischen Eigenschaften, Stärken und Bedürfnisse der betreffenden Kinder, die für den Kunstunterricht von Bedeutung sind.

Aber Sie sollten sich natürlich selbst ihr eigenes Urteil bilden. Dazu gehört es, daß Sie sich mit dem betreffenden Kind vor dessen Eintritt in die Klasse ausführlich unterhalten, mit ihm erste künstlerisch-ästhetische Aktivitäten durchführen, um einen ersten Kontakt herzustellen und eine erste Einschätzung zu treffen. Wichtig ist auch, daß Sie in den ersten Wochen das betreffende Kind besonders beobachten, um sich ihm zuzuwenden, um so die besonderen Fähigkeiten, aber auch Schwächen und somit Bedürfnisse zu erkennen. Sie können und sollten sich also nicht auf die für die anderen Fächer vorgenommene Beurteilung oder die von anderen vorgenommene Gesamteinschätzung verlassen. Nicht nur gelten im Kunstunterricht gegenüber anderen Fächern andere Kriterien; es kann auch sein, daß ein Kind mit besonderen Bedürfnissen in den anderen Fächern sich bedroht oder frustriert fühlt, während es im Kunstunterricht aufgrund der dort herrschenden einigermaßen informellen Atmophäre „ein ganz anderer Mensch“ ist.

Eine wichtige Informationsquelle für die Beurteilung der spezifischen Bedürfnisse und für die Bestimmung von künstlerisch-ästhetischen Aktivitäten stellen die künstlerisch-ästhetischen Arbeiten der Kinder selbst dar. Ihnen sollten Sie deshalb besondere Aufmerksamkeit schenken. Dies gilt insbesondere für solche Kinder mit besonderen Bedürfnissen, die Schwierigkeiten haben, sich verbal auszudrükken. Solche Kinder profitieren insbesondere von der Möglichkeit, durch künstlerisch-ästhetische Aktivitäten ihre Gedanken und Gefühle zu artikulieren. Kunst erlaubt Einblicke in das Unbewußte, das ohnedies nur mittelbar ausgedrückt werden kann. Aber man sollte auch zurückhaltend sein hinsichtlich möglicherweise allzu weitreichender spekulativer Interpretationen und sich in erster Linie auf die für den Kunstunterricht relevanten Informationen konzentrieren, wie auf die

Fähigkeit, Werkzeuge und Materialien zu gebrauchen, den Umfang des künstlerischen Wissens, die spezifischen künstlerisch-ästhetischen Interessen, die besonderen thematischen Präferenzen oder die sozialen Fähigkeiten und Bedürfnisse.

Festlegung der Ziele

Der nächste Schritt im Planungsprozeß besteht in der Festlegung der Ziele des Kunstunterrichts im Hinblick auf die jeweils vorliegenden besonderen Bedürfnisse. Dabei geht es um realistische Ziele, die innerhalb des Kunstunterrichts verfolgt und möglichst erreicht werden können. Auch insoweit sollten Sie sich im Rahmen der integrativen Erziehung von Kindern mit besonderen Bedürfnissen in die Regelschule mit der an der Schule tätigen Behindertenpädagogin oder -pädagogen beraten. Bei der Bestimmung der Ziele des Kunstunterrichts sollten Sie die spezifischen Stärken des jeweiligen Kindes berücksichtigen, aber auch die besonderen Bedürfnisse, die sich aus der jeweiligen Behinderung ergeben. Die Besinnung auf die Stärken und deren Förderung im Kunstunterricht werden dem Kind helfen, besser die sich aus seinen besonderen Bedürfnissen ergebenden Probleme zu meistern. Sie sollten sich auch danach fragen, was Ihre eigenen Stärken als Kunsterzieherin und Kunsterzieher sind. Vielleicht haben Sie mehr anzubieten als andere Kunsterzieherinnen und Kunsterzieher. Vielleicht haben Sie z. B. ein größeres Geschick bei der Formulierung und Umsetzunmg von Zielen des Kunstunterrichts für Kinder mit besonderen Bedürfnissen als andere. Sie werden um so erfolgreicher sein, je mehr Sie sich auf Ihre Stärken besinnen.

Auswahl von Aktivitäten und Unterrichtsstrategien

Nachdem Sie die spezifischen Bedürfnisse von behinderten Kindern in bezug auf den Kunstunterricht ausgemacht und die Ziele des Kunstunterrichts unter Berücksichtigung der besonderen Bedürfnisse festgelegt haben, müssen Sie nun die ästhetisch-künstlerischen Aktivitäten auswählen und sich über die notwendigen Unterrichtsstrategien klar werden. Hierbei müssen Sie insbesondere entscheiden, ob die künstlerisch-ästhetischen Aktivitäten für alle Kinder, ungeachtet des Bestehens oder Nichtbestehens einer Behinderung, die gleichen sein können oder ob Sie diese entsprechend den spezifischen Bedürfnissen variieren oder modifizieren müssen. Wenn Sie z. B. ein blindes Kind in der Klasse haben, kann sich für dieses das Arbeiten mit Ton oder anderem taktilen Material empfehlen, während die übrigen Kinder anderen Aktivitäten nachgehen.

Solche Unterschiede in den ästhetisch-künstlerischen Aktivitäten sollten jedoch die Ausnahme bilden. Gundsatz sollte sein, daß die Kinder mit besonderen Bedürfnissen weitgehend denselben Aktivitäten nachgehen wie solche ohne ausgeprägte besondere Bedürfnisse.

Unterrichtsmethoden für Kinder mit besonderen Bedürfnissen

In diesem Buch kann und soll keine Didaktik des Kunstunterrichts für Kinder mit besonderen Bedürfnissen entwickelt werden. Dennoch erscheint es zweckmäßig, eine Übersicht über die wichtigsten Fälle von besonderen Bedürfnissen und die hierfür empfohlene Vorgehensweise und entsprechenden Aktivitäten zu geben.

Art der Behinderung	*Charakteristiken*	*Vorgehensweise*	*Aktivitäten*
Geistig Behinderte	Langsamer im Lernen und in der künstlerischen Arbeit. Kurze Aufmerksamkeitsspanne, beeinträchtigtes Selbstwertgefühl. Begrenzte räumliche Wahrnehmung. Schwierigkeiten in der Sozialisation. Geringes Körperbewußtsein. Lernen durch konkrete Zugriffsweisen.	Überbetonen Sie beim Unterrichten. Achten Sie auf Wiederholungen. Regelmäßiges Nacharbeiten erforderlich. Vereinfachen Sie Konzepte. Steigern Sie Schwierigkeiten graduell. Fördern Sie die spezifischen Fertigkeiten.	Aktivitäten, die Emotionen einbeziehen. Direkte Handhabung von Materialien: Fingerfarbe, Ton usw. Förderung des körperlich-sinnlichen Bewußtseins durch Bewegung und taktile Erfahrungen. Einfache Puppen (Papiertüten, Socken). Unkonventionelle Medien. Malen auf einem Spiegel. Sich selbst Schmücken (Kostüme, Hüte, Schmuck, Bemalung an Gesicht und Körper). Angedickte Temperafarbe (mit Seifenflocken). Sandspielen. Arbeit mit taktilen Materialien. Müllplastiken. Werken.
Sehbehinderte (Blinde und Teilsichtige)	Begrenztes oder kein visuelles Feld. Fühlen sich unwohl in unbekannten Umgebungen. Schwierigkeiten beim Erfassen eines Gesamtbildes. Lernen durch taktile und auditorische Erfahrungen. Mangel an Umweltorientierung.	Organisieren Sie die Materialien so, daß das Kind sie jederzeit an derselben Stelle findet. Entwickeln Sie bei dem Kind eine Vertrautheit mit der Umwelt. Entwickeln Sie sein taktiles Sensorium. Entwickeln Sie seinen Sinn für Rhythmus, Bewegungsabfolgen, Körperbewußtsein und Raum.	Taktile Erfahrungen. Erkennen und Sortieren von Strukturen. Fühlübungen. Tonarbeiten. Collagen aus Strukturen. Sandspiele. Müllplastiken. Werken.

Art der Behinderung	*Charakteristiken*	*Vorgehensweise*	*Aktivitäten*
Wahrnehmungsbehinderte	Mangel an Formunterscheidung. Mangel an Raumorientierung. Hyperaktiv. Geringe Auge-Hand-Koordination. Beeinträchtigte visuelle Rezeption. Geringe kinästhetische Leistung. Leicht ablenkbar. Versagenssyndrom.	Halten Sie die visuelle Ablenkung gering. Achten Sie auf Wiederholungen. Entwickeln Sie bei dem Kind einen Sinn für Rhythmus und Bewegung. Strukturieren und unterteilen Sie die Aktivitäten.	Körperbewußtseins-Übungen. Vergleichen von Farben, Größen, Formen. Collagen aus Buchstaben, Zahlen und Formen. Benützen Sie taktile Medien, um die Auge-Hand-Koordination zu verbessern. Werken. Dramaarbeit. Puppenspiel.
Hörbehinderte (Gehörlose oder extrem Schwerhörige)	Begrenzte Sprachbeherrschung. Kommunikationsschwierigkeiten. Mangel an konzeptueller Sprache. Begrenztes Bewußtsein für die Umwelt/Umgebung. Neigung zum Sich-Zurückziehen. Schwierig zu motivieren. Sensitiv gegenüber der visuellen Welt.	Entwickeln Sie die nonverbale Kommunikation. Unterrichten Sie durch Demonstrationen und Zeigen anderer Arbeiten. Legen Sie Wert auf taktile und visuelle Erfahrungen. Entwickeln Sie bei dem Kind einen Sinn für Rhythmus, Bewegungsabfolge, Körperbewußtsein und Raum.	Zeichnen und Malen auf der Grundlage von Körperbewegungen. „Körperzeichnen" an der Tafel. Sonstige Aktivitäten, die auf Ihren klaren Demonstrationen beruhen (Tonarbeiten, plastische Arbeiten, Collagen). Farbunterscheidung. Drucken. Werken.
Orthopädisch Behinderte (zerebrale Lähmung)	Spastische, rigide, ruckartige ungewollte Bewegungen. Beeinträchtigte Auge-Hand-Koordination. Beeinträchtigte sprachliche und allgemeine Kommunikation. Mangel an Muskelbeherrschung.	Verlängern Sie die Zeit für die einzelnen Aktivitäten. Stellen Sie ausreichenden Raum und Materialien zur Verfügung. Demonstrieren Sie viel. Lassen Sie Werkzeuge taktil erfahren, bevor Sie sie einsetzen. Richten Sie ggf. die Werkzeuge so her, daß Sie von dem Kind benützt werden können.	Dicke Filzstifte ermöglichen emphatische Linien und leuchtende Farben. Angedickte Temperafarbe. Taktile Medien. Wasserspiele. Jede Aktivität, die Hände und Körper auf physiotherapeutische Weise einsetzt.

Art der Behinderung	*Charakteristiken*	*Vorgehensweise*	*Aktivitäten*
Emotional Auffällige	Kurze Aufmerksamkeitsspanne und leichte Ablenkbarkeit. Versagenssyndrom. Mangel an Selbstvertrauen. Hyperaktiv. Geringes Selbstwertgefühl. Egozentrisch.	Stellen Sie Verhaltensregeln auf. Ermöglichen Sie das Erleben von Sicherheit durch die Wiederholung von Aktivitäten. Erfahrungen sollen „offen" sein. Ermutigen Sie zum Ausdruck von Gefühlen.	Arbeiten mit vorgeschnittenen Formen. Werken. Körperbewußtseinsübungen. Kostüme und Puppen. Malen mit angedickter Farbe. Taktile Medien.

Aktivitäten für die Leserin und den Leser

1. Sammeln Sie Zeichnungen und Malereien von Kindern mit unterschiedlichen Behinderungen. Vergleichen Sie diese Arbeiten mit denen von Kindern ohne gravierende besondere Bedürfnisse. Identifizieren Sie Unterschiede und Gemeinsamkeiten. Versuchen Sie bei den Unterschieden und Gemeinsamkeiten auszumachen, woher sich diese ergeben könnten.

2. Vergleichen Sie die Arbeitshaltungen von Kindern mit unterschiedlichen besonderen Bedürfnissen mit denen von Kindern ohne solche. Identifizieren Sie auch hier Unterschiede und Gemeinsamkeiten und versuchen Sie, die jeweiligen Gründe hierfür zu erkennen.

3. Wählen Sie aus einer Sammlung von Arbeiten von unterschiedlichen Gruppen von Kindern mit besonderen Bedürfnissen solche aus, die eine besondere ästhetisch-künstlerische Qualität haben. Machen Sie dasselbe mit Arbeiten von Kindern ohne besondere Bedürfnisse. Vergleichen Sie die Arbeiten und versuchen Sie, Ähnlichkeiten, Unterschiede und die jeweiligen Gründe hierfür auszumachen.

4. Stellen Sie einige Themenbereiche fest, die Kinder mit besonderen Bedürfnissen bevorzugt wählen. Welche Rückschlüsse lassen die Themen dieser Kinder auf ihre Gedanken und Gefühle zu?

5. Beschreiben Sie Eigenschaften, die nach Ihrer Meinung eine Kunsterzieherin und ein Kunsterzieher in der künstlerisch-ästhetischen Arbeit mit Kindern mit besonderen Bedürfnissen haben sollten.

6. Versuchen Sie, Konzepte und Demonstrationen zu entwickeln, mit denen Sie Kindern mit unterschiedlichen Behinderungen Techniken und Themenstellungen vermitteln.

7. Beobachten Sie die Verhaltens- und Interaktionsweisen in einer integrativen Klasse, und zwar a) bei Einzelaktivitäten und b) bei Gruppenaktivitäten. Wie verhalten sich die nichtbehinderten Kinder? Versuchen die nichtbehinderten Kinder, den behinderten zu helfen. Wie geschieht dies?

Kapitel 12

Kunstunterricht in der multikulturellen Gesellschaft

Die Tatsache, daß wir in einer multikulturellen Gesellschaft leben, wird in den Curricula und Lehrplänen zum Kunstunterricht nicht berücksichtigt. Diese tun so, als wäre in unseren Grundschulen eine homogene deutsche Gesellschaft repräsentiert — wie wenn es in unserer Gesellschaft noch eine Grundschule gäbe, die nur von deutschen Kindern besucht wäre, wie wenn es nicht Grundschulklassen gäbe (und das gilt für viele Grundschulen), in denen ausländische Kinder die Mehrheit bilden. Aber mit dem Begriff „Ausländer" fängt es schon an: eigentlich sind diese Menschen ja Inländer, sie leben bei uns, nicht im Ausland. Nur haben sie eine fremde Muttersprache und kommen von einer — uns — fremden Kultur. Aber all dies berücksichtigen die Curricula im Kunstunterricht nicht. Da werden ganz selbstverständlich die christlichen Feste zum Gegenstand des Kunstunterrichts gemacht, wie wenn wir auf die religiösen Gefühle der Angehörigen anderer Religionen nicht Rücksicht zu nehmen hätten.[1]

Multikultureller Unterricht für alle Kinder

Der Kunstunterricht in der multikulturellen Gesellschaft hat sich vor allem der kulturellen Vielfalt unserer Gesellschaft zu stellen. Dies bedeutet, daß die Erziehung in der Schule im allgemeinen und der Kunstunterricht im besonderen die unterschiedlichen Kulturen der Kinder zu berücksichtigen und diese auf positive Weise in den Unterricht einzubringen haben. Ziel einer Erziehung in der multikulturellen Gesellschaft sollte es sein, *allen* Schülerinnen und Schülern zu helfen, in bezug auf ihre eigene ethnische Kultur, in bezug auf die dominierende (deutsche) Kultur sowie in bezug auf die anderen in der Gesellschaft repräsentierten Kulturen in adäquater Weise zu agieren. Dabei geht es keineswegs nur um die Kinder mit nichtdeutscher Muttersprache. Erziehung in der multikulturellen Gesellschaft versteht sich nicht als Ausländerpädagogik, nicht als eine Form von Sonderpädagogik für Kinder, deren Muttersprache nicht Deutsch ist. Es geht ebenso um die Kinder mit deutscher Muttersprache.

Erziehung in der multikulturellen Gesellschaft wendet sich an *alle* Schülerinnen und Schüler. Die Kinder mit deutscher Muttersprache müssen, nicht anders als die Kinder mit nicht-

[1] Zum Nachstehenden vgl. *Meike Aissen-Crewett:* Musisch-Ästhetische Erziehung in der multikulturellen Gesellschaft. In: GRUNDSCHULE 21 (1989), H. 10, 56—60; 22 (1990) H. 1, 52—54; H. 2, 65—66. Ergänzend vgl. für den Grundschulbereich die im Literaturverzeichnis aufgeführten Arbeiten von *Brosch/Herrera, Christgau, Harwerth/Spahn, Herwald/Thorig, Kentner/Wasmuth, Pech* (1990: Kinder), *Rappsilber-Kurth, Schewski/Claus, Tietz.*

deutscher Muttersprache, ebenfalls lernen, die Selbstverständlichkeiten ihrer eigenen Kultur zu überschreiten. Indem sie fremde Kulturen kennenlernen, lernen sie zugleich auch ihre eigene Kultur besser kennen. Und erst aus dem vergleichenden Kennenlernen von Kulturen werden Kinder in die Lage versetzt, ihnen zunächst fremd erscheinenden Kulturen offen zu begegnen.

Die Erziehung von Kindern aus unterschiedlichen Kulturen stellt auch an uns Lehrerinnen und Lehrer erhebliche Anforderungen:

- Wir sollten ethnische und kulturelle Unterschiede nicht in erster Linie als Problem sehen, das beseitigt oder gelöst werden muß, sondern als Chance begreifen, um zu einer allseitigen transkulturellen Erziehung zu gelangen.
- Wir sollten die deutsche Kultur nicht als Richtschnur verstehen, an der andere Kulturen zu messen sind, sondern die für uns zunächst fremden Kulturen als Ansporn zur Hinterfragung und gegebenenfalls Veränderung unserer eigenen kulturellen Handlungsweisen begreifen.
- Wir sollten Interesse zeigen für die Kulturen aller unserer Kinder in der Schule und neugierig sein auf die verschiedenen Ausdrucksformen ihrer Kulturen.
- Wir sollten Kinder mit nichtdeutscher Muttersprache ermutigen, ihre kulturellen Ausdrucksformen in den Unterricht einzubringen und – in Umkehrung des traditionellen Lehrer-Schüler-Verhältnisses – zu Lernenden werden und uns über ihre Kulturen unterrichten lassen.
- Wir sollten die Kinder ermutigen, sich für die unterschiedlichen Kulturen ihrer Mitschülerinnen und Mitschüler zu interessieren.

Von der Notwendigkeit des multikulturellen Kunstunterrichts

Wichtig ist also, daß wir Kunsterzieherinnen und Kunsterzieher in bezug auf die Kulturen unserer Kinder dazulernen. Wir sollten für den Kunstunterricht unsere Kenntnisse nicht auf die deutsche oder „abendländische" Kunst beschränken, sondern Kenntnisse auch über die Kunst anderer durch die Schülerinnen und Schüler repräsentierter Kulturen erwerben. Nur so können wir die ästhetisch-künstlerischen Einstellungs- und Handlungsweisen von Kindern aus fremden Kulturen verstehen. Von jeder Kunsterzieherin und jedem Kunsterzieher wird zu Recht erwartet, daß sie ausreichend mit der bildnerisch-ästhetischen Entwicklung von Kindern vertraut sind, um so auf die besonderen Bedürfnisse und Ausgangslagen der Kinder in bezug auf ihre künstlerisch-ästhetischen Aktivitäten Rücksicht nehmen zu können.

So ist es nur folgerichtig, daß wir bei Kindern aus anderen Kulturen uns Kenntnisse über deren sich aus ihrer Kultur ergebenden grundlegenden Prinzipien der künstlerisch-ästhetischen Ausdrucksformen und der entsprechend anders akzentuierten ästhetischen Entwicklung solcher Kinder informieren.[2] Sonst laufen wir Gefahr, daß wir die künstlerisch-ästhetischen Aktivitäten von Kindern aus solchen

---

[2] Vgl. hierzu z. B. *Gertrud Meili-Dworetzki:* Spielarten des Menschenbildes. Ein Vergleich der Menschenzeichnungen japanischer und schweizerischer Kinder. Bern 1982; *Yong Row:* Grundmerkmale der Kinderzeichnung. Eine vergleichende Untersuchung von koreanischen und deutschen Kindern bis zum 12. Lebensjahr. Diss. Universität Gießen 1989.

Kulturen allein nach den Entwicklungs- und Handlungsmustern unserer Majoritätskultur behandeln. Wir können nicht so tun, als wäre unsere Kultur ein allgemeingültiger Wert, nach dem andere Kulturen zu messen wären und an den sich die Angehörigen anderer Kulturen als Kanon zu halten hätten.

Unser Kunstunterricht ist hingegen ein deutscher Kunstunterricht, kein multikultureller, er ist diktiert von unseren deutschen ethnozentrischen Annahmen in bezug auf die Kunst und ästhetisch-künstlerische Aktivitäten und Reaktionen. Die spezifischen ästhetisch-künstlerischen Ausdrucksweisen von Kindern aus anderen Kulturen werden nicht anerkannt, sie werden nicht mal erkannt, sondern eher als Abweichungen diskriminiert. Wir benachteiligen Kinder aus fremden Kulturen nicht nur in den „Lernfächern", in der Sprache ohnedies, sondern auch im Kunstunterricht, der doch gerade als ein Sprungbrett zur Überwindung der Klüfte zwischen den unterschiedlichen Kulturen dienen könnte.

Eine sich auf die Bedeutung des Zusammenlebens von Angehörigen verschiedener Kulturen in einer Gesellschaft besinnende Kunsterziehung nimmt dagegen die Vielfalt der künstlerischen Werte, ästhetischen Erfahrungen und künstlerisch-ästhetischen Aktivitäten von kulturellen Minoritäten und ihren Beitrag zu unserer Kultur und Gesellschaft ernst.

Bei einer solchen Einstellung werden Kinder kultureller Minoritäten auch nicht zu Außenseitern gestempelt. Ein solcher Kunstunterricht führt nicht zur kulturellen Desorientierung von Kindern aus solchen Minoritätskulturen, wie dies bei dem die jeweiligen kulturellen Identitäten nicht berücksichtigenden Kunstunterricht der Fall ist. Kunstunterricht in der multikulturellen Gesellschaft hat wie ein Brennglas zu wirken, das die unterschiedlichen künstlerischen, ästhetischen und kulturellen Erfahrungen, die die Kinder in die Schule mitbringen, zu einer Art von neuer Kultur bündelt, die für alle Kinder relevant ist, ohne jedoch die Identitäten der unterschiedlichen Kulturen zu mißachten. Ein solcher Kunstunterricht bemüht sich, die kulturell überlieferten und neu entwickelten künstlerischen und ästhetischen Ausdrucksweisen zu bewahren, um so zugleich die Identität kultureller Minoritäten zu stärken und ihnen dadurch zur selbstbewußten Aufnahme von transkulturellen Beziehungen zu helfen.

Drei wesentliche Ziele der multikulturellen Kunsterziehung seien genannt; ein multikultureller Kunstunterricht

- müßte global und international orientiert sein, d. h. nicht lediglich auf die Ausweitung der dominierenden Kultur gerichtet sein, sondern bestrebt sein, die Vielfalt der künstlerischen und ästhetischen Ausdrucksformen der in der Gesellschaft repräsentierten unterschiedlichen Kulturen zu erschließen;
- müßte bestrebt sein, Respekt vor der Tradition der in einer Gesellschaft vertretenen Minoritätskulturen zu fördern, und versuchen, deren künstlerische und ästhetische Ausdrucksformen in das Curriculum einzubeziehen;
- müßte darauf gerichtet sein, Ethnozentrismus und Rassismus zu reduzieren.

Die Erfahrung zeigt, daß Kinder aus kulturellen Minoritäten in der Lage sind, sich unterschiedlichen künstlerisch-ästhetischen Handlungsweisen anzupassen, ohne hierbei ihre eigene Kultur aufzugeben. Man kann z. B. beobachten, daß Kinder bei der zeich-

nerischen und malerischen Umsetzung von Motiven aus ihrem eigenen Kulturkreis den dort herrschenden Darstellungsmethoden und -schemata folgen, d. h. z. B. bestimmte graphische Muster und Farben verwenden und auf die Darstellungsformen der ihnen fremden Majoritätskultur verzichten, etwa auf die zwar in Europa bekannte, in den meisten Kulturformen aber ungebräuchliche Linearperspektive, während sie diese gerade bei der Darstellung von Bauwerken und anderen räumlichen Objekten aus dem Kreis der Majoritätskultur benutzen.
Ich möchte hier nicht bestimmte „multikulturelle“ Projekte für den Kunstunterricht vorschlagen. Diese bestehen oft darin, daß die Schülerinnen und Schüler aus fremden Kulturen „Folklore“ vorstellen und die deutschen Schülerinnen und Schüler daran auf lediglich rezipierende Weise teilhaben. Solche Projekte mögen hilfreich sein, damit deutsche Schülerinnen und Schüler zumindest teilweise mit fremden Kulturformen und deren künstlerischen und ästhetischen Ausdrucksformen vertraut werden. Oft besteht bei diesen Projekten aber die Gefahr, daß sie auf „Touristenspektakel“ hinauslaufen, die das ethnisch und kulturell Unterschiedliche als das Andersartige, Fremde, Exotische identifizieren und je nach der Einstellung verwerfen oder schätzen. Selten findet dabei eine wirkliche Annäherung an eine Kultur statt.

Aktivitäten für die Leserin und den Leser

1. Sammeln Sie die bildnerischen Arbeiten von Kindern unterschiedlicher Ethnizitäten und Kulturen und versuchen Sie, darin Unterschiede (welche?) und Gemeinsamkeiten (welche?) zu identifizieren.
2. Lassen Sie Kinder aus nichtdeutschen Kulturen Motive und Themen aus ihrem Kulturkreis bildnerisch darstellen. Welche Unterschiede können Sie in dieser Darstellungsart im Vergleich zu bildnerischen Arbeiten identifizieren, die sich mit westlichen, europäischen oder deutschen Themen und Motiven beschäftigen?
3. Versuchen Sie, sich über die Kultur und die künstlerisch-ästhetischen Ausdrucksformen einer Ethnizität einen möglichst tiefen und anschaulichen Überblick zu verschaffen.
4. Weihnachten, Ostern rückt näher. Lassen Sie die aus nichtchristlichen Kulturkreisen stammenden Kinder von ihren religiösen Festen erzählen. Lassen Sie diese Kinder entsprechende Themen und Motive darstellen.

Kapitel 13

Die sexuelle Gleichberechtigung im Kunstunterricht

Mit der Frage nach der Geschlechtsspezifizität des Kunstunterrichts wende ich mich einem Problem zu, das in den Didaktikbüchern des Kunstunterrichts nicht vorkommt. Offensichtlich herrscht die Meinung vor, Kunstunterricht sei geschlechtsneutral, mache keine Unterschiede zwischen Mädchen und Jungen. Ist dem aber wirklich so? Wenn dies der Fall wäre, dann müßte man konsequenterweise davon ausgehen, daß auch die visuellen Ausdrucksstile und die stofflich-thematischen Präferenzen von Mädchen und Jungen identisch sind. Nun weiß jede Kunsterzieherin und jeder Kunsterzieher, daß Mädchen und Jungen ihre je eigenen Präferenzen in bezug auf die Thematik und den Stil ihrer bildnerischen Darstellungen haben.

Geschlechtsspezifische Unterschiede bei Kinderzeichnungen

Die Unterschiede in der stofflich-thematischen und gestalterischen Präferenz zwischen Jungen und Mädchen sind jeder und jedem, die bzw. der mit bildnerischen Darstellungen von Kindern vertraut ist, offenkundig. In einer Untersuchung habe ich mich genauer mit den inhaltlichen Unterschieden in 1800 Bildern von 14 Mädchen und 12 Jungen beschäftigt.[1] Dabei habe ich gravierende Unterschiede herausgefunden.

Mädchen und Jungen stellen, wenn man ihnen nur die Wahlmöglichkeit läßt, sehr unterschiedliche Stoffe dar. Aber auch bei gleichen Stoffen zeigen sie höchst unterschiedliche ästhetisch-künstlerische Annäherungsweisen. Menschendarstellungen sind bei Mädchen ungleich mehr zu finden als bei Jungen. Aber auch bei Menschendarstellungen selbst sind die Unterschiede zwischen Mädchen und Jungen gravierend. Menschendarstellungen von Mädchen sind harmonischer, zeigen die Menschen kaum in Konflikten. Ganz anders bei Jungen: zum einen sind bei ihnen Menschendarstellungen sehr stark egozentrisch, haben also die eigene Person zum Mittelpunkt; zum anderen werden Menschen oft in Konfliktsituationen dargestellt.

Aber auch sonst sind inhaltliche und darstellerische Unterschiede in bildnerischen Arbeiten von Mädchen und Jungen zu erkennen. Bei Jungen ist auffällig, daß sie oft exotische, abenteuerliche, fremdländische Orte darstellen. Mädchen dagegen präferieren lokale Orte (das Zuhause, die nähere Nachbarschaft). Auch bei der Darstellung gleicher Orte zeigen sich erhebliche Unterschiede, wie z. B. bei der Darstellung des Meeres. Jungen zeich-

[1] *Meike Aissen-Crewett:* Geschlechtsspezifische inhaltliche Unterschiede in Zeichnungen von Schulkindern. In: BDK-Mitteilungen 24 (1989) H. 1, 26–33.

nen das Meer im Kontext von Konfliktsituationen (z. B. Kampf mit einem Hai, vor allem dem „weißen Hai") oder im Kontext anderer dramatischer Situtionen (Felsen fallen auf Badende, Schwimmer ertrinken), während Mädchen das Meer im Kontext von Spielen und Spaßhaben als ruhige, freudenspendende See zeigen. Bei Tierdarstellungen präferieren Jungen Tiere, die stark sind, wie Wale, Dinosaurier, Elefanten, Raubtiere. Mädchen dagegen stellen eher Haustiere, wie Hunde, Katzen, Vögel dar. Selbst bei Vögeln zeigen die Darstellungen von Mädchen und Jungen erhebliche Unterschiede. Jungen zeigen vor allem Raub- oder Jagdvögel, Mädchen dagegen zeigen bevorzugt Vögel aus unserer Umwelt oder Phantasievögel und legen Wert auf deren ästhetische Ausgestaltung.

Bei Jungen hat die ästhetische Ausgestaltung in der Regel keinen großen Stellenwert. Bei ihnen stehen vielmehr die in den bildnerischen Arbeiten zum Ausdruck kommende Aktion und Dramatik im Vordergrund. Ihre Stoffwahl ist, im Vergleich zu der von Mädchen, recht begrenzt. Dabei herrscht eine starke Faszination für Macht und Konflikt vor, ein Thema, das für Mädchen nahezu ohne Interesse ist. Die Intensität, mit der Jungen Themen von Kampf und Gewalttätigkeit verfolgen, ist manchmal erschreckend. Weitgehend sind diese Bilder nicht direkt durch das Fernsehen beeinflußt, auch wenn man wohl annehmen kann, daß das Zeigen von Gewalttätigkeit im Fernsehen die Hemmschwelle reduziert. Derartige Gewälttätigkeitsbilder entstammen weitgehend der eigenen Phantasie — und verweisen auf die eigenen zumeist unbewußten Ängste.

Mädchen und Jungen befassen sich gleichermaßen mit den Beziehungen des Menschen zu seiner sozialen Umwelt. Aber ihre Zugriffsweisen und Erkenntnisse sind sehr unterschiedlich. Jungen fühlen sich offensichtlich mehr durch das physisch Starke und Kompetitive angezogen, wie es in der Technik und in Konflikten Ausdruck findet. Die Bilder der Mädchen dagegen zeigen eine stärkere Zuwendung zu Menschen sowie eine Wertschätzung des einvernehmlichen Zusammenlebens von Menschen und Tieren. Ein Vergleich von bildnerischen Arbeiten von Mädchen und Jungen läßt ferner auf eine weitaus sozialere Einstellung von Mädchen schließen.

Geschlechtsspezifischer Kunstunterricht?

Diese Unterschiede in der stofflich-thematischen und ästhetisch-darstellerischen Gestaltung machen deutlich, daß man von einem geschlechtsneutralen Unterricht im Sinne eines Nicht-zur-Kenntnis-Nehmens solcher geschlechtsspezifischer Unterschiede nicht sprechen kann. Dies ist nicht verwunderlich, wenn man sich vergegenwärtigt, daß auch Kunst nicht geschlechtsneutral ist. Kunst und Kunstunterricht sind in einem kaum erkannten Maße durch patriarchalische Vorstellungen geprägt.[2] Weitaus stärker als wir gemeinhin annehmen, ist Kunst ein Produkt patriarchalischer Sozialisations- und Verwirklichungsbedin-

[2] Die nachstehende Darstellung folgt *Meike Aissen-Crewett:* FrauenKunstUnterricht. Ansätze zu einer nichtsexistischen Kunstdidaktik. In: BDK-Mitteilungen 22 (1986), H. 3, 9—19. Ergänzend sei verwiesen auf *Adelheid Staudte; Barbara Vogt* (Hrsg.): Frauen-Kunst-Pädagogik. Frankfurt a.M. 1991.

gungen. Wie weit ist das, was wir als Kunst bezeichnen, in Wirklichkeit „männliche" Kunst? Die von Männern oft gestellte Gegenfrage nach dem weiblichen *Dürer, Leonardo, Picasso* ist ebenso hämisch wie töricht: Sie unterschlägt, daß Frauen bis in dieses Jahrhundert hinein allenfalls als Objekte der Kunst toleriert wurden, als Modelle, Anregerinnen („Musen") männlicher Kunstproduktionen; daß die Frau Geschöpf der Kunst war und nicht Schöpferin der Kunst sein durfte; daß der Frau bis in dieses Jahrhundert hinein aufgrund ihres Geschlechts das Studium an Akademien verschlossen war (z. B. *Käthe Kollwitz, Gabriele Münter, Paula Modersohn-Becker*); daß sie – wenn überhaupt – von Vätern, Brüdern, Ehemännern ausgebildet wurde, und so mit männlichen Fragestellungen, Betrachtungs-, Zugriffs- und Darstellungsweisen. Kunstunterricht ist untrennbar mit der Behandlung der Kunst durch Männer verbunden, mit dem Wirken patriarchalisch-ästhetischer Muster.

Was ist das Ziel eines Kunstunterrichts, der diese geschlechtsspezifischen Unterschiede berücksichtigt? Sicherlich kann das Ziel nicht eine Feminisierung im Sinne einer Antistellung gegen das „Männliche" sein. Ziel eines solchen die geschlechtsspezifischen Unterschiede berücksichtigenden Kunstunterrichts ist vielmehr die sexuelle Gleichberechtigung beider Geschlechter, die gleichwertige weibliche und männliche Anteilnahme an künstlerisch-ästhetischen Aktivitäten.[3] Es geht um die Entwicklung einer Didaktik, die gleichermaßen beide Geschlechter fördert.

Eine derartige die sexuelle Gleichberechtigung anstrebende Kunstdidaktik kann sich auf die Künstlerin *Meret Oppenheim* berufen. Nach ihr haben seit Errichtung des Patriarchats die Männer die in ihnen enthaltenen weiblichen Komponenten, die sie als minderwertig ansehen, auf die Frauen projiziert. Die Frauen ihrerseits haben unter dem Einfluß des Patriarchats die in ihnen enthaltenen männlichen Komponenten auf die Männer projiziert. Nach *Meret Oppenheim* kommt es nun darauf an, daß beide Seiten sich das zurückholen, was sie aufgegeben haben: die Männer die weiblichen Komponenten und die Frauen die männlichen Komponenten. Für beide Seiten bedeutet dies zugleich, das „Zuviel" ihres eigenen Geschlechts an das andere zurückzugeben. Frauen und Männer können sich nur dann verwirklichen, wenn zum einen die Männer das Weibliche in sich annehmen und entsprechend leben, so wie andererseits Frauen das Männliche in sich annehmen und entsprechend leben. Zur Beendigung der bislang bestehenden Selbstverstümmelung beider Geschlechter will ein die geschlechtsspezifischen Unterschiede berücksichtigender Kunstunterricht beitragen.

Hinsichtlich des Verhältnisses der Geschlechter in bezug auf Kunst und Kunstunterricht kann man drei grundsätzliche Positionen unterscheiden: die integrationistische, die separatistische und die pluralistische.

Die **integrationistische Position** meint, daß das Erreichen der Gleichwertigkeit der Geschlechter eine Assimilation, eine Integration von Frauen in die bestehenden Ordnungen von Kunst und Kunstunterricht erfordert. Diese Position geht von der Auffas-

[3] Vgl. hierzu *Meike Aissen-Crewett*: Sexuelle Gleichberechtigung in der Kunsterziehung. In: *Staudte/Vogt* (wie Fußn. 2), 55–77.

sung aus, daß die zentralen Strukturen, Werte und Praktiken unserer Kunst und unseres Kunstunterrichts im wesentlichen geschlechtsneutral und Frauen und Männer nach denselben Maßstäben zu beurteilen seien. Für den Kunstunterricht hat diese Auffassung zur Folge, daß spezifisch weibliche bzw. männliche künstlerisch-ästhetische Aktions- und Rezeptionsweisen geleugnet werden, der Kunstunterricht also nach den bisherigen Mustern ablaufen kann und man sich keine Gedanken über eine geschlechtsspezifische Differenzierung des Kunstunterrichts machen müßte.
Die **separatistische Position** geht von einer sexuellen Diskriminierung von Mädchen in der Erziehung allgemein, so auch im Kunstunterricht, aus. Frauen müssen nach dieser Auffassung nach einer Neudefinition ihrer selbst, ihrer Kunst und ihrer Erziehung suchen. Will man eine Gleichwertigkeit der Geschlechter erreichen, und dies bedeutet eine Gleichberechtigung des weiblichen gegenüber dem männlichen Geschlecht, dann wäre nach dieser Auffassung die Koedukation zu verwerfen und, bezogen auf den Kunstunterricht, ein frauenspezifischer Kunstunterricht zu erteilen.
Die **pluralistische Position** versucht, die Skylla der Unterwerfung der Frau unter das Patriarchat in der integrationistischen Position einerseits und die Charybdis der kämpferisch-feministischen Haltung der separatistischen Position andererseits zu vermeiden. Sie geht davon aus, daß männliche und weibliche Eigenschaften als gleichwertig angesehen werden und daß Charakter und Vitalität der Kunst durch die Berücksichtigung des bislang vernachlässigten weiblichen Elements bereichert würden. Die „männliche“ Perspektive auf Kunst hat die künstlerische Wahrnehmung und Gestaltung unzulässig verkürzt. Durch die systematische Abwertung des Weiblichen in der Kunst ist zugleich das Menschliche durch die Gleichsetzung des Menschlichen mit dem Männlichen verkürzt und entstellt worden. Die pluralistische Position tritt ein für eine Erziehung, die dem Weiblichen, Männlichen und Androgynen als Quellen der Kunst gleichen Rang einräumt. Künstlerisch-ästhetische Fähigkeiten sollen also unabhängig von traditionellen Geschlechtsidentifizierungen gefördert werden.

Praxis des die sexuelle Gleichwertigkeit anstrebenden Kunstunterrichts

Ein nach sexueller Gleichwertigkeit strebender Kunstunterricht zielt auf die Beseitigung der Benachteiligung von Mädchen und Frauen in bezug auf Kunst und Erziehung ab. Hierzu sollen im nachfolgenden einige praktische Anregungen gegeben werden.

Verwirklichung sexueller Gleichwertigkeit in bezug auf die persönliche Erfüllung durch Kunst

Alle Individuen, weiblich oder männlich, sollen befähigt werden, sowohl in ihren künstlerisch-ästhetischen Aktivitäten wie in der künstlerisch-ästhetischen Rezeption ohne Einschränkung durch geschlechtsbezogene Stereotypen sich ausdrücken zu können. Zur Sensibilisierung in diese Richtung sollen die folgenden bildnerischen Themen und Aktivitäten Anregungen geben.
Collage meines Selbst aus Fotografien: Schülerinnen und Schüler ferti-

gen eine Collage aus Fotografien, in der sie eine Geschichte von sich erzählen. Sie können diese mit Zeichnungen nach ihren eigenen Wünschen ergänzen. Die Kinder sprechen über ihr Selbstbild, vor allem unter geschlechtsspezifischen Zuordnungen.

Ich in 10, 20, 30... Jahren: Mittels einer Collage und ergänzender Zeichnungen fertigen die Kinder ein Bild von sich selbst in 10, 20, 30... Jahren an. Dabei sollen insbesondere die eigenen Wünsche in bezug auf die persönliche und berufliche Entwicklung zum Ausdruck kommen. In der Regel erkennen die Schülerinnen und Schüler schnell, ob und inwieweit diese Wünsche geschlechtspezifisch orientiert sind. Diese Rollenklischees sollen durch künstlerisch-ästhetische Aktivitäten erkannt und ansatzweise aufgearbeitet werden.

Meine weiblichen Vorfahren: Die Schülerinnen und Schüler halten Nachforschungen nach ihren weiblichen Vorfahren. Sie stellen Fotografien (bzw. Fotokopien hiervon) und Zeichnungen zu Collagen um ihre Person zusammen und diskutieren dabei die Rolle der weiblichen Mitglieder der Familie für ihre eigene Entwicklung und ihr Selbstverständnis sowie für die gesamte Familie.

Mini-Zeitung über mich selbst: Die Kinder stellen aus Fotografien, Zeichnungen und eigenen Berichten eine Mini-Zeitung über sich selbst zusammen und werden sich so klarer über die – auch geschlechtsspezifische – Rolle in der Familie, der Gruppen- und Schichtenzugehörigkeit usw.

Ein Kleidungsstück für alle: Die Kinder zeichnen oder entwerfen ein Kleidungsstück, das a) entweder von beiden Geschlechtern gleichermaßen oder b) nur oder in erster Linie von einem Geschlecht getragen wird. Sie diskutieren die geschlechtspezifische Art und Funktion von Kleidung im Wandel der Jahrhunderte.

Verwirklichung sexueller Gleichwertigkeit in bezug auf das Verständnis des künstlerischen Erbes

Die Auseinandersetzung mit der Kunst der Vergangenheit und der Gegenwart bildet einen wesentlichen Teil der ästhetisch-künstlerischen Identitätsbildung. Dabei wird üblicherweise die Rolle von Künstlerinnen einschließlich ihrer Biographien und den geschlechtsspezifischen Bedingungen ihrer Produktion (eingeschränkte Möglichkeiten des Zugangs zu künstlerischen Ausdrucksformen sowie der erzieherischen und beruflichen Chancen) durch die (männliche) Kunstgeschichtsschreibung unterschlagen. Nachstehend folgen einige Anregungen, wie die Arbeit von Künstlerinnen in das Bewußtsein von Schülerinnen und Schüler gebracht werden kann.

Künstler und Künstlerin des Monats:

Führen Sie einen Künstler / eine Künstlerin des Monats ein, in der alternierend jeweils ein männlicher und weiblicher Künstler mit seinen bzw. ihren wesentlichen Arbeiten in einer kleinen Ausstellung vorgestellt werden. Dabei sollen auch die geschlechtsspezifischen Beinträchtigungen der künstlerischen Ausbildung, Erziehung und Tätigkeit der Künstlerinnen diskutiert werden.

Selbstportraits von Künstlerinnen und Künstlern: Studieren Sie mit den Kindern Selbstportraits von Künstlerinnen und Künstlern vor allem im Hinblick auf das Selbstbild, das diese in ihren Arbeiten von sich vermitteln.

Künstlerinnen und Künstler in Partnerbeziehungen: Untersuchen Sie mit den Kindern die Arbeiten und Biographien von Künstlerinnen und Künstlern, die in Partnerbeziehungen miteinander lebten (z. B. *Hans Arp* und *Sophie Täuber-Arp, Sonia* und *Robert Delaunay, Gabriele Münter* und *Wassily Kandinsky*). Diskutieren Sie die wechselseitigen künstlerischen Beeinflussungen, die unterschiedlichen beruflichen Karrieren und die möglichen Einflüsse der Geschlechtszugehörigkeit hierfür.

Künstlerinnen: ihre Lebensbedingungen und Leistungen: Stellen Sie den Kindern die Arbeiten von Künstlerinnen vor (z. B. *Käthe Kollwitz, Paula Modersohn-Becker, Gabriele Münter*). Diskutieren Sie deren Lebensbedingungen, Rollen als Mutter, Ehefrau, Partnerin und ihre künstlerischen Leistungen.

Darstellung der Frau in der Kunst: Studieren Sie mit den Kindern, wie die Frau in der Kunst dargestellt wurde und wird. Achten Sie dabei insbesondere auf die Art und Weise der Darstellung, ihre Funktionen und Wirkungen.

Darstellung der Mutterschaft durch Künstlerinnen und Künstler: Untersuchen Sie mit den Kindern verschiedene Darstellungen der Mutterschaft durch Künstlerinnen und Künstler. Diskutieren Sie die je spezifische Sicht der Künstlerinnen und der Künstler. Achten Sie dabei auf traditionelle Sichtweisen und stellen Sie diese den sich wandelnden Auffassungen gegenüber.

Männliche und weibliche Nacktheit: Studieren Sie mit den Kindern die Darstellung der männlichen und weiblichen Nacktheit in Kunstwerken. Welche Aussagekraft haben die Bilder in bezug auf die Geschlechterrollen in verschiedenen Zeitperioden? Diskutieren Sie die künstlerische Behandlung des weiblichen und des männlichen nackten Körpers, die Darstellungsformen und Funktionen der Darstellung.

Aktivitäten für die Leserin und den Leser

Alle vorstehend aufgeführten Aktivitäten für den Unterricht eignen sich auch als Einübung für die Lehrerin und den Lehrer. Gerade bei dem Versuch des Erkennens und Aufbrechens von auch in den Kunstunterricht unbewußt hineinwirkenden Geschlechterstereotypen sollten wir auch unsere eigene Einstellung als Kunsterzieherin und Kunsterzieher überprüfen. Dem dienen die Fragen in den beiden folgenden Listen.

Liste 1: Was sind meine Vorstellungen über die Geschlechterrollen in Kunst und Kunsterziehung?

Die nachfolgenden Aussagen sind eher *auf*gefunden als *er*funden, sie sind bewußt provokant formuliert, um Sie bei der Beantwortung aus der Reserve zu locken und um so zu einer ehrlichen Hinterfragung der eigenen Position beizutragen. Was also würden Sie zu folgenden Aussagen meinen?

- Es ist ein Kompliment zu sagen, eine Frau male wie ein Mann.
- Frauen, die sich mit dem Thema der sexuellen Gleichberechtigung in Kunst und Kunsterziehung befassen, verstärken nur die ohnedies schon für Frauen und Mädchen bestehenden Schwierigkeiten.
- Kunsterziehung ist eher eine Sache von Frauen als von Männern.
- Kunsterziehung ist eher eine Sache von Männern als von Frauen.
- Frauen können zwar künstlerisch begabt sein; wie die Geschichte zeigt, sind jedoch nur Männer zu großen künstlerischen Leistungen fähig.
- Frauen, die in der Kunst Anerkennung gefunden haben, sind mehr maskulin orientiert.
- Es gibt künstlerische Techniken, die mehr dem einen oder dem anderen Geschlecht angemessen sind; z. B. Plastik dem Mann und Textilkunst der Frau.
- Künstlerische Fähigkeiten und Konzepte haben mit dem Geschlecht gar nichts zu tun.

Liste 2: Welche Wirkung haben meine Vorstellungen über Geschlechterrollen auf meine Identität und Arbeit als Kunsterzieherin und Kunsterzieher?

Hierzu können Sie sich folgende Fragen stellen:

- Hat meine Geschlechtszugehörigkeit Einfluß auf meine Entscheidung gehabt, Kunsterzieherin oder Kunsterzieher zu werden?
- Hat meine Geschlechtszugehörigkeit irgendeinen Einfluß auf Stil, Medien, Gegenstand, Inhalt, Technik, Prozeß, Ausdruck usw. meiner künstlerischen und kunstpädagogischen Arbeit?
- Welche Geschlechtsunterschiede oder Stereotypen beobachte ich im Kunstunterricht in künstlerischen und ästhetischen Handlungs- und Rezeptionsweisen bei Schülerinnen und Schülern (Interessen, Stile, Themen, Stoffe, Materialpräferenzen)?
- Bewirke oder fördere ich durch mein Verhalten (Themenwahl, Stoffe, Techniken, Materialien usw.) oder durch meinen Sprachgebrauch selbst Geschlechterstereotypen?
- Welches geschlechtsspezifische Rollenverhalten produziere ich durch meinen Unterrichtsstil, durch meine erkennbaren Werthaltungen und Zugriffsweisen?
- Gewähre ich allen Schülerinnen und Schülern unabhängig von ihrem Geschlecht den gleichen Zugang zu künstlerischen Techniken, Fertigkeiten, Fähigkeiten und Kenntnissen?
- Wie ist die Institution, in der ich arbeite oder studiere, unter dem Geschlechteraspekt hierarchisch und einflußmäßig strukturiert (gemessen an der Zahl der männlichen und weiblichen Beschäftigten, an Funktion, Ansehen, Bezahlung, Klima, Ausstattung, Mittelvergabe usw.)?
- Ist der tatsächliche Einfluß der Männer in dieser Instititution wirklich durch deren fachliche Leistung begründet? Wie verhalten sich die Qualifiktionen der Frauen zu denen der Männer?
- Wie verhalten sich in dieser Institution die Frauen gegenüber den Männern (kritisch, anpasserisch) und wie untereinander (solidarisch, unsolidarisch, „neutral“)?

Kapitel 14

Kinder verstehen Kunst

Wir haben bislang den Kunstunterricht nur im Kontext der Herstellung von Kunst erörtert. Ich wende mich nun einem anderen Aspekt des Kunstunterrichts zu, nämlich dem des Verständnisses für Kunst.[1]

Was meint Verständnis für Kunst?

Früher wurde das Wort „Bildbetrachtung“ im Zusammenhang des Befassens mit Kunst in der Schule gebraucht, eine Wortprägung, die ein eher distanziertes Verhältnis zur Kunst signalisiert. Ich verwende hier das Wort „Verständnis”. Aber auch darunter soll nicht ein objektives Verstehen *von* Kunst, sondern *für* Kunst begriffen werden. Verständnis *für* Kunst meint ein persönliches Beteiligtsein, eine persönliche Aufgeschlossenheit, eine Empfänglichkeit für Kunst, nicht ein *Ab*schätzen, sondern eher ein persönliches *Wert*schätzen. Das Bild wird nicht als ein zu analysierendes Neutrum betrachtet, sondern vielmehr als ein Gegenüber, dem man persönlich begegnet.

Auch Verständnis für Kunst impliziert ein bestimmtes Wissen und die Verfügbarkeit von bestimmten Informationen in bezug auf Kunst allgemein und das betreffende Kunstwerk im besonderen. Wissen über Kunst wurzelt in der Wahrnehmung. Verständnis für Kunst zu vermitteln, beruht auf der Fähigkeit der Kunsterzieherin und des Kunsterziehers, entsprechende Wahrnehmungs- und Erfahrungsfähigkeiten beim Kind zu entwickeln. Wie erfahren wir ein Kunstwerk? Wir reagieren nicht auf isolierte Ereignisse, Gegenstände, Personen oder Themen, sondern machen persönliche Wahrnehmungen und Erfahrungen in bezug auf das Kunstwerk. Ästhetische Erfahrung betrifft die ganze Persönlichkeit. Nicht umsonst kann man sagen, daß man aus eines Menschen Einschätzung eines Bildes auch auf seine Persönlichkeit schließen kann. Was eine Person darstellt – emotional, intellektuell, sozial –, bestimmt zugleich auch das Verständnis dieser Person für Kunst.

So sehr man die Persönlichkeitsbezogenheit des Verständnisses für Kunst betonen kann, so sehr sollte man aber auch davor warnen, ein Urteil über Kunst mit der persönlichen Präferenz in bezug auf Kunst gleichzusetzen. Präferenz ist eine persönliche Vorliebe oder Abneigung und somit ein Teil unserer Individualität, sie ist nicht unbedingt angewiesen auf Wahrnehmung

---

[1] Zur Auseinandersetzung mit Kunstwerken in der Grundschule vgl. auch folgende im Literaturverzeichnis aufgeführte Arbeiten: *Barthel, Czuray, Eucker* u. a. (1990), *Frank-Flies, Gallwitz, Giebel/Kruthoff, Günewald* (1983: Arcimboldi), *Herles, Hinkel* (1983, 1985: Hilfe, 1988), *Imme* (1986), *Laurisch* (1984, 1987), *Maier* (1984: Bilder), *Merkel, Merz* (1985, 1987), *Michelic, Najok, Ott, M. Otto, Pagany* (1985), *Precht, Reichgeld* (1989: Klee, Brueghel), *Reuter, Riedl* (alles), *Rindfleisch, Schubert, Schutte, Staudte* (1986: Zeichnen), *Tacke* (1987), *Wandt/Gräser, Weinrebe* (1987).

oder Kenntnis. Ein Urteil über Kunst hingegen hat mit Wahrnehmung, Wissen und Begründung zu tun. Wenn jemand die Aussage macht: „Dies ist ein sehr starkes Bild“ oder „Das ist ein ganz schwaches Bild“, dann ist es eine ganz vernünftige Reaktion, nach dem „Warum“ dieser Einschätzung zu fragen, nach den Gründen für dieses Urteil. Gegen eine Antwort wie „Ich mag das Bild eben“ oder „Das Bild gefällt mir gar nicht“ läßt sich schwer argumentieren, weil hier keine sachlichen Gründe gegeben werden, sondern lediglich eine persönliche Präferenz oder Abneigung zum Ausdruck kommt. Eine Aussage wie „Ich weiß, daß das Bild nicht gerade gut ist, aber ich mag es eben“ kombiniert ein sachliches Urteil mit dem Ausdruck einer persönlichen Präferenz. Aber es kann natürlich auch umgekehrt sein: „Ich weiß, daß diese Skulptur ausgezeichnet ist, aber ich mag sie nun eben mal nicht.“ Solche Unterscheidungen machen wir jedoch selten, allenfalls wenn wir Fachleute sind. In der Regel dekken sich persönliche Präferenz und sachliches Urteil, selbst bei Fachleuten. Diesen Sachverhalt sollten Sie auch Ihren Schülerinnen und Schülern bei der Begegnung mit Kunst klarmachen.

Fähigkeiten in bezug auf die Begegnung mit Kunst zu erwerben, heißt vor allem zu lernen, wahrzunehmen, zu beobachten, zu beschreiben, zu interpretieren. Ziel des Kunstunterrichts ist das Verständnis für Kunst, nicht die persönliche Präferenz. Für das erstere braucht man Kenntnisse, Offenheit, Erfahrungen; für die letztere reichen schlimmstenfalls auch Ignoranz und Arroganz. Je mehr wir über Kunst lernen, über ihre Techniken, über die Arbeit einer bestimmten Künstlerin und eines bestimmten Künstlers, ihre Malstile oder die technischen Vorgänge des künstlerischen Schaffens, desto eher sind wir in der Lage, ein wirkliches Verständnis für Kunst aufzubringen. Die größte Barriere zu einem Verständnis für Kunst besteht in dem Mangel an Bereitschaft, sich Unbekanntem zu öffnen und sich darauf einzulassen, in dem Mangel an Bereitschaft, die Intentionen der Künstlerin oder des Künstlers nachzuvollziehen. Im Kunstunterricht wollen wir dazu beitragen, von der Ignoranz zum Wissen, Verstehen und Genießen zu gelangen.

Unterrichtsmethoden zur Entwicklung des Verständnisses für Kunst

Lange wurde die Auffassung vertreten, man könne oder dürfe die Begegnung mit Kunst in der Grundschule nicht zum Gegenstand des Unterrichts machen. Zur Begründung wurde geltend gemacht, Kinder im Grundschulalter seien hierfür noch nicht reif genug, ohne daß jedoch genauer definiert wurde, was mit dieser Aussage gemeint ist, auch ohne entsprechende empirische Untersuchungen durchgeführt zu haben. Gerade aus solchen empirischen Untersuchungen wissen wir inzwischen, daß auch kleine Kinder die Fähigkeit besitzen, mit Kunst und allgemein mit ästhetischen Objekten umzugehen.[2] Es kommt gerade darauf an, durch frühzeitige pädagogi-

[2] Hierzu näher *Meike Aissen-Crewett:* Wie reagieren Kinder auf Kunst? Ästhetische Reaktionen von Kindern im Lichte empirischer Untersuchungen. In: Zeitschrift für Ästhetik und allgemeine Kunstwissenschaft 32 (1987), 226–242; vgl. auch *Hermann Hinkel:* Wie betrachten Kinder Bilder? Untersuchungen und Vorschläge zur Bildbetrachtung. Gießen 1972,[4] 1980.

sche Einwirkungen die gegebenen Anätze und Möglichkeiten weiterzubilden. Die Bildung ästhetischer Wahrnehmungs- und Urteilsfähigkeit darf nicht von der allgemeinen Bildung und Erziehung abgekoppelt werden, und dies bedeutet: Sie beginnt mit dem ersten Tag der Erziehung und damit mit dem ersten Tag des Lebens.

Bei der Aneignung ästhetischer Wahrnehmungs- und Reaktionsweisen durch Kinder spielen Erwachsene als Vermittler eine entscheidende Funktion. Kinder lernen vor allem dadurch über Kunst, daß sie sich an der Art und Weise orientieren, in der Erwachsene mit Kunst umgehen. Dies zeigt die besondere Verantwortung Erwachsener hinsichtlich der Einstellung gegenüber Kunst in ihrer Wirkung auf Kinder. Offenheit gegenüber den Künsten prägt sich Kindern ebenso ein wie Ablehnung. Es hängt von unserem Verhalten ab, ob wir zur Aufrichtung von Scheuklappen und Zäunen beitragen oder zur Bereitschaft und Fähigkeit, sich auf Kunst einzulassen. Dabei sollten wir uns nicht den von uns aufgestellten Kanons des Wahrnehmens und des Sprechens über Kunst ausliefern. Wir sollten Kinder nicht in ihren ästhetischen Wahrnehmungs- und Reaktionsweisen einengen, sondern sie den unbefangenen, spielerischen Umgang mit Kunst lehren. Dann erübrigt sich auch die Frage, ob ein Kunstgegenstand sogenannt kindgemäß ist oder dem Alter und der Entwicklung angemessen ist. Wir sind auf unsere eigene Offenheit und Sensibilität angewiesen – und die der Kinder.

Eine solche Einstellung hat auch eine Änderung der Art und Weise zur Folge, wie Schülerinnen und Schüler Kunst zu begegnen lernen. In der nachstehenden Tabelle werden die unterschiedlichen Zugriffsweisen, die in der Vergangenheit angewandt wurden, und diejenigen, die heute als angemessen erscheinen, aufgeführt.

Vergleich der Unterrichtsmethoden zum Verständnis für Kunst in der Vergangenheit und heute

Vergangenheit	Heute
1. Legte Wert auf das unmittelbare Urteil über das Kunstwerk.	1. Schiebt das Urteil über das Kunstwerk hinaus, bis an dieses eine als zunächst ausreichend angesehene Annäherung stattgefunden hat.
2. Der Unterricht vollzog sich im wesentlichen verbal und lehrerzentriert.	2. Die Annäherung an das Kunstwerk im Unterricht vollzieht sich sowohl über eine Verbalisierung wie auch über eigene ästhetische Wahrnehmungen und über eigene künstlerisch-ästhetisch nachvollziehende Praxis.
3. Im Unterricht wurden weitgehend Reproduktionen verwendet.	3. Benutzt die große Vielfalt von unterschiedlichen Medien, wie Dias, Filme. Wichtiger aber ist, daß die Annäherung vor den Originalen stattfindet, die in Museen, Galerien und bei den Künstlerinnen und Künstlern direkt aufgesucht werden.
4. Der Unterricht basierte weitgehend auf Gemälden, vor allem solchen, die eine „Geschichte“ erzählen.	4. Der Unterricht befaßt sich mit der ganzen Bandbreite ästhetischer Objekte, von den „schönen Künsten“ in Gestalt von Gemälden und Plastik über die angewandten Künste in Gestalt von industriellem Design und Architektur, aber auch mit anderen ästhetischen Formen der Alltagskultur wie Werbung, Fernsehen, Film, Comics usw.
5. Benutzte literarische und sentimentale Assoziationen als Basis für Gespräche über die Kunstwerke. Im Vordergrund stand die inhaltliche Auseinandersetzung. Formale Aspekte wurden vernachlässigt.	5. Die Gespräche über die ästhetischen Objekte befassen sich mit deren formalen Qualitäten. „Schönheit“ und andere sinnlich-ästhetische Qualitäten bilden nur einen Teil der ästhetischen Erfahrung. Es wird auch den „nicht mehr schönen Künsten“ als legitimen ästhetisch-künstlerischen Ausdruck nachgegangen.
6. Konzentrierte sich auf die „große Kunst“ der Vergangenheit.	6. Vermeidet eine zu starke Berücksichtigung der Vergangenheit, befaßt sich entschieden auch mit der Kunst unserer Tage.
7. Verwendete in erheblichem Maße anekdotisches Material über Künstlerleben.	7. Reduziert die Lebensgeschichte auf ein Mindestmaß, konzentriert sich statt dessen auf das Werk.

Bei der Annäherung an Kunst im Unterricht hat sich in den letzten Jahren eine Methode in den Vordergrund geschoben, die sich dem Kunstwerk mittels eigener künstlerisch-ästhetischer Praxis nähert. Diese Methode basiert auf der Überzeugung, daß das Verständnis für Kunst von der eigenen künstlerisch-ästhetischen Praxis profitiert. Wenn wir z. B. in einem bestimmten Medium gearbeitet haben, wissen wir besser, worauf wir bei einem in diesem Medium gearbeiteten Kunstobjekt zu achten haben, wir sind uns besser der Ziele, Probleme, Zwänge, denen der Künstler ausgesetzt war, bewußt. Eine spezifische Form dieser Annäherungsweise an Kunst besteht darin, das entsprechende Kunstwerk entweder zu kopieren oder zu paraphrasieren. Diese Form der künstlerisch-ästhetischen Auseinandersetzung dient nicht etwa in erster Linie der Vervollkommung künstlerischer Fertigkeiten, sondern hat zum Ziel, über den eigenen künstlerisch-ästhetischen Nachvollzug sich das Kunstwerk im buchstäblichen Sinne zu erarbeiten. So entsteht eine enge Wechselwirkung: Beobachtung und Reflexion allein können die Nuancen des Kunstwerks nicht so erforschen und nicht zu so einem intensiven Engagement mit diesem führen wie die eigentätige künstlerisch-ästhetische Auseinandersetzung. Auf der anderen Seite kann auch die sensitivste künstlerisch-ästhetische Praxis nicht zu einem tiefen Verständnis für Kunst führen, wenn sie nicht durch eine intensive Wahrnehmung von Kunstwerken und eine Reflexion über sie begleitet wird. Man kann nicht erwarten, daß Kinder eine Verbindung zwischen ihrer eigenen künstlerisch-ästhetischen Erfahrung und der Kunst herstellen, wenn ihre Aufmerksamkeit nicht durch entsprechende Unterrichtsgespräche auf diesen Zusammenhang gelenkt wird. Eine solche Wechselwirkung zwischen dem Lernen, Kunst zu machen, und dem Lernen, Kunst zu erkennen und zu verstehen, sollte Kunstunterricht bestimmen.

Kinder und Kunstbeurteilung

Kunstbeurteilung zum Gegenstand von Unterricht zu machen, basiert auf der Annahme, daß Kinder gerne Urteile über Kunst bilden und diese äußern, selbst wenn diese verständlicherweise nicht dem üblichen Kanon von Kunstkritik entsprechen. Mit zunehmender Übung und Erfahrung mit dem Prozeß der kritischen Auseinandersetzung mit Kunst können Kinder jedoch eine Fähigkeit entwickeln, ihre Wahrnehmungen derart zu organisieren, daß eine solidere Basis für eine Kunstbeurteilung entsteht. Dabei werden auch verbale Fähigkeiten entwickelt.

Stufen des Beurteilungsprozesses

Der Beurteilungsprozeß läßt sich in eine Reihe von Stufen gliedern, die auch Kindern als Leitlinien für ihre kritische Auseinandersetzung mit Kunst dienen können. Ich gliedere diesen Prozeß in vier Stufen: Beschreibung, formale Analyse, Interpretation und Urteil bzw. kenntnisreiche Präferenz. Man kann diese vier Stufen in Form folgender Grundfragen beschreiben:

- Auf der Stufe der *Beschreibung* wird die Frage gestellt: „Was siehst du?“
- Auf der Stufe der *formalen Analyse* lautet die Frage: „Wie sind die Dinge auf dem Bild zueinander geordnet?“

• Auf der Stufe der *Interpretation* wird die Frage gestellt: „Was versucht die Künstlerin oder der Künstler zu sagen?“
• Auf der Stufe der *kenntnisreichen Präferenz* lautet die Frage: „Was hältst du von dem Kunstwerk, und warum?“

Beschreibung

Auf der Stufe der Beschreibung erzählt das Kind lediglich auf, was es sieht. Die Beschreibung verzeichnet die Objekte, Formen und Farben. Welche Gegenstände Kinder registrieren, hat entscheidend sicherlich auch mit den Vorerfahrungen zu tun, die sie in die Begegnung mit einem ästhetischen Objekt einbringen. Aber es ist nun Ihre besondere Aufgabe als Kunsterzieherin und Kunsterzieher, die Grundlage dieser Vorerfahrungen zu erweitern. Begegnung mit ästhetischen Objekten meint nicht eine Einbahnstraße dergestalt, daß sich das ästhetische Objekt dem Betrachter anzupassen hätte, daß nur wahrgenommen wird, was den Vorerfahrungen des jeweiligen Betrachters entspricht; ihr Sinn besteht vielmehr darin, die Vorerfahrungen dergestalt zu verändern und zu erweitern, daß wahrgenommen wird, was mit den bisherigen Vorerfahrungen nicht wahrgenommen wurde.

Formale Analyse

Die formale Analyse basiert im Prinzip ebenfalls auf der Wahrnehmung, aber auf einer höheren Stufe. Sie führt die beschreibende Stufe einen Schritt weiter, indem sie dem Kind abverlangt, die Komposition eines Kunstwerks zu analysieren. Ein Kind, das zwischen Symmetrie und Asymmetrie unterscheiden kann, das die Art eines Materials beschreiben kann und sensitiv ist gegenüber Arten und Eigenschaften von Farbe und Linie, kann Aussagen über die formalen Qualitäten eines Kunstwerks machen. Dies ist die Stufe, bei der Sie als Kunsterzieherin und Kunsterzieher erkennen, ob die Kinder sich auf die Sprache der Kunst verstehen.
Der Diskurs auf der beschreibenden und der formal-analytischen Stufe dient der Entwicklung von überlegten Meinungen über Kunst. Sie streben nicht einem vorschnellen Urteil zu, sondern verlangen von den Schülerinnen und Schülern vielmehr, daß sie abschließende Urteile so lange aufschieben, bis diese mit einem gewissen Maß an Objektivität getroffen werden können. Auf diesen zwei Stufen fragen Sie: „Was *seht* ihr?“ statt zu fragen: „Was *denkt* ihr darüber?“. Was das Kind sieht, hängt natürlich von vielen Faktoren ab, vor allem von dem Kenntnis- und Erfahrungsstand der Kinder. Generell gilt, daß wir alle, auch Kinder, mehr sehen, wenn wir mehr Wissen und mehr Erfahrungen haben in bezug auf Licht, Masse, Farbe, Linie und andere künstlerische Elemente. Kinder erfahren Kunst als ein visuell-verbales Spiel und beteiligen sich daran mit Enthusiasmus, wenn die Diskussionen hierüber nicht zu lange dauern und wenn die diskutierten Kunstwerke sie ansprechen bzw. wenn Sie als Kunsterzieherin und Kunsterzieher ihnen einen Zugang hierzu verschaffen.

Interpretation

Auf der interpretativen Stufe bitten Sie die Kinder, sich über die Bedeutung des Kunstwerks ihre Gedanken zu machen. Hierzu ist es notwendig, eine Verbindung zwischen der Struktur, die in dem Kunstwerk erkannt werden kann, und der Intention des Künstlers herzustellen. Wenn ein Gemälde z. B. starke Kontraste von hell und dunkel aufweist, können Sie die Frage stellen, was der Künstler damit in bezug auf die Aussage seines Bildes beabsichtigt hat.

Kenntnisreiche Präferenz

Der Urteilsprozeß findet normalerweise sein Ende in einem Urteil, d.h. in einer Form von Konklusion über das Kunstwerk. Ich will diese Stufe hier nicht weiter diskutieren, weil sie mehr die Kenner und professionellen Kritiker angeht und weniger Grundschulkinder. Nach Auffassung von Kindern ist Urteil synonym mit Präferenz. Die Ansichten von Kindern z. B. über die Stellung von Dürers Kupferstichen im Kanon der graphischen Kunst ist nicht so schrecklich wichtig. Wichtig hingegen ist sehr wohl der eigene Standpunkt der Kinder in bezug auf das Kunstwerk, weil hierdurch eine persönliche ästhetische Erfahrung mit begründet wird.
Ich möchte deshalb bei Kindern nicht von einem Urteil über ein Kunstwerk sprechen, sondern von einer kenntnisreichen Präferenz, einer Präferenz also, die, im Gegensatz zu einer anfänglichen unreflekierten Präferenz, auf einer kenntnisreichen, gegebenfalls kritischen Annäherung an das Kunstwerk beruht. Der ganze hier beschriebene Urteilsprozeß hat zum Ziel, persönliche zunächst eher unreflektierte Präferenzen in bezug auf ein Kunstwerk zurückzustellen und ein persönliches Urteil erst nach dem Durchlaufen der verschiedenen Stufen des Urteilsprozesses zu bilden.
Die Stufe der kenntnisreichen Präferenz bildet den Schlußpunkt des Urteilsprozesses und ist dessen anspruchsvollster Teil. Auch wenn hier die Schülerinnen und Schüler eingeladen werden, ihre Meinung hinsichtlich des Wertes eines Kunstwerks zu bilden, so soll dies doch auf der Grundlage dessen geschehen, was sie auf den vorangegangenen Stufen gelernt haben. Hier können Sie Fragen stellen wie „Was denkst du von dem Bild? Bewegt es dich? Läßt es dich kalt? Was magst du an ihm? Was gefällt dir an ihm nicht? Warum?“

Unterrichtshilfen für die Entwicklung des Verständnisses für Kunst

Sie sollten ausreichend Material für den Unterricht zur Entwicklung des Verständnisses für Kunst zur Verfügung haben oder darauf kurzfristig Zugriff nehmen können. Hierzu gehören vor allem Reproduktionen, Dias und Filme. Die Auswahl hinsichtlich der Kunstwerke ist schwierig. Sie müssen als Kunsterzieherin und Kunsterzieher nicht nur die Eignung des Kunstwerks für die spezifischen Unterrichtszwecke berücksichtigen. Sie sollten dabei auch die natürlichen Präferenzen der Schülerinnen und Schüler berücksichtigen. Hierzu einige Anregungen, die vielleicht vor Frustrationen bewahren:
1. Kinder ziehen normalerweise Inhalte bildnerischen Elementen vor, normalerweise auch realistische Darstellungen gegenüber abstrakten; aber dies sollte nicht als starre Regel angesehen werden, es kommt immer darauf an, was man aus dem bildnerischen Material macht.
2. In der Regel ziehen Kinder räumlich klar gegliederte Darstellungen solchen vor, die unklar oder zweideutig sind.

Aber auch das ist nur ein gewisser Erfahrungswert, der nicht als starre Regel zu verstehen ist.
3. Farbe ist für Kinder ein wichtiger Aspekt, der tiefgehende emotionale Implikationen hat.
4. Junge Kinder bevorzugen in der Regel einfache Kompositionen; ältere Schülerinnen und Schüler finden auch Zugang und Verständnis für komplexere Darstellungen.

Reproduktionen

Normalerweise besitzt heute nahezu jede Schule eine größere oder kleinere Sammlung von Drucken oder sonstigen Reproduktionen von Kunstwerken. Mit der Verfeinerung der Drucktechniken weisen Reproduktionen heute eine ausreichende Qualität hinsichtlich der Farbwiedergabe auf. Reproduktionen finden sich außer in Büchern auch in Kunstzeitschriften, oft auch in sonstigen Publikumszeitschriften; hier allerdings ist die Wiedergabequalität oft zu beklagen.
Ratsam ist es, sich seine eigene kleine Sammlung von Reproduktionen über die Zeit zusammenzustellen und diese Sammlung laufend zu erweitern und zu ergänzen. Eigentlich kann diese Sammlung nie groß und weit genug gespannt sein. Wenn man mit älteren Schülerinnen und Schülern Funktion und Möglichkeiten der Farbgebung untersucht, kann man hierbei Werke von *El Greco, Rubens, Gauguin, van Gogh, Matisse* oder *Dufy* heranziehen. Wenn man sich mit der Linearperspektive befaßt, kann man Werke der mittelalterlichen Malerei mit solchen der hohen Renaissance vergleichen. Gewicht sollte auf große Reproduktionen gelegt werden; Postkarten eignen sich kaum für die Diskussion mit der Klasse, tun aber wiederum gute Dienste, wenn Kinder sie für sich alleine studieren.

Filme

Jedes Jahr kommt eine Reihe von Kunstfilmen heraus, heute auch in Form von Videos. Nicht alle sind gut oder eignen sich zur Vorführung im Unterricht. In jedem Falle sollten Sie sich einen Film ansehen, bevor sie ihn in der Schule zeigen. Was sollten Sie bei der Auswahl vonFilmen beachten, die sie jungen Kindern zeigen möchten?

- Es versteht sich von selbst, daß der Film eine hohe technische und künstlerische Qualität haben sollte. Kinder sind heute von Fernsehen und Kino perfekte technische Qualität gewöhnt und erwarten diese auch von Filmen, die in der Schule gezeigt werden.
- Der Film muß dem Verständnishorizont der Kinder angemessen sein. Es hat keinen Sinn, ihnen einen hochintellektuellen Film zu zeigen, so hervorragend dieser auch sein mag.
- Der Film sollte eng an die Interessen und Erfahrungen der Kinder anschließen. Dieser Kontext kann und sollte vor allem durch den Kunstunterricht hergestellt werden.
- Wenn der Film Techniken zeigt, müssen diese nachvollziehbar dargestellt sein, verbunden mit der Möglichkeit, daß die Kinder Eigeninitiative ergreifen. Dann können solche Filme den Kunstunterricht stimulieren.
- Manchmal empfiehlt es sich, den Ton leiser zu stellen oder ganz auszuschalten oder den Film abzuschalten, damit man den Kindern Erläuterungen in einer Sprache geben kann, die ihrem jeweiligen Sprachvermögen oder Verständnishorizont angemessen ist.

Originale

Reproduktionen, Filme und Dias, von so guter Qualität sie auch sein mögen, können letztlich die Begegnung mit dem Original nicht ersetzen. Wie oft denken wir, wir kennten ein Werk durch das Studium von Reproduktionen, um dann ganz überwältigt zu sein, wenn wir das Original zum ersten Mal sehen. Der unmittelbare Eindruck von Farben, Pinselstrichen, Strukturen – sie alle können niemals adäquat durch eine Reproduktion vermittelt werden. Es ist deshalb sehr wichtig, auch Schülerinnen und Schülern von Zeit zu Zeit die Möglichkeit zu geben, Kunstwerke im Original mit eigenen Augen zu sehen, normalerweise also im Museum, manchmal auch in einer Galerie.[3]

Aktivitäten für die Leserin und den Leser

1. Wählen Sie drei Kunstwerke oder Reproduktionen von ihnen aus, die von folgenden Personen stammen: a) einem anerkannten „großen" Künstler; b) einem guten, aber nicht bekannten Künstler; c) einem Amateur. Versuchen Sie mit den Kindern zu erarbeiten, a) was diese Arbeiten gemeinsam haben, b) worin die signifikanten Unterschiede bestehen.

2. Bringen Sie ein „Warenhausbild" (typisch „Die Zigeunerin") und ein Kunstwerk (bzw. Reproduktion), das ein ähnliches Sujet hat, in die Klasse mit und versuchen Sie im Gespräch mit den Kindern die Unterschiede in der Qualität deutlich werden zu lassen.

3. Versuchen Sie, einige Unterrichtsstrategien zu entwickeln, um bei Kindern auf unterschiedlichen Jahrgangsstufen Verständnis für folgende ästhetische Objekte zu entwickeln: a) das Wandgemälde eines bekannten Sprayers; b) das Design eines Stuhles; c) das Design einer Kaffeekanne; d) eine Plastik eines bekannten Künstlers.

4. Wählen Sie 20 bis 30 Postkarten (die zu der nachstehenden Aufgabenstellung passen) und lassen Sie die Schüler damit ein Spiel machen, in dem sie die Karten in zwei Gruppen einteilen, etwa in a) realistische und nichtgegenständliche Darstellungen, oder b) in solche, die mehr mit der Linie, und andere, die mehr mit Massen arbeiten usw.

---

[3] Vgl. zur Museumspädagogik in der Grundschule die im Literaturverzeichnis aufgeführten Arbeiten von *Behrens, Gallwitz, Herles, Hinkel* (1986), *Kallinich, Miedl, Simon, Vogt;* ferner zur Museumspädagogik allgemein: *Klaus Weschenfelder; Wolfgang Zacharias:* Handbuch Museumspädagogik. Düsseldorf 1981.

Kapitel 15

Bewertung

Die Frage der Bewertung im Kunstunterricht wird üblicherweise als die Frage nach der Beurteilung der Leistungen von Schülerinnen und Schülern angesehen. Entsprechend befassen sich die einschlägigen Arbeiten in der Literatur mit der Frage der Notengebung und deren Kriterien. Daß aber, bevor die Leistungen von Schülerinnen und Schülern beurteilt werden können, erst die von Lehrerinnen und Lehrern beurteilt werden müssen, wird bei einer solchen Betrachtungsweise übersehen. Solche Arbeiten über das Bewerten und Benoten von Leistungen tun so, als seien Lehrerinnen und Lehrer jenseits einer solchen Bewertung, als käme nicht der Unterricht von einer individuellen Lehrerin und einem individuellen Lehrer, als hinge die Leistung der Schülerin und des Schülers nicht entscheidend von der der Lehrerin und des Lehrers ab.

Bewertung des Unterrichtens

Als Lehrerinnen und Lehrer sind wir bei Fragen der Beurteilung unseres Unterrichts manchmal unsere ärgsten Feinde. Selbstkritik wird häufig als das bloße Suchen nach Fehlern bei uns selbst und unserem Unterrichten interpretiert, als ein Vorgehen, das nur zur Frustration und zur Schwächung des Selbstwertgefühls führt. Diese Haltung gilt sicherlich nicht für alle Lehrerinnen und Lehrer, aber sie ist häufiger anzutreffen, als dies sein müßte. Niemand von uns glaubt wirklich, eine perfekte Lehrerin oder Lehrer zu sein. Obwohl das Wort Bewertung darauf verweist, daß wir den Wert von etwas bestimmen, interpretieren wir es oft dahingehend, daß wir nicht nach dem Wert suchen, sondern nach dem Un-Wert.

Wenn Bewertung sinnvoll sein soll (und dies heißt zu Änderungen in der Art und Weise unseres Unterrichtens führen soll), sollte sie als Wegweiser in die Zukunft statt als Verdammung der Vergangenheit angesehen werden. Wo Bewertung allein in einem Urteil über die Vergangenheit besteht, kann sie leicht positive Entwicklungsmöglichkeiten für die Zukunft verbauen. Bei der Beurteilung Ihrer Aktivitäten und Ihres Verhaltens im Kunstunterricht können folgende Fragen für eine Selbstüberprüfung und ein Nachdenken hilfreich sein:

1. *Sind Sie selbst* ***neugierig auf Ihre eigenen Veränderungen*** *durch Kunst; haben Sie selbst ein Verlangen, in und* ***mit der Kunst neue Erfahrungen zu machen;*** *vermitteln Sie diese Einstellung auch den Schülerinnen und Schülern?* Indem Sie selbst zeigen, daß Sie offen sind, daß Sie selbst künstlerisch-ästhetische Erfahrungen machen, vermitteln Sie den Schülerinnen und Schülern den Eindruck, daß sie mit Ihnen das Abenteuer der Kunst gemeinsam haben.

2. *Behandeln Sie jede* ***Schülerin und jeden Schüler als ein Individuum,*** *dessen Wert sich nicht allein nach der angeb-*

lich objektiv eingeschätzten Qualität des bildnerischen Endprodukts richtet? Auch und gerade wenn Sie als Kunsterzieherin oder Kunsterzieher tätig sind, sollten Sie an der ganzen Person einer jeden Schülerin und eines jeden Schülers interessiert sein und sie nicht ausschließlich nach der jeweiligen Qualität des Produktes ihrer künstlerisch-ästhetischen Aktivitäten beurteilen.

3. *Ermutigen Sie Handlungsmuster, die zu einem* ***selbstbestimmten, lebenslangen Lernen*** *in bezug auf Kunst führt?* Die Förderung des ästhetischen Wachstums kann man als das entscheidende Kriterium des Kunstunterrichts bezeichnen. Hierzu gehört das selbstbestimmte, lebenslange Lernen in bezug auf Kunst.

4. *Sind Sie* ***flexibel genug hinsichtlich der Unterrichtsziele?*** Flexibilität sollte eine Ihrer wesentlichen Tugenden beim Unterrichten sein. Sie mögen sich ein noch so schönes Konzept für eine Unterrichtsstunde oder eine Sequenz von Unterrichtsstunden festgelegt haben, dennoch sollten Sie allemal in der Lage sein, die Kreativität unerwarteter Entwicklungen zu erkennen und zu nutzen und dabei von Ihrem schönen vorgefaßten Plan lassen können.

5. *Verhalten Sie sich als Kunsterzieherinnen und Kunsterzieher* ***menschlich?*** Schülerinnen und Schüler, Lehrerinnen und Lehrer sind zuerst und vor allem menschliche Wesen, und diese grundlegende Menschlichkeit sollte auch den Schülerinnen und Schülern erkenn- und fühlbar werden. Zu diesen menschlichen Qulitäten gehört vor allem eine Sensitivität gegenüber den Dingen, die Kinder erregen und erfreuen. Menschliche Lehrerinnen und Lehrer sind offen für die Ereignisse in der Klasse, offen gegenüber der „Persönlichkeit" der Klasse, offen gegenüber den Gruppen in ihr und offen gegenüber den individuellen Schülerinnen und Schülern.

Neben diesen eher grundsätzlichen Fragestellungen gibt es noch einige weitere sehr praktische und technische Fragen, die Sie sich stellen sollten, z. B.:

- Wie gut haben Sie die Kinder motiviert?
- Waren die gegebenen Anregungen angemessen?
- Haben Sie die Arbeit gut organisiert?
- Haben Sie das richtige Medium gewählt?
- Haben Sie das Thema/das Projekt ausreichend entwickelt?
- Haben Sie ausreichend variables Material zur Verfügung gestellt?

Bewertung der Leistungen von Schülerinnen und Schülern

Die Bewertung von Leistungen im Kunstunterricht ist in der Regel eine eher unerfreuliche Angelegenheit.[1] Sie müssen sich als Kunsterzieherin und Kunsterzieher dieser Prozedur als einer von der Schulverwaltung vorgeschriebenen Aufgabe unterziehen. Jede einigermaßen offene Kunsterzieherin oder Kunsterzieher weiß, daß es bei diesem Geschäft so etwas wie eine ins einzelne verifizierbare Objektivität nicht gibt. Aber sich klar zu werden über die Entwicklungen von Schülerinnen und Schülern im Kunstunterricht (und das sollte der wesentliche Kern der Bewertung sein), bringt auch für Sie als Kunsterzieherin und Kunsterzieher wichtige Erkenntnisse, hilft Ihnen dabei.

- die Qualität ihres eigenen Kunstunterichts zu überprüfen;
- sich über die spezifischen Fähigkeiten, auch Defizite von Schülerinnen und Schülern klar zu werden;
- Ihre Unterrichtsplanung für die Zukunft zu überprüfen und gegebenenfalls zu korrigieren und zu verbessern.

Für die Schülerinnen und Schüler haben die Bewertungen, sofern sie nicht in Form der Notengebung „von oben", sondern in einem Gespräch mit ihnen vonstatten gehen, den Vorteil, daß sie

- sich über ihre spezifischen Stärken und Fortschritte klar werden;
- die Punkte erkennen, wo sie ihre Arbeit verbessern könnten/sollten.

Die Bewertung der Leistungen von Schülerinnen und Schülern spiegelt die Ziele und Praktiken des Kunstunterrichts wider. Art und Qualität der Leistungen von Schülerinnen und Schüler lassen sich nicht von Art und Leistungen Ihres Unterrichtens trennen. Vor diesem Hintergrund ist die Bewertung der Leistungen von Schülerinnen und Schülern niemals eine Einbahnstraße, sie muß vielmehr auch den Gegenverkehr berücksichtigen, also die Leistungen von Lehrerinnen und Lehrern. Lehrerinnen und Lehrer, die diesen Zusammenhang reflektieren, gehen deshalb eher behutsam an das Werk der Benotung, entdecken sie bei diesem Vorgehen doch in der Regel, daß die bei Schülerinnen und Schülern auftauchenden Defizite die Defizite ihres eigenen Kunstunterrichts reflektieren.

[1] Vgl. hierzu ergänzend zu den im Literaturverzeichnis für den Grundschulbereich aufgeführten Arbeiten von *Bamberger, Knauf, Manthey-Bail, Werner* folgende – nicht spezifisch die Grundschule betreffenden – Arbeiten: *Helmut Bertram:* Zeugnisse im Kunstunterricht. Grundsätzliches, Fachspezifisches und Aktuelles. In: Zeitschrift für Kunstpädagogik 9 (1980), H. 6, 37–43; *Anton Friedt:* Keine Not mit der Note. Kunstdidaktische Anmerkungen zur Leistungsbemessung im Kunstunterricht und ein Experiment. In: Kunst+Unterricht 144 (1990), 48–54; *Marion Götze:* Unterrichtsbeobachtung und Kriterien der Unterrichtsbeurteilung. In: Hans Meyers; Hilda Sandtner; Kurt Staguhn (Hrsg.): Kunst. Kunstpädagogik – gestalterische Werkpädagogik. München 1978, 305–312; *Hans-Günther Hiebner:* Bewertung und Benotung bildnerischer Arbeiten im Kunstunterricht. In: Fritz Menzer (Hrsg.): Forum Kunstpädagogik. Festschrift für Herbert Klettke. Baltmannsweiler 1985, 335–352; *Diethard Poschul; Eberhard Bahr; Horst-Peter Zeinert:* Bewertung im Kunstunterricht. Fragen, Untersuchungen, Ergebnisse auf fachspezifischer und allgemeiner Grundlage. Frankfurt/M. u.a. 1985; *Gottfried Schröter:* Einige Probleme der Zensurengebung im Fach Kunst. In: Fritz Menzer (Hrsg.): Forum Kunstpädagogik. Festschrift für Herbert Klettke. Baltmannsweiler 1985, 321–334; *Adelheid Staudte:* Subjektivität als Problem oder als Chance – Leistungsbeurteilung in der Ästhetischen Erziehung. In: Kunst+Unterricht Sonderheft 1982, 137–144.

Bei der Bewertung der Leistungen von Schülerinnen und Schülern empfiehlt es sich, folgende Kriterien zu berücksichtigen:

1. Der persönliche künstlerisch-ästhetische Ausdruck

Hierzu können Sie folgende Erwägungen anstellen:

- In welchem Maße haben die Schülerinnen und Schüler versucht, ihre persönlichen Erfahrungen auszudrükken?
- In welchem Maße haben sie sich emotional und intellektuell in einer ihrer ästhetisch-künstlerischen Entwicklung angemessenen Weise ausgedrückt?
- In welchem Maße zeigen ihre Arbeiten Sensitivität gegenüber der funktionalen Gestaltung?
- In welchem Maße zeigen ihre Arbeiten, daß sie die Wirkungen von Materialien und Werkzeugen kennen?
- In welchem Maße zeigen ihre Arbeiten die Fähigkeit, bildnerische Elemente – Linie, Form, Raum, Farbe, Struktur – einzusetzen?
- In welchem Maße haben sie in technischer Hinsicht und entsprechend ihrer künstlerisch-ästhetischen Entwicklung ihre Fertigkeiten entwickelt?
- In welchem Maße haben sie ihre Beobachtungsgabe verbessert, in welchem Maße den Gebrauch ihrer Imagination und Phantasie?

2. Das Verhalten von Schülerinnen und Schüler in bezug auf die Beteiligung an künstlerischen Aktivitäten

Hierzu können Sie folgende Erwägungen anstellen:

- In welchem Maße zeigen die Schülerinnen und Schüler während der künstlerischen Aktivitäten persönliche Initiative?
- In welchem Maße zeigen sie ein gutes Urteilsvermögen bei der Auswahl von Werkzeugen und Medien für ihre künstlerische Arbeit?
- In welchem Maße können sie auf Ratschläge hinsichtlich ihrer künstlerischen Produktion eingehen?
- In welchem Maße zeigen sie sich willens, mit der Gruppe zu kooperieren?
- In welchem Maße sind sie willens, sich an Vor- und Nachbereitungsaufgaben zu beteiligen, wie der Vorbereitung des Materials sowie Reinigungs- und Aufräumarbeiten?
- In welchem Maße sind sie willens und in der Lage, Ideen über Kunst mit anderen zu teilen?

Ein solcher Katalog stellt kein Bündel von bindenden Regeln oder abschließenden Beurteilungskriterien dar. Hiermit sollen lediglich Anregungen gegeben werden, auf welche Faktoren bei der Bewertung der Leistungen von Schülerinnen und Schülern zu achten ist.

Ich führe noch einen zweiten Katalog von Kriterien an, der den Prozeß der Bewertung durchsichtiger machen soll:

1. Arbeitsprozeß. Dieses Kriterium bezieht sich auf wichtige Aspekte der ästhetisch-künstlerischen Entwicklung während des Prozesses der Erschaffung eines künstlerisch-ästhetischen Objekts. Bestimmte Fähigkeiten werden erst im Arbeitsprozeß erkennbar, mehr als im Endprodukt. Die hierbei relevanten Faktoren lassen sich z. B. an folgenden Aussagen festmachen:

- Ist inventiv, voll von Ideen
- Zeigt Initiative und Unabhängigkeit
- Zeigt Neugierde und Interesse
- Verwendet Mühe auf die Arbeit
- Arbeitet gut mit anderen zusammen
- Reagiert auf visuelle Anregungen und Ideen

• Ist in der Lage, Schwierigkeiten zu überwinden
• Ist in der Lage, Anweisungen zu folgen

2. Materialbehandlung. Es ist wichtig zu erkennen, ob die Kinder gute organisatorische Fertigkeiten entwickeln und eine unterschiedliche Vielfalt von Material angemessen einsetzen können. Dies gilt unabhängig von den künstlerischen Ergebnissen. Sonst besteht die Gefahr einer Kluft zwischen künstlerischer Intention und den benötigten Fertigkeiten bei der Materialbehandlung. Auch hier wieder einige Aussagen, die die relevanten Faktoren illustrieren:
• Ist in der Lage, Farbe zu einer guten Konsistenz zu mischen
• Kann vielfältige Zeichenmedien einsetzen
• Hat ein Verständnis für den genuinen Einsatz von Material

3. Medieneinsatz. Abgesehen von der Beherrschung von Materialien müssen wir erkennen, ob die Kinder ein Verständnis für die Medien entwickeln, die sie benutzen. Können sie z. B. Farben so mischen, daß sie für die Kennzeichnung von Schatten benutzt werden können? „Zeichnen" sie einfach mit der Farbe oder können sie diese auch auf andere Weise einsetzen, mit ihnen z. B. Strukturen herstellen? Die folgenden beispielhaften Aussagen machen deutlich, auf welche Faktoren Sie hierbei z. B. achten sollten:
• Hat ausreichendes Unterscheidungsvermögen bei der Farbenwahl
• Zeigt Fertigkeiten beim Farbmischen
• Ist in der Lage, dreidimensionale Medien angemessen einzusetzen
• Kann unter mehreren Medien die richtige Wahl treffen

4. Kritikfähigkeit. Diese Kategorie befaßt sich mit der Fähigkeit zum kritischen Sehen und Analysieren. Kinder produzieren nicht nur künstlerisch-ästhetische Objekte, sondern entwickeln auch die Fähigkeit, zwischen den Einsatzmöglichkeiten von unterschiedlichen Farben zu unterscheiden oder zwischen unterschiedlichen Linien und unterschiedlichen Formen. Von Bedeutung ist dies vor allem beim Betrachten, Erforschen und Analysieren von ästhetischen Objekten. Auch hierzu einige Beispiele, die die dabei zu berücksichtigenden Faktoren deutlich machen:
• Ist fähig, über Ideen und Erfahrungen in bezug auf ästhetische Objekte zu sprechen
• Erkennt Ähnlichkeiten und Unterschiede bei ästhetischen Objekten
• Kann seine Um- und Mitwelt beobachten
• Ist fähig, den künstlerisch-ästhetischen Wortschatz richtig zu gebrauchen, wie Farbe, Linie, Form, hell, dunkel usw.
• Ist in der Lage, eigene künstlerische Arbeiten und Leistungen zu beurteilen

5. Persönliche Entwicklungsstufen. Das künstlerisch-ästhetische Arbeiten von Kindern kann nicht ohne Bezug zu ihrem Entwicklungsstand betrachtet und bewertet werden. Aber natürlich stellen diese Entwicklungsstufen (vgl. Kapitel 5) kein starres Prokrustesbett dar, auf das die künstlerisch-ästhetischen Arbeiten der Kinder aufgespannt und entsprechend beschnitten oder gedehnt werden, um den festgelegten Standards zu entsprechen. Diese Stufen sollen uns vielmehr gewisse Anhaltspunkte für unsere praktische Unterrichtsarbeit geben, sollen uns gleichermaßen vor einer Überschätzung wie Unterschätzung der Kinder bewahren. Die folgenden Aussagen geben Beispiele für die dabei zu berücksichtigenden Faktoren:

- Die künstlerische Arbeit stimmt im wesentlichen mit den künstlerisch-ästhetischen Entwicklungsstufen überein
- Sieht Verbindungen zu anderen Lernbereichen wie Sprache, Mathematik, Musik usw.
- Hat Vertrauen in die eigenen künstlerischen Fähigkeiten
- Hat eine Wertschätzung für die eigene Arbeit
- Zeigt eine Wertschätzung für die Arbeit anderer
- Hilft anderen
- Ist fähig, Kritik zu akzeptieren
- Kann zuhören

Methoden der Bewertung

Noten werden zweimal im Jahr gegeben. Aber es wäre nun falsch, nur zu diesen Zeitpunkten Überlegungen über die Bewertung des Fortschritts von Schülerinnen und Schüler anzustellen. Vielmehr sollten Sie sich kontinuierlich Aufzeichnungen über die künstlerisch-ästhetische Entwicklung von Schülerinnen und Schülern machen. Damit erreichen Sie nicht nur ein Mitfühlen und Mitdenken mit den Schülerinnen und Schülern, sondern – was vielleicht noch wichtiger ist – Sie werden auch gezwungen, über Ihre eigenen Leistungen und Fortschritte kontinuierlich zu reflektieren. Auch hier bieten sich wieder unterschiedliche Methoden an, ohne daß ich eine Empfehlung für die eine oder andere geben möchte. Jede Kunsterzieherin und jeder Kunsterzieher muß ausprobieren, was ihr bzw. ihm am besten liegt. Wichtig ist, sich nicht in ein System zu sperren und zu dessen Sklaven zu machen. Im Zweifel gilt, was auch für die anderen vorstehenden Bewertungskataloge der Fall ist: Sie sollten die Methoden miteinander mischen, mal mehr Gewicht auf die eine, mal mehr auf die andere legen; dann haben Sie am ehesten Aussicht, zu einer angemessenen Bewertung zu kommen.

Die Methode der Checklist

Man kann die Sammlung der Daten für eine Bewertung der Leistungen und der Fortschritte von Schülerinnen und Schülern in einer Checklist erfassen. Dies ist natürlich ein etwas formales Verfahren, das Sie in der Regel durch die noch vorzustellende *anektodische Methode* ergänzen sollten. Die größte Schwierigkeit besteht darin, die relevanten Faktoren zu einer zufriedenstellenden Checklist zusammenzustellen. Das sollten Sie am besten für Ihre eigenen Zwecke selber tun. Eine solche Checklist muß maßgeschneidert sein; jede von einem anderen übernommene Checklist paßt einem wie ein schlecht geschneidertes Kleid oder Anzug. Bei der Erstellung der Checklist sollten Sie sich Ihrer Bewertungskriterien bewußt werden, die zugleich die Ziele Ihres Unterrichtens widerspiegeln. Wenn man, wie vorstehend dargetan, künstlerisch-ästhetischen Ausdruck und Verhalten als die entscheidenden Kriterien zugrundelegt, müßte man eine Checklist für diese beiden Bereiche entwerfen. Ich tue dies nachstehend beispielhaft für den Bereich „künstlerisch-ästhetischer Ausdruck“, wobei ich erneut daran erinnere, daß die nachfolgende Checklist eher eine Anregung darstellt als einen Katalog, an den Sie sich sklavisch halten sollten.

Checklist zur Erfassung der Daten für die Kategorie „künstlerisch-ästhetischer Ausdruck“

Die Schülerin/der Schüler

- ist in der Lage, eigene Erfahrungen für ihre/seine künstlerisch-ästhetischen Aktivitäten zu benutzen
- zeigt in ihren/seinen Arbeiten einen persönlichen Stil
- berücksichtigt bei ihren/seinen künstlerischen Arbeiten die Möglichkeiten und Grenzen des Materials im Hinblick auf das darzustellende Objekt
- ist in der Lage, Werkzeuge angemessen einzusetzen
- ist fähig, Linie, Form, Farbe, Struktur, Raum angemessen zu benutzen
- zeigt Flexibilität in der Gestaltung
- zeigt eine künstlerisch-ästhetische Entwicklung über einen gewissen Zeitraum
- ist in der Lage, sich auf neue Situtionen in der künstlerisch-ästhetischen Arbeit einzustellen
- kann einen Bezug herstellen
  – von der künstlerisch-ästhetischen Arbeit zu anderen schulischen Lernerfahrungen
  – von anderen schulischen Lernerfahrungen zur künstlerisch-ästhetischen Arbeit.

Die anektodische Methode

Die Erfassung der Daten für die Bewertung mittels einer Checklist zwingt zweifellos zu einer gewissen emotionslosen Einstellung. Darin liegt ihre Stärke – und zugleich ihre Schwäche. Mit der anektodischen Methode läßt sich die etwas blutleere Checklist-Methode mit Leben erfüllen. Die anektodische Methode beruht auf der Grunderfahrung, daß der Mensch nicht in erster Linie in Kategorien

Datum	*Ereignis*	*Kommentar*
28. 10.	Tillie erzählt, daß sie mit ihren Eltern im Museum gewesen sei und dort das Bild eines Mannes gesehen habe, der schrecklich ausgesehen habe und vor dem sie sich gefürchtet habe.	Tillie berichtet zum ersten Mal von einer künstlerischen Erfahrung außerhalb der Schule.
14. 2.	Wollte an der Staffelei arbeiten, hatte aber Angst, schmutzig zu werden.	Ich gab ihr ein altes Hemd zum Überziehen. Sie malte eine halbe Stunde auf blauem Papier mit weißer Farbe drei Schneemänner. Sie war zufrieden und ausgeglichen.
21. 2.	Wir arbeiten zum ersten Mal mit Ton. Tillie arbeitete etwa 10 Minuten. Sie machte ein Baby in seinem Bett. Auf Nachfrage: Das sei sie selbst. Wollte nicht weitermachen.	Schien mit ihrer Arbeit zufrieden. Offensichtlich wollte sie sich nicht schmutzig machen, beteiligte sich auch nicht an den Reinigungsarbeiten am Schluß.

denkt und aus ihnen seine Urteile bezieht und demgemäß letztlich auch nicht nach diesen Kriterien beurteilt werden kann, sondern sich die Einschätzung von Personen und deren Verhalten an einzelnen Geschehnissen, kleinen Ereignissen, charakteristischen Episoden, Anekdoten festmachen läßt. Bei dieser Methode notieren Sie sich also einzelne Ereignisse, anhand derer Sie das Kind besser kennenlernen als mit dem etwas buchhalterischen Erfassen einzelner Faktoren mittels der Checklist-Methode. Ich wähle ein Beispiel aus meiner eigenen Kladde. Die Aufzeichnungen betreffen *Tillie,* eine Schülerin in der 1. Klasse (siehe Kasten S. 118).

Solche eher anektodische Beobachtungen, die sich einer strikten Einordnung bewußt entziehen, können auch zu mehr bewertenden generalisierenden Einschätzungen überleiten. Auch hierfür möchte ich aus meinen Aufzeichnungen einige Beispiele zitieren.

Maryam (1. Klasse, 7;1)
Maryam benutzt eine Vielfalt persönlicher Erfahrungen in ihren Bildern, sie versucht zunehmend, Symbole für Häuser zu entwickeln. Seltsam ist jedoch, wie sich ihre Arbeit in den letzten beiden Wochen verschlechterte. Gibt es (wiedermal) Schwierigkeiten mit ihrem Vater? Sie arbeitet aber dennoch (mit einer gewissen Verzweiflung, wie es scheint) intensiv mit und fügt sich auch gut in die Gruppe ein

Marc (3. Klasse, 9;3)
Bei Marc zeigt sich immer wieder, daß er ein sensibler Junge ist. Seine Arbeiten reflektieren in einem ganz greifbaren Sinne seine Gefühle. Bei dem Wandbild hat er sich nur wenig beteiligt; vielleicht spielt dabei sein altes Unterlegensheitsgefühl gegenüber Peter mit, der wieder das „Kommando" übernommen hatte. Beim Puppenspiel machte er dagegen um so intensiver mit. Beim Musikmalen zeigte er sich sehr bewegt durch den langsamen Satz in Mendelssohns „Italienischer Sinfonie".

Nicole (4. Klasse, 11;1)
Nicole ist weiterhin recht unbekümmert und schlampig. Ihr Farbkasten ist verschmutzt, die Pinsel sind nicht ausgewaschen. Bei unserem Puppenspiel erwies sie sich als eine gute Organisatorin. Sie zeigt eine eindeutige Präferenz für Plastiken gegenüber Malen und Zeichnen. Ihre letzte Ton-Skulptur war wirklich ausgesprochen ausdrucksstark. Sie mag gerne neue Materialien ausprobieren. Letzte Woche brachte sie Holz mit, um daraus einen Kopf zu schnitzen.

Aktivitäten für die Leserin und den Leser

1. Studieren Sie über einen Zeitraum von vier Wochen die künstlerischen Arbeiten von zehn Kindern; schreiben Sie einen Bericht von etwa je einer Seite über die Entwicklung und besonderen Charakteristiken jedes einzelnen Kindes.

2. Unterhalten Sie sich ausführlich mit den Kindern darüber, wie sie selbst ihre Arbeiten und einen eventuellen Fortschritt einschätzen und wie sie Ihre Bewertung beurteilen.

3. Verteilen Sie die gleichen Arbeiten von Schülerinnen und Schülern an verschiedene Kunsterzieherinnen und Kunsterzieher zur Benotung. Bitten Sie Ihre Kolleginnen und Kollegen um eine möglichst detaillierte Begründung. Vergleichen Sie die Beurteilungen. Halten Sie mit Ihren Kolleginnen und Kollegen Rücksprache, um zu erfahren, was diese von den abweichenden Beurteilungen halten und ob sie Veranlassung sehen, ihre eigenen Benotungen zu revidieren.

Kapitel 16

Das Ausstellen von Schülerinnen- und Schülerarbeiten

Der Kunstunterricht ist nicht mit der Vollendung der Gestaltung künstlerisch-ästhetischer Arbeiten beendet. Seine wirkliche Vollendung findet er in der Ausstellung dieser Arbeiten. Die Kinder haben ihre Freude beim Arbeitsprozeß gehabt, sie sollen ihre Freude auch über ihre Arbeitsprodukte haben. Kinder möchten mit anderen ihre Freude über ihre Arbeit teilen. Kunst ist nahezu das einzige Fach, bei dem aus der Unterrichtsarbeit sichtbare Ergebnisse der Schul- oder weiteren Öffentlichkeit präsentiert werden können. Hiervon sollten Sie als Kunsterzieherin und Kunsterzieher auch Gebrauch machen. Deshalb befasse ich mich mit der in der Literatur eher vernachlässigten Frage der Ausstellung von Schülerinnen- und Schülerarbeiten.[1]

Warum stellen wir Arbeiten aus dem Kunstunterricht aus?

Vielleicht der wichtigste Grund, Arbeiten aus dem Kunstunterricht auszustellen, besteht einfach darin, daß die Ergebnisse der künstlerisch-ästhetischen Aktivitäten von Kindern, schon aus ästhetischen Gründen, wert sind, zur Kenntnis genommen und betrachtet zu werden, auch von der Schulöffentlichkeit oder einer weiteren Öffentlichkeit. Künstlerische Arbeiten von Kindern sind so attraktiv, daß sie nicht in Mappen oder Schränken verborgen gehalten werden sollten, sondern zur Freude anderer Menschen gezeigt werden sollten.

Ausstellungen von Schülerinnen- und Schülerarbeiten bringen in die Schule eine ästhetische Komponente ein, die die gesamte Atmosphäre der Schule beeinflussen, verändern, verbessern kann. Ein künstlerisches oder ästhetisches Produkt ist kein Zufallsereignis; es ist vielmehr das Ergebnis der Auseinandersetzung eines Menschen mit sich und seinen Erfahrungen. Kinder zeigen mit ihren künstlerischen Arbeiten ein Teil ihres Selbst, und dies sollte mit Respekt und Sympathie betrachtet werden. Künstlerisch-ästhetische Arbeiten von Kindern stellen wie alle Kunst das Angebot zur Kommunikation dar — und davon sollten wir Gebrauch machen.

Die Ausstellung ihrer Arbeiten kann bei Kindern zu einer erhöhten Identifikation mit der Schule führen. Wenn Kinder ihre Arbeiten inmitten der Arbeiten ihrer Mitschülerinnen und Mitschüler sehen, kann dies zum einen das Selbstwertgefühl, zum anderen das Gefühl der Gruppenzugehörigkeit erhöhen, was sich wiederum hinsichtlich ihres Engagements für das Lernen und

[1] Vgl. ergänzend — nicht bezogen auf den Grundschulbereich — *Axel von Criegern:* Die Schulausstellung als ästhetischer Lernort. In: Kunst+Unterricht 52/1978, 42–46.

die Schule auswirken kann. Das Ausstellen von Arbeiten aus dem Kunstunterricht wendet sich räumlich gesehen an drei Bereiche: das Klassenzimmer, die Schule und die Gemeinde/den Stadtteil. Zu allen drei und zwischen allen drei können hierdurch Verbindungen geschaffen werden. Im Klassenzimmer oder im Kunstraum hat das Ausstellen von künstlerisch-ästhetischen Arbeiten einen engen Bezug zum Unterricht. In der Schule kann das Ausstellen dazu dienen, die ganze Schule mit der Arbeit des Kunstunterrichts vertraut zu machen. Ausstellungen von Schülerinnen- und Schülerarbeiten, die der weiteren Öffentlichkeit offenstehen, können ein Bindeglied zwischen der Schule und der Gemeinde/Stadtteil bilden. Dabei reicht es nicht aus, als attraktiv angesehene Endprodukte gefällig zu präsentieren. Viel wichtiger ist es, die Einbettung der Arbeiten in die Intentionen des Kunstunterrichts und den Prozeß der bildnerischen Auseinandersetzung zu vermitteln. Sorgfalt sollte auch auf die Beschriftung und Führungen verwendet werden, weil durch sie Intentionen transportiert werden können, die dem mit dem Kunstunterricht nicht Vertrauten nicht ohne weiteres zugänglich sind.

Was sollten Sie bei der Auswahl von Arbeiten beachten?

Eine wichtige Frage, die Sie sich stellen sollten, ist die nach den Kriterien der Auswahl der zu zeigenden Arbeiten. Es gibt hier eine pädagogische und eine ästhetische Komponente. Auch wenn sich Kinder für die Arbeit ihrer Mitschülerinnen und Mitschüler interessieren, so sind sie natürlich in erster Linie darauf aus, daß ihre eigenen Arbeiten gezeigt werden. Dies bedeutet, daß möglichst jede Schülerin und jeder Schüler im Verlaufe des Schuljahrs in wechselnden Ausstellungen mit Arbeiten zum Zuge kommen sollte.
Mit zunehmender Reife entwickeln Kinder die Fähigkeit, ihre eigenen Ar-

beiten und deren Qualität angemessener einzuschätzen. In der Regel können die Kinder in den höheren Klassen der Grundschule Auskunft darüber geben, ob sie es mit der Arbeit leicht genommen haben oder ob sie versucht haben, ihr Bestes zu geben. Sie können auch beurteilen, ob das Arbeitsergebnis ihren künstlerisch-ästhetischen Anstrengungen entspricht. Die Intensität des Wunsches, etwas auszudrükken, korrespondiert nicht immer mit der Qualität der Arbeit. Wenn Kinder erkennen, daß ihr Endprodukt nicht zufriedenstellend ist, würde sie das Ausstellen einer solchen Arbeit wahrscheinlich nur in Verlegenheit bringen.
Die Entscheidung darüber, welche Arbeiten einer einzelnen Schülerin und eines einzelnen Schülers für eine Ausstellung ausgewählt werden, ist immer schwierig. Sie setzt eine intime Kenntnis des jeweiligen Kindes voraus und ein Wissen von dessen Potential, Problemen, Stärken und Schwächen, keineswegs nur bildnerischer sondern auch höchstpersönlicher Art.
Eine generelle Qualitätseinschätzung, unabhängig von den individuellen Gegebenheiten kann also nicht das maßgebende Auswahlkriterium bilden. Sonst bestünde die Gefahr, daß angeblich künstlerisch begabte Kinder mit ihren Arbeiten überproportional zum Zuge kämen. Die Qualität bemißt sich vielmehr bei jedem Kind unterschiedlich. Entscheidend ist dabei, daß das jeweilige Kind im Rahmen seiner Möglichkeiten sein Bestes gegeben hat.
In der Regel werden Arbeiten ausgestellt, die als gelungen gelten. Darin kann ein Nachteil liegen, weil hierdurch der Eindruck der Überschätzung der Bedeutung des Endprodukts und der Unterschätzung der Bedeutung des Prozesses hervorgerufen werden kann. Es wäre oft viel aussagekräftiger und in pädagogischer und didaktischer Hinsicht nützlicher, durch die Ausstellung entsprechender Arbeiten den Fortschritt in der Handhabung eines Mediums oder in dem Sammeln von künstlerisch-ästhetischer Erfahrung deutlich zu machen. Dabei können Sie natürlich nur Einblicke geben und Ausschnitte zeigen, da immer nur einige Arbeiten von je einem Kind aufbewahrt und ausgestellt werden können.
Welche Rolle sollte bei der Auswahl der Mitsprache der Kinder zukommen? Dies ist eine schwierige Frage. Es ist offensichtlich, daß es wünschenswert ist, daß die Kinder bei der Auswahl beteiligt werden. Als Kunsterzieherin und Kunsterzieher sind Sie aber immer im Zwiespalt zwischen der ästhetisch-künstlerischen Qualität „ohne Ansehung der Person“ einerseits und der Berücksichtigung der je individuellen Entwicklung des Kindes andererseits. Für die Entscheidung zwischen diesen beiden Faktoren können allgemeine Regeln nicht aufgestellt werden. Im Zweifel werden Sie sich mal mehr für den einen, mal mehr für den anderen Gesichtspunkt entscheiden. Wichtig erscheint allemal, daß die Entscheidung auch Gespräche mit den jeweils betroffenen Kindern berücksichtigen. Kinder sollten nie übergangen werden und sich nicht übergangen fühlen.

Was sollten Sie bei der Ausstellung von Arbeiten sonst beachten?

Künstlerisch-ästhetische Arbeiten kommen kaum angemessen zur Geltung, wenn sie am Pinnbrett oder an irgendeiner Wand mit einem Reißnagel befestigt werden. Die Arbeiten der Kinder sind ernst zu nehmen und sollten deshalb ordentlich gerahmt werden; Wechselrahmen sind heute preiswert und überstrapazieren kaum den Schuletat oder, bei einer Elternspende, die Geldbeutel der Eltern. Es gibt einige andere Punkte, die Sie beachten sollten. Emfehlenswert sind Stellwände, die – vor allem außerhalb des Klassenzimmers – die Zusammenstellung kleinerer Ausstellungen möglich machen. Bei Ausstellungen außerhalb des Klassenzimmers sollten knappe Erläuterungen in schriftlicher Form über die Intentionen der Arbeiten, Jahrgangsstufe usw. angebracht werden.

Daß Schulen einen galerieartigen Raum haben, ist nicht die Regel. Also muß man bei der Hängung außerhalb des Klassenzimmers auf andere Räume zurückgreifen. Da bleiben die Flure, das Lehrerzimmer, die Eingangshalle. Sie eignen sich meist nicht in idealer Weise zur Ausstellung von Bildern. Zumal auf Fluren sind die Lichtverhältnisse oft ungünstig, so daß man in jedem Falle entsprechende Lichtquellen installieren sollte. Bei der Hängung der Bilder sollte man darauf achten, daß diese nicht „kunterbunt" durcheinander hängen, sondern nach Themen, Techniken, Entwicklungssequenzen usw. zusammengestellt werden.

Aktivitäten für die Leserin und den Leser

1. Beschreiben Sie unterschiedliche Kriterien für die Auswahl von Kinderarbeiten, die Sie bei Kunsterzieherinnen und Kunsterziehern beobachtet haben oder die Sie sich vorstellen können. Versuchen Sie jedes Kriterium nach seinen erzieherischen Wirkungen auf die betroffenen Kinder zu bewerten.

2. Untersuchen und vergleichen Sie die Ausstellungstechniken in verschiedenen Klassenzimmern oder anderen Schulräumlichkeiten.

3. Entwickeln Sie Ideen zu und experimentieren Sie mit Rahmungs- und Hängetechniken

4. Überlegen Sie sich, wie man aus den Arbeiten einer Kunststunde (oder der Produktion aus mehreren Stunden) eine kleine Ausstellung arrangieren könnte.

5. Überlegen Sie sich für den nächsten Elternabend, wie Sie anhand der Arbeiten aus den letzten drei Monaten eine kleine Ausstellung arrangieren können, die über Intentionen und Art Ihres Kunstunterrichts Aufschluß gibt.

6. Sie veranstalten eine Schulausstellung mit Kinderarbeiten: Welche schriftlichen Hinweise sollten bei den Bildern angebracht werden, worüber sollten Sie informieren?

Kapitel 17

Anregungsblätter für künstlerische Techniken

Die folgenden Blätter wollen Anregungen für die Praxis des Kunstunterrichts in der Grundschule geben. Sie können die Fülle der Techniken auch nicht annähernd aufzeigen, geschweige denn erschöpfen. So wollen die folgenden Seiten einige Beispiele von Techniken geben, die sich besonders für die Grundschule eignen. Ergänzend verweise ich auf meine seit 1992 in GRUNDSCHULE, PRAXIS GRUNDSCHULE und anderen grundschulpädagogischen Zeitschriften erscheinenden Beiträge zur Praxis des Kunstunterrichts in der Grundschule. In den den Anregungsblättern vorangestellten Textbeiträgen finden sich didaktische Hinweise. Die Anregungen betreffen folgende Techniken:

- Zufallsverfahren
- Collage
- Wachsstift-Malerei
- Monotypie und Frottage
- Puppen

Zufallsverfahren

Das Fach Kunst wird oft mit dem Vermitteln von künstlerischen Techniken gleichgesetzt. Das Wort Technik wird wiederum mit einer bestimmten Fertigkeit assoziiert, die man sich durch Analyse und Üben aneignen muß. Kunstunterricht ist aber alles andere als die pure Aneigung technischer Fertigkeiten. Kunstunterricht kann sich auch des Zufalls bedienen – so wie auch die Kunst oft genug ein Bündnis mit dem Zufall eingeht. Man spricht hier auch von *aleatorischen Verfahren.*

Das Spiel mit den Wolken

Jeder von uns hat es schon an sich selbst erlebt: Man sieht in die Wolken und erblickt in ihnen wunderliche Gestalten, die sich ständig verändern. Bei *Shakespeare* kann man nachlesen, was da passiert:

Oft sehn wir eine Wolke drachenhaft,
oft Dunstgestalten gleich dem Leu, dem Bär,
der hochgetürmten Burg, dem Felsenhang,
gezackter Klipp' und blauem Vorgebirg'
mit Bäumen drauf, die nicken auf die Welt,
mit Luft die Augen täuschend...
Was jetzt ein Pferd noch war, im nächsten Nu
verschwimmt's der Wolkenzug, unkenntlich wird's.

Diese Alltagserfahrung mit dem Heraus- und Hineinsehen, ganz wie man will, kann man an vielfältigen Objekten machen: an alten abgerissenen Tapeten, an Wänden mit abblätternder Farbe, an Holzmaserungen, an Klecksen, an Sträuchern und Bäumen im Nebel, an Felsmassiven und an vielen anderen Formen, die in uns die Phantasie wachrufen, uns entdecken, finden und erfinden lassen, die wir ausdeuten, umdeuten, ihnen einen neuen Inhalt verleihen können, die uns zu veranlassen, zu *assoziieren.*

Das Spiel mit dem Zufall in der Kunst

Dieses Heraus- oder Hineinsehen hat *Leonardo da Vinci* in seinem berühmten *Traktat über die Malerei* als wichtigen Einstieg in die Malerei empfohlen. Es sei, so sagt er, nützlich, *"manchmal stehenzubleiben und auf die Mauerflecken hinzusehen oder in die Asche im Feuer, in die Wolken oder in Schlamm und auf andere solche Stellen. Du wirst, wenn du sie recht betrachtest, sehr wundersame Erfindungen in ihnen entdecken.*" Diese Empfehlung *Leonardos* hat in der Kunstgeschichte eine große Wirkung entfaltet. Immer wieder haben sich Künstler auf sie besonnen. Der englische Maler *Alexander Cozens* etwa empfiehlt das *Klecksen* mit der Begründung: *"Klecksen ist die Schaffung von Zufallsgebilden, die in unserem Geiste Ideen anregen.*" Der große Romancier *Victor Hugo,* der sich auch als bildender Künstler betätigte, erzählt, wie er sich durch Felsen am Meer anregen ließ: *"In jedem Augenblick versucht der Fels Dich zu täuschen... Enorme steinerne Kröten sitzen da, augenscheinlich aus dem Wasser gekrochen, um zu atmen; riesige Nonnen hasten vorüber, über den Horizont gebeugt; die versteinerten Falten ihrer Schleier haben die Form des Windes; Könige mit vulkanischen Kronen sitzen sinnend auf schweren Thronen... Nur die Felsen können ihre Form noch so wie Wolken verändern.*" In unserem Jahrhundert hat der Surrealist *Max Ernst* in der Schilderung seiner

Erfindung der *Frottage* von den sich dabei ergebenden Bildern berichtet:

"Da taten sich vor meinen Augen auf: menschliche Köpfe, Tiere, eine Schlacht,..Felsen, das Meer und Regen,...ein Gewebe aus Eisblumen, die Pampas, Peitschenhiebe und Lavafäden,... Überschwemmungen."

Didaktische Implikationen

Die Besinnung auf das von diesen und anderen Künstlern empfohlene Zufallsprinzip bietet fruchtbare Anregungen für den Kunstunterricht in der Grundschule. Durch dieses Verfahren wird eine Reihe von *Eigenschaften* gefördert: Offenheit, Neugierde, Achten auf die Möglichkeiten des Zufalls, Bereitschaft zu Unbekanntem, Fähigkeit zum Finden und Erfinden (oft auch Innovationsfähigkeit genannt), Fähigkeit zur Improvisation, Assoziationsfähigkeit, Flexibilität, Frustrationstoleranz, die Fähigkeit, Ungenaues und Unbestimmtes auszuhalten, Produktion eigener Ideen und Bildideen, Umgestaltungsfähigkeit. Auf zwei dieser Fähigkeiten möchte ich näher eingehen: die Assoziationsfähigkeit und die Umgestaltungsfähigkeit.

Assoziationsfähigkeit und Umgestaltungsfähigkeit

Unter dem aus der Kreativitätsforschung stammenden Begriff der *Assoziationsfähigkeit* verstehen wir die Fähigkeit, in kurzer Zeit möglichst viele Ideen zu produzieren. In unterrichtsmethodischer Hinsicht gilt es zu berücksichtigen, daß eine solche Steigerung der Vielfalt von Assoziationen nur erreicht werden kann, wenn ausreichend Zeit und Material zur Verfügung stehen und wenn vor allem kein Zwang zu „fertigen" Lösungen ausgeübt wird. Einen wichtigen Stellenwert nimmt hierbei der Gruppenprozeß ein. Die Unterrichtserfahrung zeigt, daß die Zufallsverfahren nicht nur zu einem Dialog zwischen dem Bild und der individuellen Schülerin und Schüler führt, sondern daß der Ideenaustausch auch unter den Schülerinnen und Schülern sowie zwischen diesen und der Lehrerin oder dem Lehrer stimuliert wird.

Diese Beobachtung stimmt überein mit der Kreativitätsforschung, nach der die Gruppenmitglieder als zusätzliche Stimuli bei der Steigerung der verschiedenen Kreativitätsfaktoren auf den einzelnen wirken. Wer erfahren hat, mit wieviel Ideen und Vorschlägen Schülerinnen und Schüler aufwarten, wenn es an das Hineinsehen in eine Tafelschmiererei oder in eine mit Kohle beschmierte Rauhfasertapete geht (beide Verfahren benutze ich gerne als Einführung in die Zufallstechniken), der weiß, daß man sich vor der Vielfalt der Ideen kaum retten kann, die aus dem Wettstreit um das Heraussehen von möglichst vielen und phantasiereichen Bildern entsteht.

Ein weiterer wichtiger Faktor bei den Zufallstechniken ist ferner die *Umgestaltungsfähigkeit,* ein Begriff, der ebenfalls aus der Kreativitätsforschung stammt und unter dem man die Fähigkeit versteht, Gegenstände und Materialien umzugestalten und sie so neu zu sehen. Diese Fähigkeit ist besonders dann gefordert, wenn es um das unterschiedliche Weiter- und Umgestalten der in den graphischen Spuren gesehenen Bilder geht.

Das Blasbild

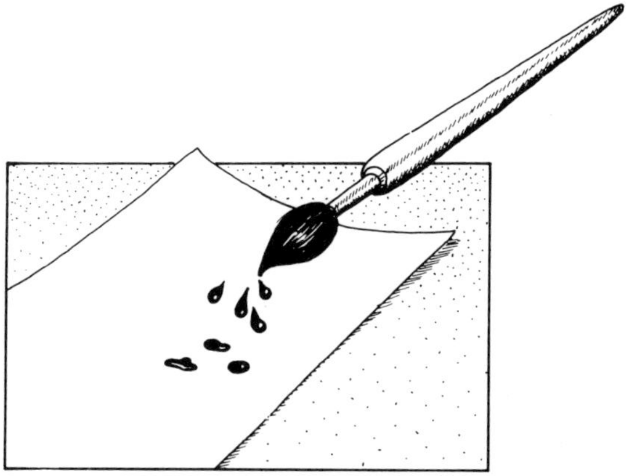

Dieses Material brauchst du:

Papier DIN A4 oder A3
Tusche oder Deckfarbe
Pinsel
Strohhalm
Wasser
Filzstifte

Und so wird's gemacht:

Tropfe Tusche oder Farbe auf das Papier. Verblase den Fleck mit einem Strohhalm, den du ganz nahe an den Fleck hältst (beim Blasen ohne Strohhalm kannst du nicht so genau kontrollieren, wohin die Farbe läuft). Du kannst diesen Vorgang mit derselben oder auch mit einer anderen Farbe wiederholen.

Meistens ist das verblasene Bild schon schön genug. Wenn du willst, kannst du aber mit Filzstiften Linien verstärken oder hinzufügen – vielleicht eine Gestalt, die du in dem verblasenen Flecken siehst, deutlicher machen.

Variante: Wenn du zwei oder drei Primärfarben (Blau, Rot, Gelb) verwendest, ergeben sich durch Vermischen und Verblasen Sekundärfarben (Grün, Violett, Orange).

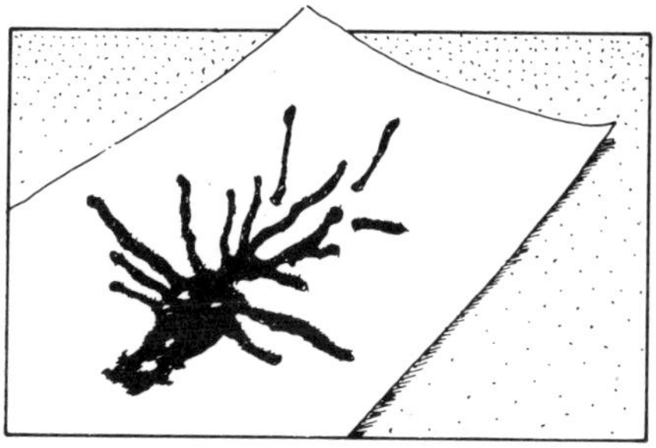

Das Fadenbild

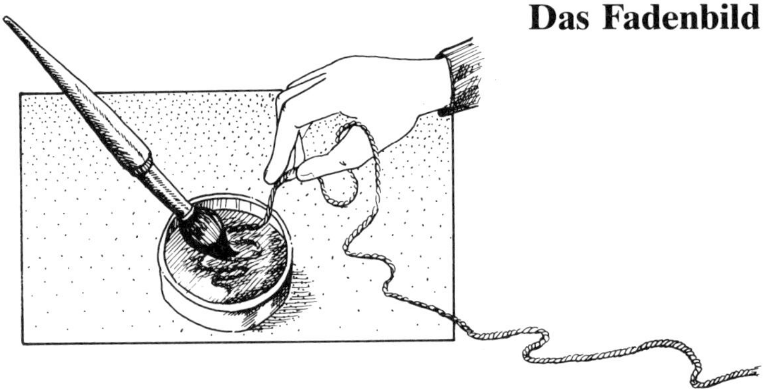

Dieses Material brauchst du:

Papier DIN A4
Bindfaden
Deckfarbe
Pinsel
Wasser
Filzstifte

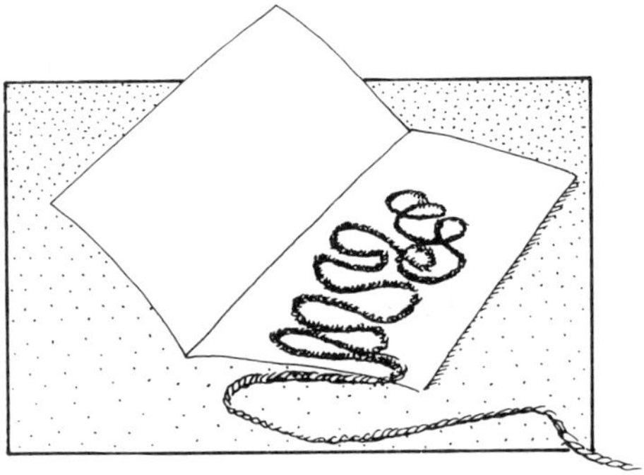

Und so wird's gemacht:

Falte das Papier in der Mitte. Tauche den Faden in die feuchte Farbe ein und tränke ihn so gut mit Farbe. Lege den farbgetränkten Bindfaden auf die eine Seite des Papiers und klappe sie mit der anderen Seite zu. Achte darauf, dass das Fadenende oben heraussieht. Lege auf das zugeklappte Papier ein Buch. Ziehe den Faden ruckartig heraus, indem du ihn in alle Richtungen ziehst, damit er so zwischen dem zusammengeklappten Papier eine Schlangenlinie bildet. Öffne dann das Papier und sieh dir das symmetrische Gebilde auf dem auseinander geklappten Papier an. Wiederhole den Vorgang mit anderen Farben.
Wenn du willst, kannst du das entstandene Gebilde durch Filzstift ergänzen.

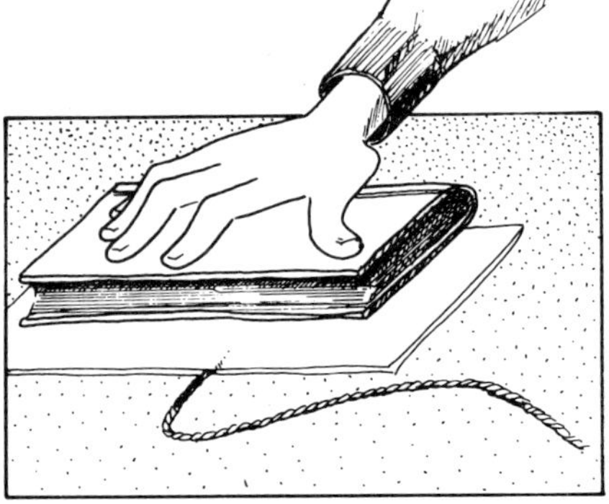

Tropfenmalerei

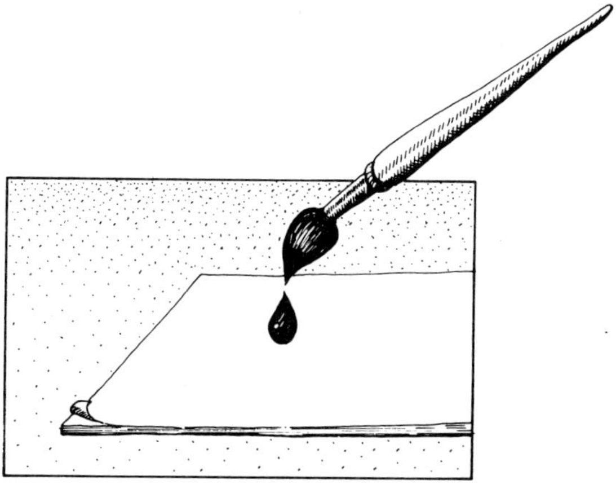

Dieses Material brauchst du:

Papier DIN A4 oder A3
Farbe oder Tusche
Pinsel

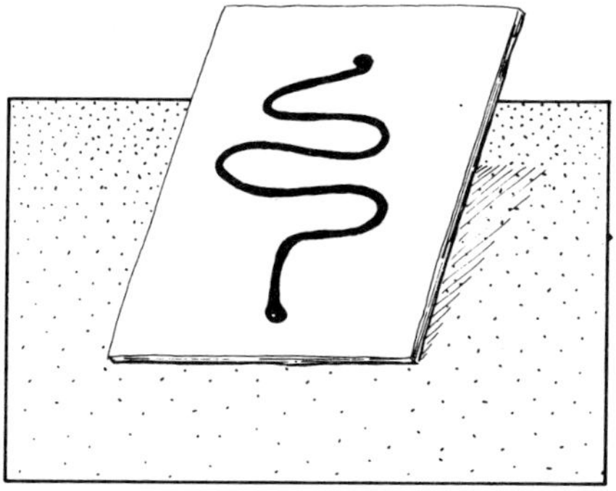

Und so wird's gemacht:

Nimm einen Pinsel voll Farbe oder Tusche und tropfe einen Tropfen Farbe auf das Papier, indem du den Pinsel zwischen Daumen und Zeigefinger ausdrückst.
Halte das Papier schief und drehe es und lasse den Tropfen so herumlaufen, dass er ein Muster bildet (z. B. Kreis, Spirale usw.). Wenn du willst, kannst du dieses Gebilde auch weitermalen.

Die Nudelholz-Technik

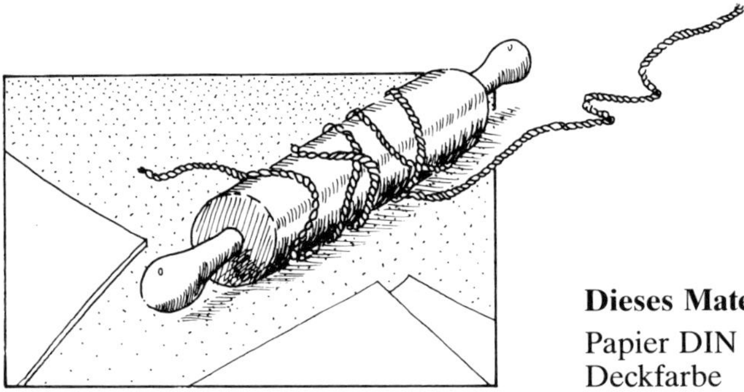

Dieses Material brauchst du:

Papier DIN A3
Deckfarbe
Glas- oder Kunststoffplatte
Nudelholz
dicke Schnur (Kordel)
Pinsel
Wasser

Und so wird's gemacht:

Wickle die Schnur unregelmäßig um das Nudelholz. Trage Farbe dick auf die Platte auf.
Rolle mit der schnurumwickelten Nudelrolle über die Platte, damit die Schnur gut mit Farbe getränkt wird.
Rolle dann die Nudelrolle auf das Papier. Es ergeben sich verschiedenartige Linienmuster.

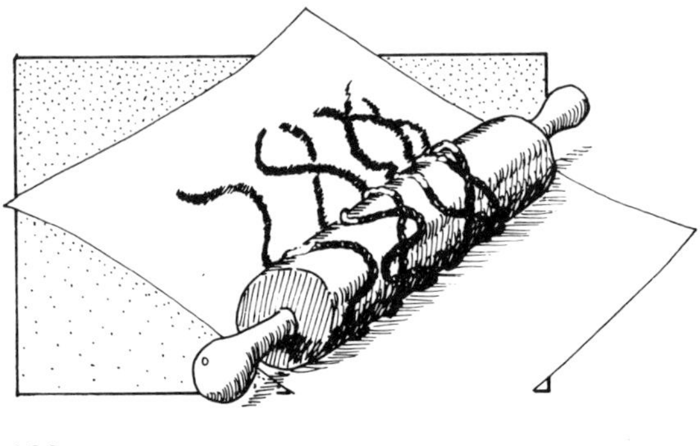

Naß in Naß

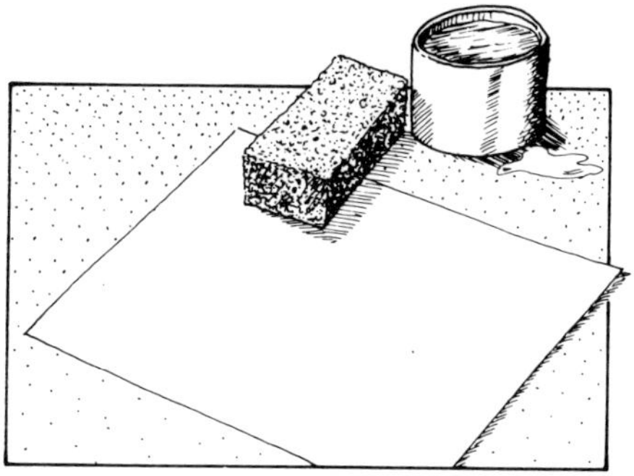

Dieses Material brauchst du:

Papier DIN A4 oder A3
Deckfarbe
Schwamm
Pinsel
Zeitungspapier
Wasser
Filzstifte

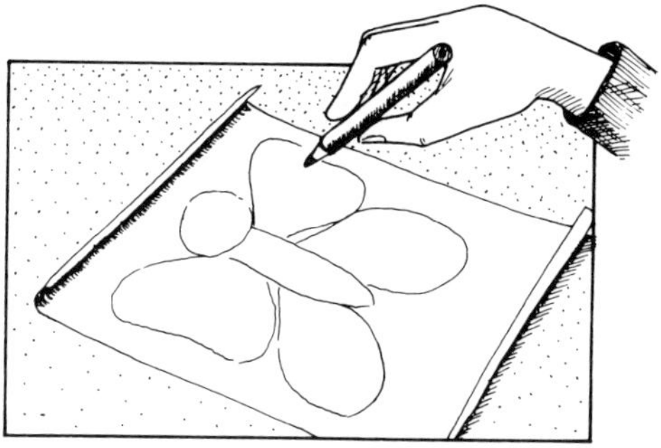

Und so wird's gemacht:

Feuchte das Papier, das du auf Zeitungspapier legst, mit einem Schwamm an.
Stelle dir ungefähr vor, welches Bild du malen möchtest. Du kannst dir auch schon die Umrisse eines Bildes einzeichnen.
Setze dann mit dem Pinsel verschiedene Farben auf das feuchte Papier. Durch das Verlaufen der Farben entstehen oft Formen, wie du sie eigentlich gar nicht haben wolltest; diese Überraschungsformen sind aber besonders schön.
Wenn die Farben getrocknet sind, kannst du mit den Filzstiften Ergänzungen, Verdeutlichungen usw. anbringen.

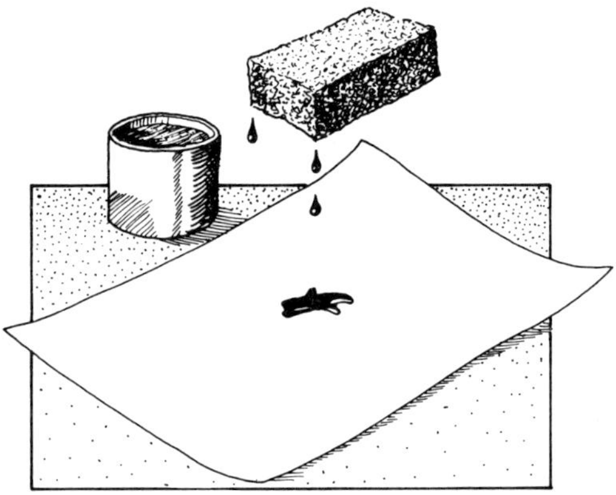

Nasse Tuschetropfen

Dieses Material brauchst du:

Papier DIN A4 oder A3
Schwamm
Wasser
Tusche
Filzstifte

Und so wird's gemacht:

Befeuchte mit dem Schwamm das Papier.
Lasse die Tuschtropfen auf das feuchte Papier fallen. Du siehst, wie sofort aus den Tropfen Blumen aufblühen, Bäume wachsen, Ungeheuer entstehen usw.
Wenn du willst, kannst du diese Gebilde ergänzen, z. B. einen Stängel zu einer Blume beifügen.
Wenn du erste Erfahrungen mit dieser Technik gemacht hast, kannst du geplanter vorgehen, indem du manche Stellen nasser machst (dort verläuft die Tusche/Farbe stärker und bedeckt eine größere Fläche) oder weniger nass (dort „blüht" der Fleck nicht so stark aus).

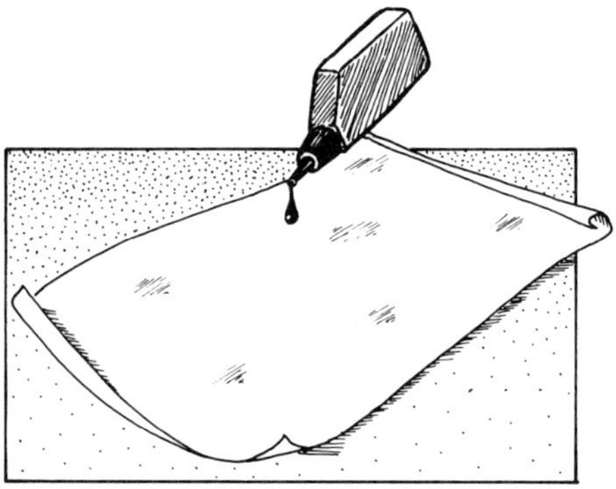

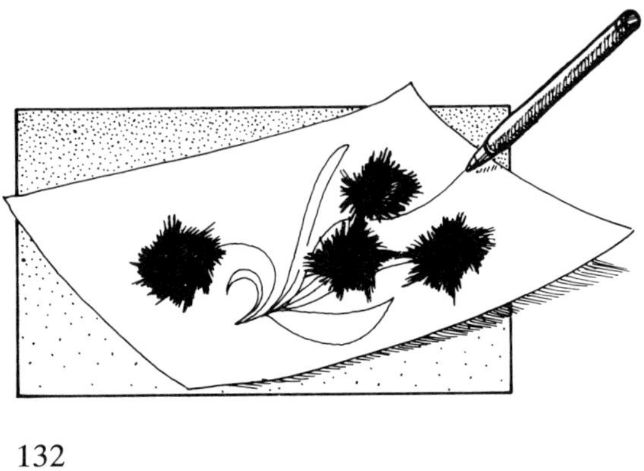

Zerknülltes Papier

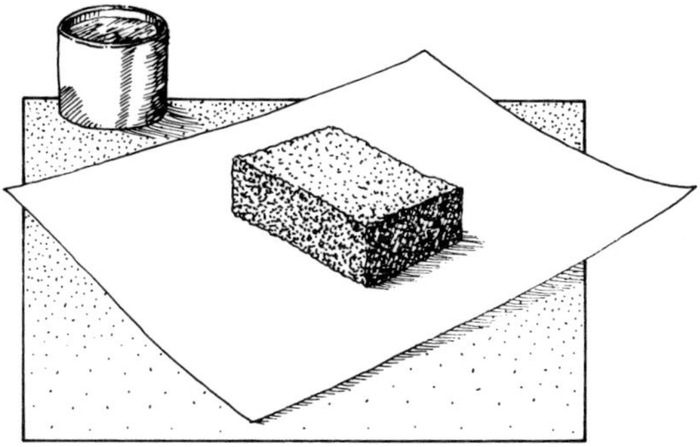

Dieses Material brauchst du:

Saugfähiges Papier
Schwamm
Wasser
Deckfarben
Pinsel

Und so wird's gemacht:

Befeuchte das gesamte Papier vorsichtig mit einem feuchten Schwamm.
Bedecke das feuchte Papier zügig mittels des Pinsels mit Deckfarben, am besten Primärfarben (Rot, Blau, Gelb), dann siehst du das Vermischen der Farben und das Entstehen von Sekundärfarben.
Noch während die Farben feucht sind, zerknülle das Papier zu einem Ball.
Öffne den zusammengeknüllten Papierball und breite das Papier zum Trocknen aus.
Das Papier sieht nun wegen der vielen kleinen Linien wie Pergamentpapier aus.

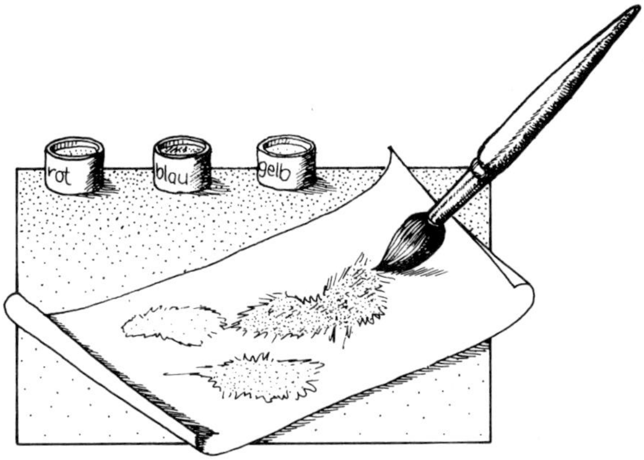

Das Farbquetschbild

Dieses Material brauchst du:

Papier DIN A4
Deckfarbe
Wasser
Pinsel
Zeitungspapier

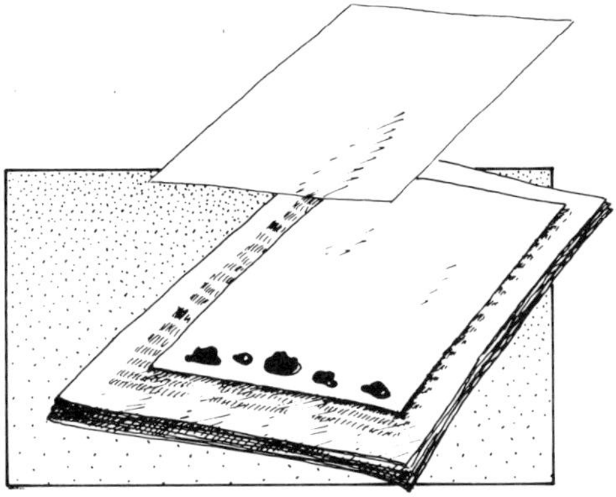

Und so wird's gemacht:

Lege das Papier auf das Zeitungspapier. Trage auf den unteren Rand des Zeichenpapiers mehrere Farbtropfen auf.
Lege sodann einen anderen Bogen Papier mit demselben Format vorsichtig auf das Papier und drücke die Farbe vorsichtig mit der flachen Handkante nach oben. Hebe dann das obere Blatt vorsichtig wieder ab. Du wirst darauf Landschaften oder Gestalten erkennen, die du, wenn du willst, weiter ausmalen kannst.

Gerissene Papierformen

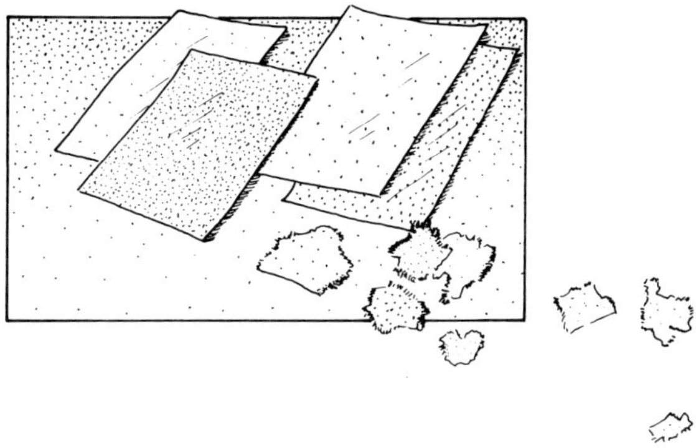

Dieses Material brauchst du:

Verschiedene Sorten farbiger Papiere
weißes Papier DIN A4
Kleber
Filzstifte

Und so wird's gemacht:

Reiße aus den verschiedenfarbigen und verschiedenartigen Papieren verschiedene Formen, die auch „abstrakt“ sein können.
Sieh dir die Formen an. Vielleicht erkennst du etwas in ihnen, wenn du sie z. B. drehst.
Klebe sodann die Form(en) auf das weiße Papier.
Ergänze sie durch andere gerissene Buntpapierformen. Du kannst mit Filzstiften die Formen auch weitermalen.

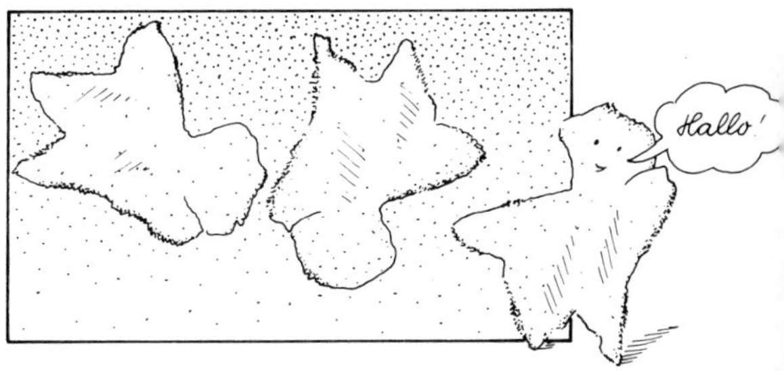

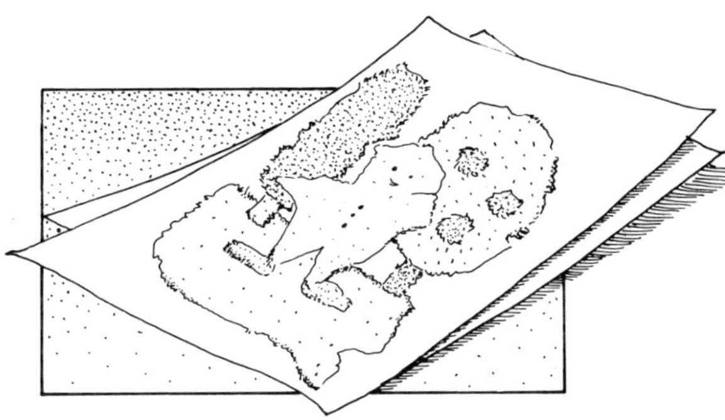

Collage

Collage (frz.) ist in der Kunst die Methode, ein Bild mit auf die Malfläche geklebten Stücken von Papier, Zeitungen, Naturmaterialien, Textilien oder anderen Materialien herzustellen. So oder ähnlich lauten die Definitionen der *Collage* in Lexika. Diese Art von Montage, liest man weiter, ist vor allem von *Georges Braque* und *Pablo Picasso* in die Kunst eingebracht, von vielen Malern des Kubismus, Futurismus und Dadaismus angewendet und inzwischen zu einer gebräuchlichen Technik geworden.
Das Collagieren beginnt mit dem Sammeln. Die von uns vorgeschlagenen Collagen verwenden zum einen Naturmaterialien (Blätter, Gräser, Samen usw.), zum anderen Materialien, die Kinder zu Hause finden (z. B. Restmaterialien aus dem Nähkorb) oder mit denen sie spielen (z. B. Luftschlangen und Konfetti). Sammeln ist nicht das zielstrebige Aussuchen von Materialien, die sich für die Herstellung einer bestimmten inhaltlich fixierten Collage eignen. Sammeln – das heißt vielmehr: noch ganz ohne Ziel und Plan herumstöbern, sich überraschen lassen, entdecken, finden. Und gemeinsam macht dies noch mehr Spaß.

Collagieren heißt Kombinieren

Die Zeit für Pläne und Ideen ist gekommen, wenn sich die Materialien vor den Kindern türmen. Hierbei sollte alles, was Kinder gemeinsam gesammelt haben oder was sie von zu Hause mitgebracht haben, „in einen Topf geworfen" werden. Wir wollen so verhindern, daß ein sich von anderen Kindern abgrenzendes Besitzdenken Platz greift. Beim Zusammensetzen der Collage können die Kinder bestimmte Bildideen umsetzen. Der eigentliche Reiz des Collagierens liegt aber in dem spielerischen Umgang mit Materialien. Wie Kinder im Einzelfall vorgehen, wird auch von der Art der Materialien bestimmt. Bei Materialien aus der Natur (die so belassen werden sollten) liegt es nahe, Naturgegenstände zusammenzusetzen, etwa Blätter zu einem Zweig oder Samenkörner zu einer Blume. Abstraktere Materialien provozieren eher nichtgegenständliche Arbeiten.
Die Collage bietet die Möglichkeit, eine ganze Reihe von Lernzielen anzustreben:
Natur- und Umweltbewußtsein: Das Sammeln von Blättern, Gräsern, Körnern und anderen Naturmaterialien führt unmerklich hin zu einem Erleben und Erfahren von Natur und Umwelt und ermöglicht ein Sprechen darüber. Zugleich bietet sich hier eine Fächerübergreifung hin zum Sachunterricht an.
Gruppenarbeit: Das gemeinsame Sammeln von Materialien für die Collage läßt die Vorteile der Gruppenarbeit erfahren. Auch das gemeinsame oder das einzelne, aber sich austauschende Arbeiten an Collagen führt zu Gruppenerfahrungen und durch die Gruppenarbeit zu einer Steigerung der Kreativität.
Kreativität: Collagieren fördert besonders die Kreativität, d. h. die Originalität und Neuartigkeit der Problemlösung, Einfallsreichtum und Flexibilität des Produzierenden, die Offenheit und Flüssigkeit des Produktionsprozesses.
Figur-Grund-Verhältnis: Collagieren fördert in besonderem Maße die Fähigkeit, das Gesichtsfeld nicht als ungegliedert, sondern als gegliedert und in sich abhebbar zu erleben.

Aus Körnern, Samen und Herbstblättern

Dieses Material brauchst du:

Verschiedene Körner und Samen (Erbsen, Linsen, Bohnen, Kaffeebohnen, Mais, Reiskörner, Senfkörner, Sonnenblumenkerne, Vogelfutter)
Karton
Kleber
Bleistift
Verschiedene Herbstblätter und Nadeln von Nadelbäumen
Papier DIN A4 oder A3 (möglichst schwarz oder mit anderen Farben)
Alleskleber
Filzstifte

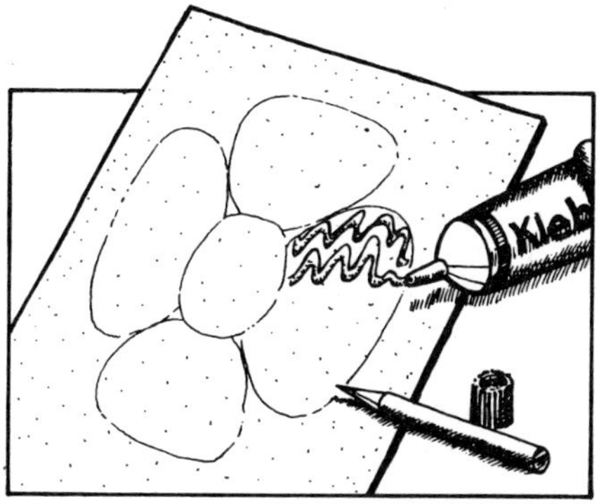

Und so wird's gemacht:

Zeichne dir auf Karton ein Muster mit verschiedenen Flächen.
Bestreiche jeweils eine Teilfläche mit Kleber und bringe eine Sorte der Körner auf. Wiederhole diesen Vorgang mit den anderen Körnern.
Denke dir aus, wie du die Blätter und Nadeln anordnen möchtest. Klebe dann die Blätter und Nadeln auf das Blatt.
Wenn du willst, kannst du das entstandene Klebebild ergänzen, indem du mit Filzstift z. B. Zweigchen oder andere Blätter dazumalst.

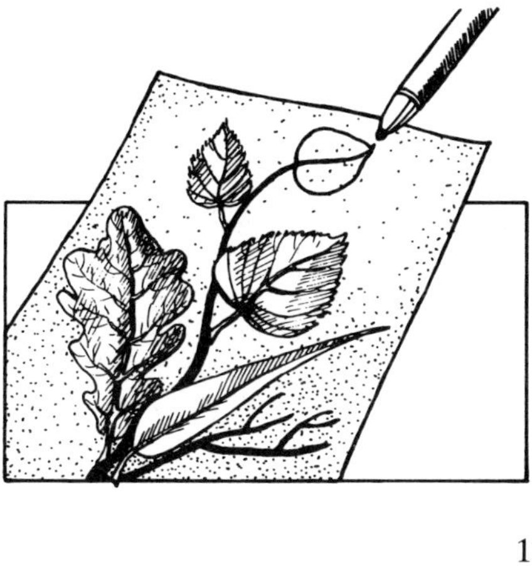

Aus Transparentpapier

Dieses Material brauchst du:

Durchsichtiges farbiges Wachspapier
Zeitungspapier
flache Naturgegenstände (z. B. Blätter, gepresste Kräuter, Blütenblätter, flache Körner)
ein Bügeleisen

Und so wird's gemacht:

Ordne verschiedene Naturmaterialien auf einem Blatt durchsichtigen Wachspapier an, das du zuvor auf eine Lage aus Zeitungspapier gelegt hast.
Lege danach ein zweites Blatt Wachspapier darüber.
Darüber legst du Zeitungspapier und bügelst mit einem mittelheißen Bügeleisen einige Minuten darüber, damit durch die Wärme die beiden Wachsblätter zusammengeschweißt und damit die Naturgegenstände eingeschweißt werden.
Man sieht das fertige Produkt am besten, wenn man es gegen das Licht hält, z. B. mit Transparent-Film an das Fenster klebt.

Aus Stoff und Nähmaterial

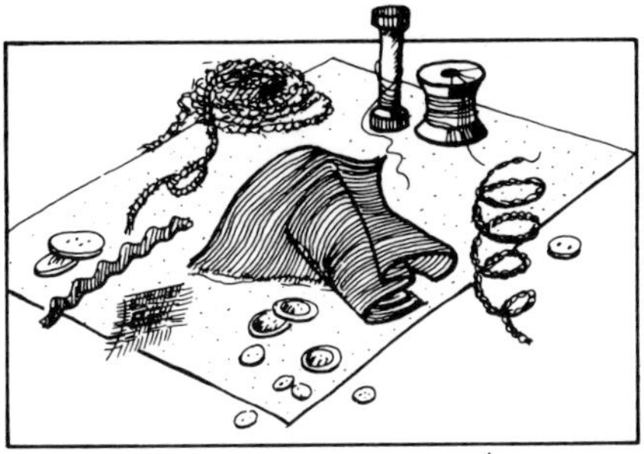

Dieses Material brauchst du:

Restmaterial aus dem Nähkorb (Stoffteilchen, Garne, Wolle, Knöpfe usw.)
Karton DIN A4 oder A3
Kleber

Und so wird's gemacht:

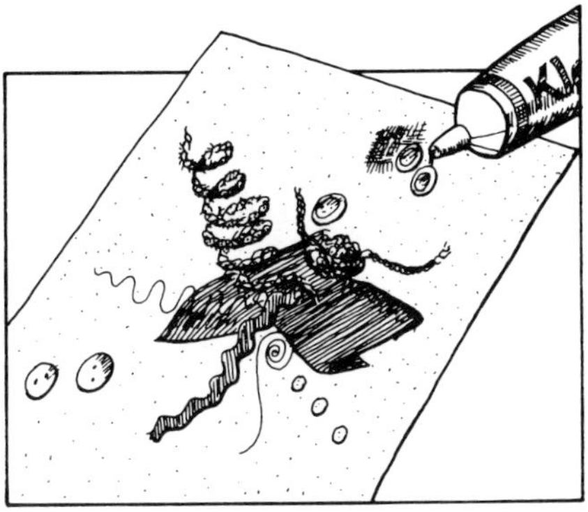

Ordne auf dem Karton zunächst lose die Gegenstände so an, wie du sie haben möchtest.
Wähle die aus, die du am liebsten hast oder die dir am geeignetsten erscheinen.
Klebe sodann die Gegenstände auf.
Wenn du willst, kannst du den Untergrund mit Farbe bemalen.
Variante: Gut eignen sich verschiedene Tapetenmuster, die du aus einem Tapetenmusterbuch nehmen kannst (bei Tapetenfachgeschäften, Inneneinrichtungsgeschäften und dergleichen nachfragen).

Aus Luftschlangen

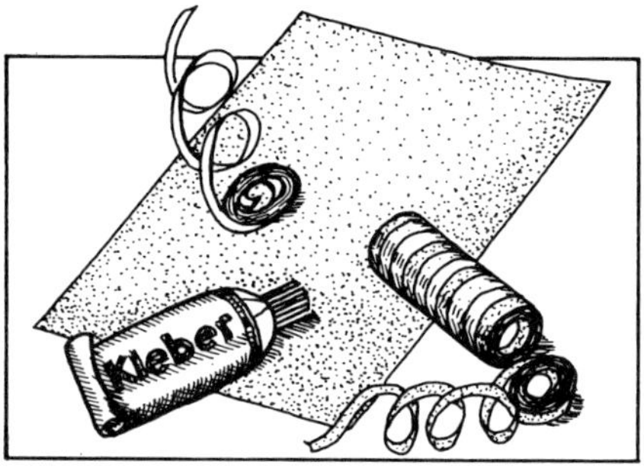

Dieses Material brauchst du:

Schwarzer Karton als Untergrund
Luftschlangen
Kleber
Bleistift

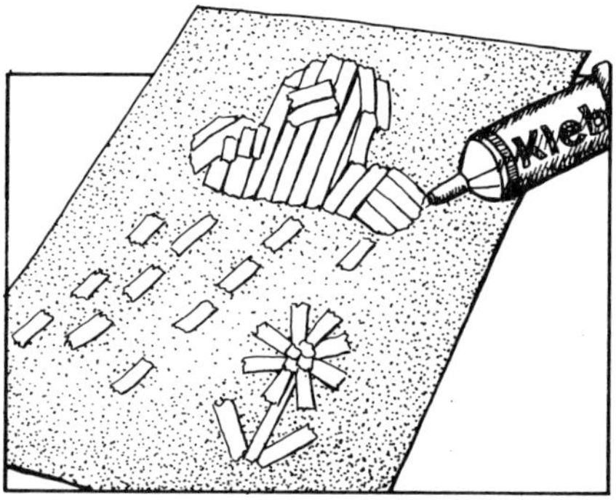

Und so wird's gemacht:

Stelle dir ungefähr vor, welches Bild du aus den in Stücke zerrissenen Luftschlagen machen könntest. Wenn du willst, kannst du auch mit dem Bleistift ein Bild vorzeichnen. Klebe sodann die Luftschlagenstückchen auf den schwarzen Karton.

Wenn du ein Gesicht machen willst, kannst du für die Haare (Lockenhaare!) Luftschlagenstückchen zu kleinen Röllchen drehen oder z. B. mit solchen Röllchen Baumkronen plastisch machen oder bei einem Schäfchen die Wolle zum Anfassen machen . . .

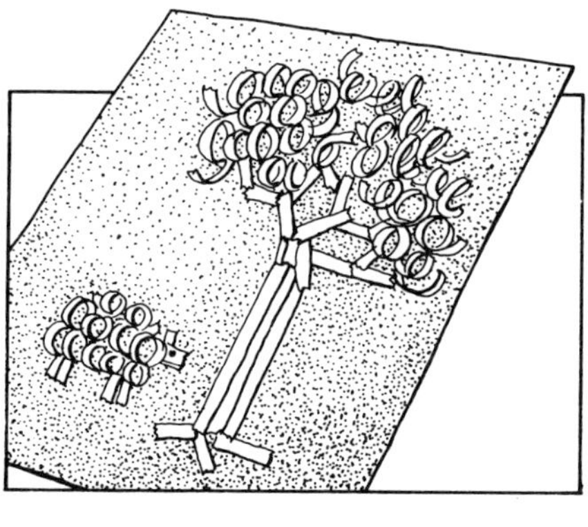

Aus Papierpünktchen

Dieses Material brauchst du:

Papierlocher
verschiedenartige Papiere
(kann man auch selbst herstellen)
Kleber
Zeichenpapier DIN A4

Und so wird's gemacht:

Loche die verschiedenfarbigen Papiere.
Ordne die Pünktchen auf dem Papier zu Gruppen an, wie du willst.
Streiche sodann ein anderes Blatt Papier mit Kleber ein.
Lege das mit dem Kleber bestrichene Blatt auf das Blatt mit den Farbpapierpünktchen und drücke es fest, damit das obere mit dem Kleber bestrichene Papier die Pünktchen aufnimmt.
Hebe das obere Blatt ab, damit es mit dem unteren nicht zusammenklebt.
Wenn du willst, kannst du das abgehobene Blatt noch durch Aufkleben weiterer Pünktchen ergänzen.
Variante: Es ist auch möglich, erst ein Blatt Papier mit Kleber zu bestreichen und dann die Pünktchen auf die Stellen „schneien" zu lassen, wo du sie haben möchtest.

Monotypie und Frottage

Zwei Techniken kann man eher als Grenzfälle des Druckens bezeichnen: die *Monotypie* und die *Frottage*. Sie erweisen sich als äußerst anregend, spannend und kreativitätsfördernd.

Die Monotypie

Unter Monotypie versteht man ein graphisches Verfahren, das nur einen einzigen Abdruck erlaubt – im Gegensatz also zu den „eigentlichen“ Druckverfahren, wie Lithographie, Linoldruck, Kartoffelstempeldruck usw., die mehrere Abdrucke von demselben Druckstock möglich machen. Bei der Monotypie fungiert als „Druckstock“ eine Platte, am besten eine Glasplatte (die, um Verletzungen vorzubeugen, an den Kanten abgeschliffen sein sollte); aber man kann auch glatte Platten aus anderem Material verwenden, etwa aus Preßspan oder Kunststoff. Das Arbeitsergebnis wird in starkem Maße von der Papierqualität bestimmt. *Glattes, nichtsaugendes Papier* (Glanzpapier, glatter Karton, glattes Packpapier) nimmt wenig Farbe auf und kann so zu interessanten Strukturen führen, eignet sich aber für Grundschulkinder weniger, da das Arbeitsergebnis nur bedingt zu kontrollieren ist. *Stark saugendes Papier* (Seiden-, Zeitungs- oder Japanpapier) nimmt viel Farbe auf und vermittelt klare Konturen, ist also hinsichtlich der Arbeitsergebnisse eher „berechenbar“ und eignet sich deshalb in der Regel besser für die Grundschule. Dies gilt in einem gewissen Maße auch für *körnige Papiere* (rauhes Packpapier, aufgerauhter Karton), die zusätzlich reizvolle Strukturen vermitteln.

Die Frottage

Frottage bedeutet im Französischen Durchreibung. Eine ganz einfache Form hiervon ist das bei Kindern beliebte Herstellen von Spielgeld, indem man ein Blatt Papier über ein Geldstück legt und mit dem Bleistift darüberrubbelt, bis das Profil des Geldstückes auf dem Papier erscheint. Als Material eignen sich alle Gegenstände mit einer reliefartig strukturierten Oberfläche, also etwa Holz mit ausgeprägter Maserung, Textilien (z. B. Spitzen, Rupfen), Naturmaterialien (Blätter, Rinde, Gräser), Schnur und Kordel, Versteinerungen, Mauerwerk usw. Bei der Wahl des durchzureibenden Materials sind kaum Grenzen gesetzt. Sie hängt auch von dem zu verwendenden Papier ab. Je feiner das Papier ist (z. B. Seidenpapier, Japanpapier), desto feiner sollte in der Regel auch die durchzureibende Materialoberfläche sein. Bei grobem Papier (etwa festem Packpapier) müssen auch die Materialoberflächen entsprechend gröber sein. Reizvolle Strukturen ergeben sich beim wiederholten, hierbei verschobenen oder verdrehten Übereinanderfrottieren derselben oder verschiedener Materialoberflächen.

Didaktische Intentionen

Monotypie und Frottage fordern zur Kreativität geradezu heraus; dabei wird Kreativität durch die Faktoren Flüssigkeit, Flexibilität/Beweglichkeit, Originalität, Umgestaltungsfähigkeit und Elaboration gekennzeichnet. Der kreative Aspekt liegt vor allem in der Art und Weise, wie Kinder den „Druckstock“, bei der Monotypie also die glatte Platte und bei der Frottage die durchzureibenden Materialoberflächen, aufbereiten bzw. zusammenstellen. Hierbei ergeben sich überraschende, nur bedingt vorauszubestimmende Arbeitsergebnisse. Aber gerade in diesem Zufalls-, aber auch in dem Verfremdungseffekt liegt der besondere Reiz dieser Verfahren.

Zumal der Arbeit mit der Frottage kommt eine erhebliche pädagogische Bedeutung zu. Gefordert sind dabei die Fähigkeiten, auf vorgefundene Materialien einzugehen, in diesen etwas zu entdecken, sie auszudeuten, etwas in sie hineinzulesen, etwas aus ihnen zu machen, zu experimentieren.

Der Künstler *Max Ernst*, der von sich sagt, er habe im Jahre 1925 die Frottage (neu) entdeckt, erzählt anschaulich, wie ihn das Durchreiben unterschiedlicher Materialoberflächen erregt: *„Neugierde und entzücktes Staunen erfüllten mich, und ich begann auf diese Weise die verschiedensten Materialien, die mir unter die Augen kamen, zu untersuchen: Blätter und ihre Adern, die ausgefransten Ränder einer Sackleinwand, die Pinselstriche eines ‚modernen' Gemäldes, einen abgespulten Faden".*

Eine Vielzahl von Eigenschaften läßt sich durch die Frottage-Technik fördern: Offenheit, Neugierde, Achten auf die Möglichkeiten des Zufalls, Fähigkeit zum Finden und Erfinden, Fähigkeit zur Improvisation, Assoziationsfähigkeit, Produktion eigener Ideen, Umgestaltungsfähigkeit. Da nicht ein vorgegebenes Ergebnis angezielt wird und dem Zufall Raum gegeben wird, werden Hemmungen reduziert, es wird eine allgemeine Lockerung bei den Schülerinnen und Schülern erreicht, die Phantasie wird gefördert.

Monotypie

Dieses Material brauchst du:
Glasplatte
(mit abgeschliffenen Kanten)
oder Kunststoffplatte
Druckerschwärze
Gummiwalze
Holzstäbchen
Abzugpapier oder
sonstiges saugfähiges Papier

Und so wird's gemacht:
Walze die Druckerschwärze mit der Gummiwalze gleichmäßig auf die Platte. Zeichne auf die Druckerschwärze ein Bild, indem du bei den Linien die Druckerschwärze mit einem Holzstäbchen wegkratzt. Lege das Papier auf die Platte und drücke es sanft an allen Stellen an. Ziehe das Papier danach wieder sorgfältig von der Platte. Du erhältst jetzt ein Bild mit weißen Linien auf schwarzem Grund.

Monotypie

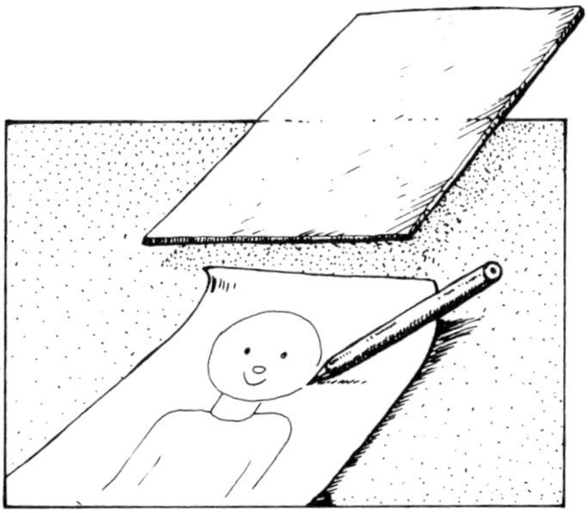

Dieses Material brauchst du:

Zeichenpapier
Blei- oder Filzstifte
Glasplatte
(mit abgeschliffenen Kanten)
Deckfarbe
Pinsel
Abzugpapier oder anderes saugfähiges Papier

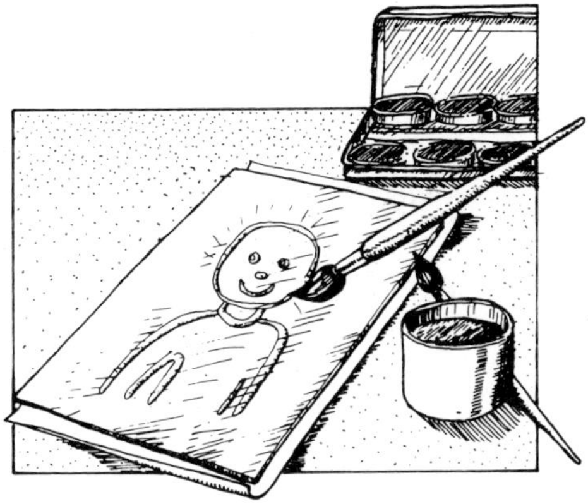

Und so wird's gemacht:

Zeichne auf dem Blatt normalen Zeichenpapiers mit einem Blei- oder Filzstift eine nicht zu komplizierte Figur. Lege über dieses Blatt nun eine Glasplatte. Male mit einem Pinsel und der Deckfarbe zügig (es muss schnell gehen, damit die Farbe nicht trocknet) die Linien des unter der Glasplatte liegenden Bildes auf der Glasplatte nach. Lege auf die noch feuchte Malerei das saugfähige Papier und streife mit einem Läppchen vorsichtig darüber, damit das Papier die Farbe gut aufsaugt. Ziehe dann das Papier vorsichtig ab. Du erhältst nun ein negatives Bild des ursprünglichen Bildes.

Abklatschtechnik

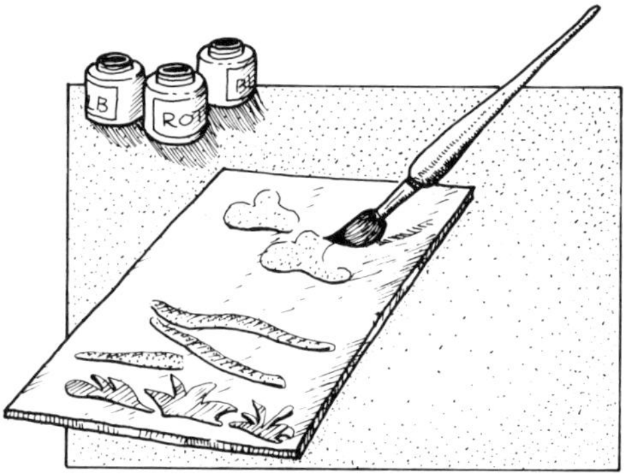

Dieses Material brauchst du:

Glasplatte
(mit abgeschliffenen Kanten)
oder Kunststoffplatte
Papier DIN A4 oder A3
Plakafarben
Pinsel
Wasser

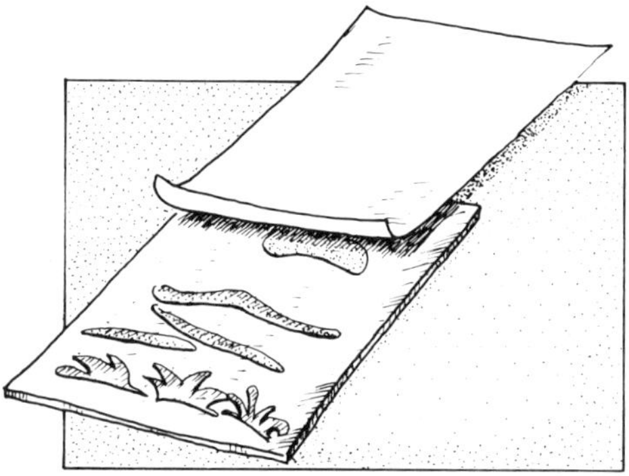

Und so wird's gemacht:

Male mit verschiedenen Plakafarben irgendein Bild auf die Platte; es kann auch nichtgegenständlich sein. Lege sodann vorsichtig ein Blatt Papier auf die Platte und drücke es vorsichtig fest (am besten mit einem Läppchen). Ziehe das Blatt vorsichtig ab. An dem nun auf dem Papier abgedruckten Bild kannst du, wenn du willst, weitermalen.

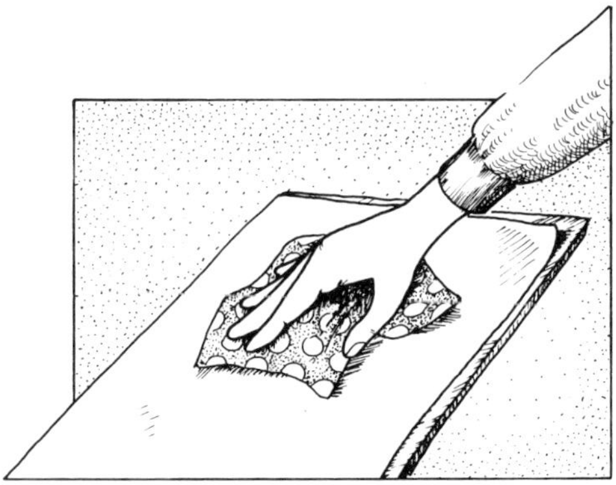

Abdruckverfahren

Dieses Material brauchst du:

Glasplatte
(mit abgeschliffenen Kanten)
oder Kunststoffplatte
Flache Naturgegenstände, wie Blätter, Farne usw.
Deckfarbe
Gummiwalze
Abzugpapier oder
sonstiges saugfähiges Papier

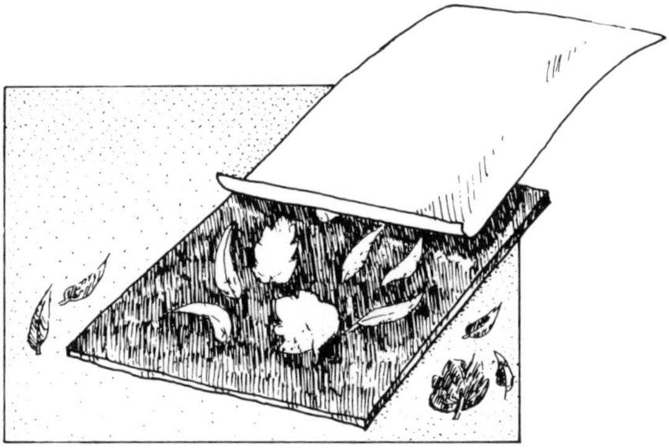

Und so wird's gemacht:

Lege die flachen Naturgegenstände auf die Platte
Trage mit dem Roller eine dünne Farbschicht über die gesamte Platte und die daraufliegenden Gegenstände auf. Hebe dann vorsichtig (am besten mit einer Pinzette) die flachen Gegenstände ab. Lege dann das Abzugpapier auf die Platte und drücke es an allen Stellen vorsichtig an (am besten mit einem Läppchen). Ziehe danach das Papier vorsichtig ab.
Es ist dann schwarz mit weißen Stellen dort, wo die flachen Gegenstände auf der Platte lagen. Lege die eingefärbten flachen Gegenstände auf ein zweites Blatt Papier, lege ein Blatt Abzugpapier darauf und reibe mit einem Läppchen vorsichtig darüber. Auf dem schließlich abgezogenen Abzugpapier erhältst du schwarze Abdrücke der Gegenstände.

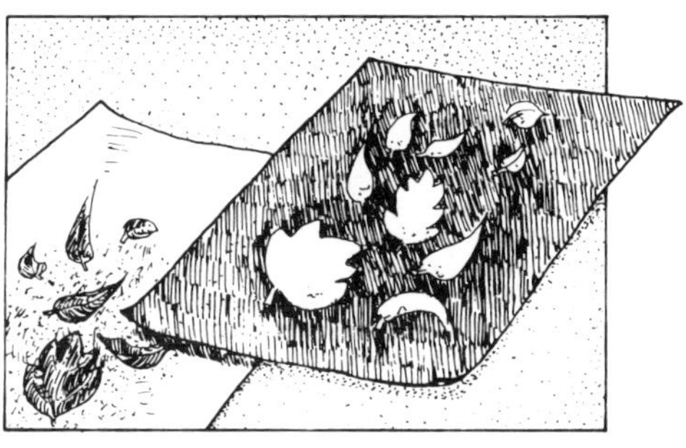

Umdruckverfahren

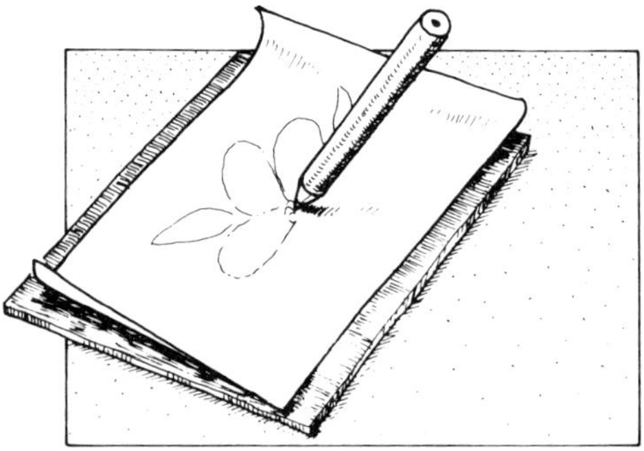

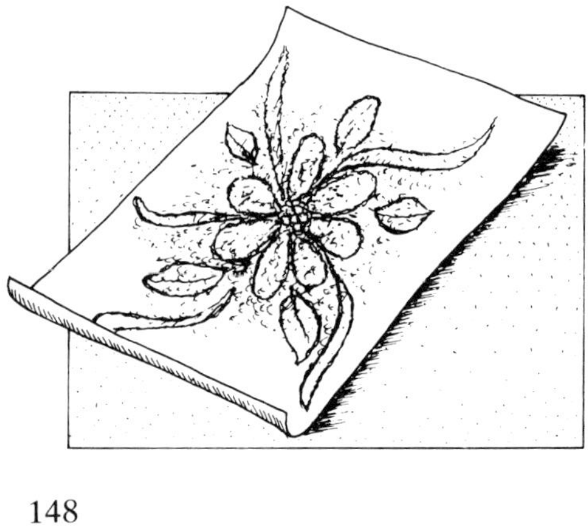

Dieses Material brauchst du:

Glatte Platte
(Glasplatte mit
abgeschliffenen Kanten)
oder Kunststoffplatte
Druckerschwärze
Gummiwalze
Holzstäbchen
Bleistift
Abzugpapier oder
sonstiges saugfähiges Papier

Und so wird's gemacht:

Trage mit der Walze gleichmäßig die Druckerschwärze auf die Platte auf.
Lege das saugfähige Papier vorsichtig auf die eingeschwärzte Platte. Auf dem Papier kannst du mit dem Fingernagel oder einem Holzstäbchen oder einem Bleistift eine Zeichnung aufbringen. Achte darauf, dass du beim Zeichnen deine Hand möglichst nicht auf das Papier legst, weil das Papier durch den Druck an der betreffenden Stelle die Druckerschwärze aufnimmt. Ziehe sodann das Papier sorgfältig von der Platte ab.

Frottage

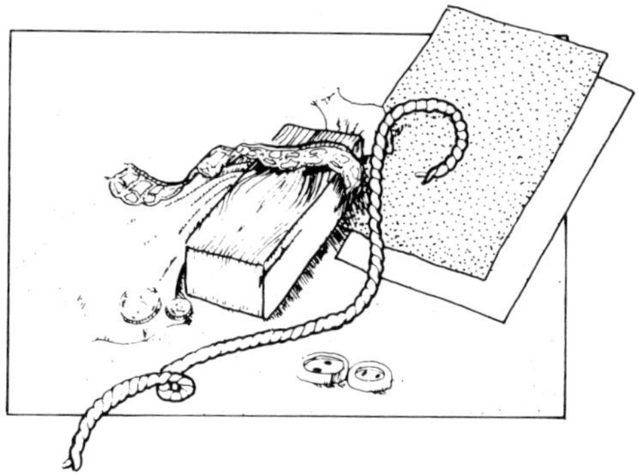

Dieses Material brauchst du:

Papier DIN A4
verschiedene Materialien, wie Holz, Blätter mit starker Rippenbildung, grobe Stoffe, Klöppelspitzen usw.
Wachsstifte

Und so wird's gemacht:

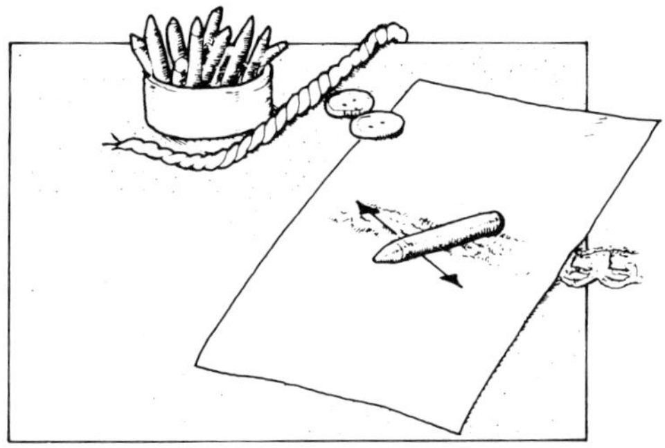

Lege einen der Gegenstände unter das Blatt und reibe sein Muster mit dem Wachsstift durch. Wiederhole diesen Vorgang auch mit anderen Gegenständen und Farben. Dabei kannst du das Papier in verschiedene Richtungen bewegen. Du kannst einen Gegenstand auch mehrfach durchreiben.

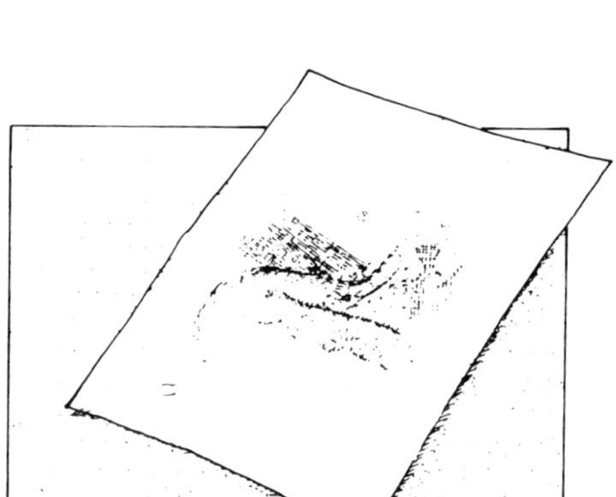

Wachsstift-Malerei

Das Malen mit Wachsstiften ist eine uralte Technik: man findet sie schon auf spätägyptischen Mumienporträts. Wachsstifte sind vielseitig verwendbar, sie üben auf Kinder und deren Phantasie einen ganz besonderen Reiz aus; schließlich kommt ihr Gebrauch der Motorik von Kindern entgegen.

Die Vielfalt der Wachsstiftmalerei

Wachsstifte sind vielseitig verwendbar. Man kann sie trocken und „kalt" verwenden; man kann sie anwärmen; man kann sie schließlich mit Terpentin lösen (die beiden letzteren Techniken sind allerdings ein bißchen umständlich und deshalb für die Grundschule weniger geeignet).
Die Malerei mit Wachsstiften kann mit anderen Verfahren kombiniert werden. Wasserfarben können zwischen oder auf wachsigen und fettigen Untergrund aufgetragen werden, von dem sie dann abperlen (Technik S. 152). Auf diese Weise kann die oft anzutreffende etwas stereotype Buntheit von Wachsstiftmalerei aufgelockert werden. Die manchmal als monoton empfundene Farbigkeit kann auch mittels der Techniken des Papier-Batik (S. 152) und der Auswaschtechnik (S. 153) variiert werden. Auch bei der geschmolzenen Wachszeichnung (S. 154) ergibt sich eine farbliche Variierung dadurch, daß die Wachsfarben zum Teil in das Papier einziehen, verlaufen oder Schlieren bilden. Schließlich lassen sich differenziertere Farbtönungen dadurch erzielen, daß man Wachsstifte übereinandermalt; dies läßt sich zufriedenstellend allerdings nur bei Wachsstiften mit verschiedenen Härtegraden bewerkstelligen, wobei die härteren zuerst aufgetragen und die weicheren darüber gelegt werden.

Vor diesen Auflockerungen der Stereotypie oder Monotonie der eher beschränkten Farbpalette der Wachsstiftmalerei sollte man die Schülerinnen und Schüler sich aber ruhig dem Rausch der Stärke und Sattheit der Wachsstiftfarben hingeben lassen. Ganz besonders reizvoll ist die Schab- und Kratztechnik (S. 151). Dabei beschränkt man sich auf einige wenige Farben und trägt als oberste einen dunkleren Farbton, am besten Schwarz auf. Für die oberste Schicht kann man auch Plakafarbe verwenden. Durch das Kratzen und Schaben entstehen reizvolle imaginative Hell/Dunkel-Wirkungen mit stark wirkender Bildräumlichkeit.
Noch ein praktischer Hinweis: Das Papier muß so fest sein, daß es die intensive motorische Bearbeitung durch die Kinder mit Wachsstiften aushält. Auch für die Weiterverarbeitung in Gestalt von Ausschabtechnik, Bearbeitung mit dem Bügeleisen oder die Auswaschtechnik empfehlen sich festere Papiersorten.

Was sollte man beim Kauf von Wachsstiften beachten?

Wachsstifte sind, wenn sie gut sind, also echtes Wachs enthalten, nicht gerade billig. Ob die Stifte Wachs enthalten, erfährt man spätestens bei der Technik der geschmolzenen Wachszeichnung (S. 154), nämlich dann, wenn die aufgetragene Farbe schmilzt oder nicht. Vor Stiften in Plastikhüllen, die das Abbrechen verhindern sollen, sei eher gewarnt. Man wird schnell feststellen, daß diese Hüllen das Malen behindern, weil man die Breitseiten der Stifte nicht verwenden kann, mit denen sich wunderbar große Flächen einfärben lassen.

Wachskratzzeichnungen

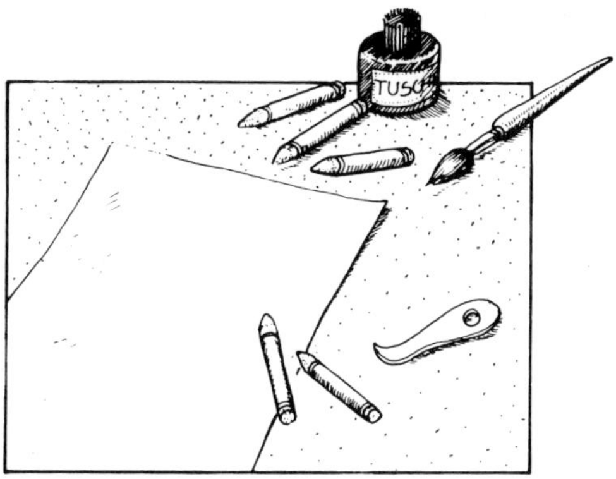

Dieses Material brauchst du:

Wachsstifte in verschiedenen Farben
Tusche oder schwarze Temperafarbe
Pinsel
Zeichenpapier
Kratzinstrument
weiches Papier

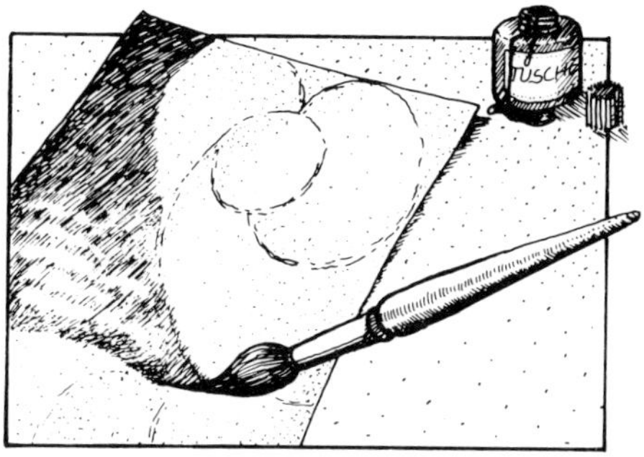

Und so wird's gemacht:

Trage mit verschiedenfarbigen Wachsstiften eine dicke Wachsschicht auf das Zeichenpapier auf. Reibe die Wachsschicht mit weichem Papier (z. B. Toilettenpapier) glatt. Decke diese Wachsschicht dick mit schwarzer Tusche oder Temperafarbe zu (du kannst auch einen schwarzen Wachsstift verwenden, aber das ist ziemlich mühsam). Von der buntfarbigen Wachsschicht darf nichts mehr zu sehen sein. Nachdem die schwarze Oberschicht getrocknet ist, kratze nun ein Bild durch die schwarze Schicht in die unterliegenden bunten Schichten. Die Linien werden dadurch bunt, während die obere Schicht schwarz bleibt. Variante: Du kannst für die Unterschicht nur weiße Wachsstifte verwenden. Beim Einritzen in die schwarze Oberschicht entstehen dann schöne weiße Muster.

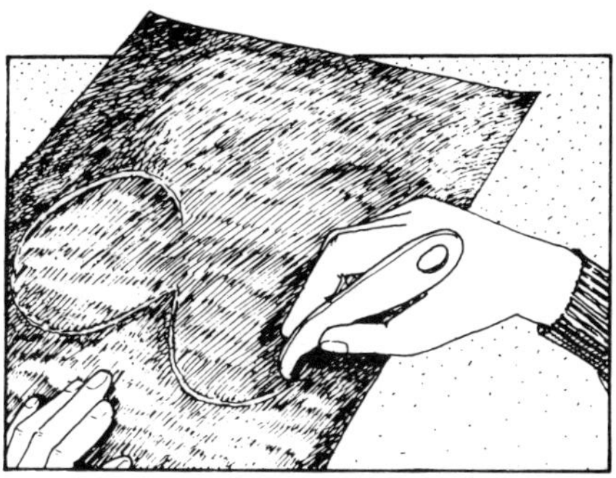

Wachsstift übermalen/ Papier-Batik

Dieses Material brauchst du:

Papier DIN A4 und A3
Wachsstifte
Deckfarben
Pinsel
Wasser

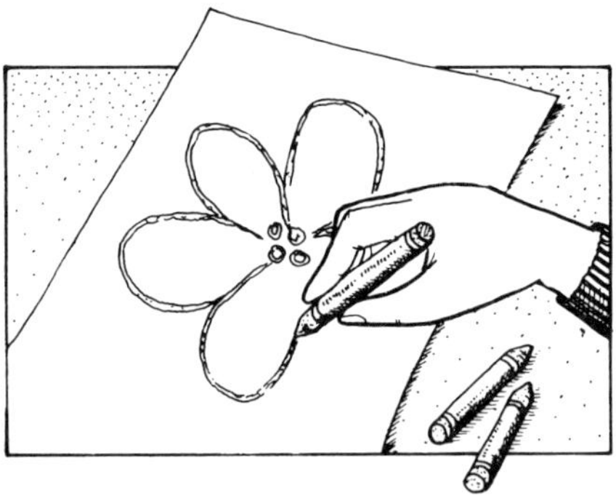

Und so wird's gemacht:

Zeichne mit Wachsstiften ein Bild auf das Papier. Drücke dabei gut auf. Lasse die Fläche zwischen den Linien frei.
Verteile die Deckfarbe mit einem Pinsel dünn auf dem gesamten Papier. Die Wachsstifte weisen die Deckfarbe ab. Nur die vom Wachsstift freien Stellen werden von der Deckfarbe eingefärbt.

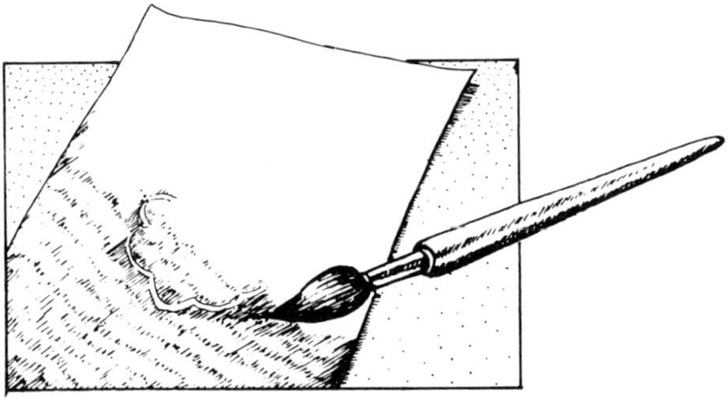

Kerzen-Auswaschbild

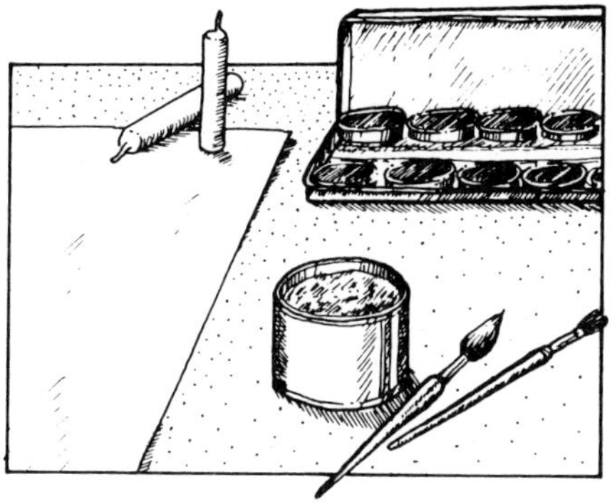

Dieses Material brauchst du:

Papier DIN A4
weiße Kerze
(oder Wachsstift)
Deckfarbe
Pinsel
Wasserbecken

Und so wird's gemacht:

Überstreiche das Blatt Papier gut deckend mit Deckfarbe. Nachdem die Farbe vollständig getrocknet ist, zeichne darauf mit einer Kerze, was immer du magst. Wasche dann die Farbe am Waschbecken vorsichtig vom Blatt.
Nachdem die Farbe um die Wachszeichnung weggewaschen oder sehr blass geworden ist, ist sie unter der Kerze umso besser sichtbar.

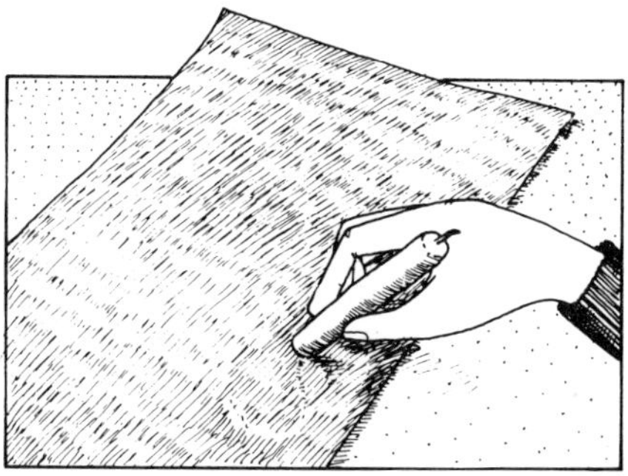

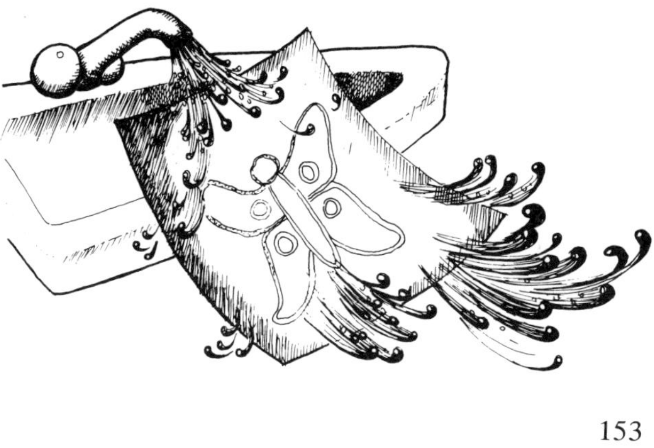

Geschmolzene Wachszeichnung

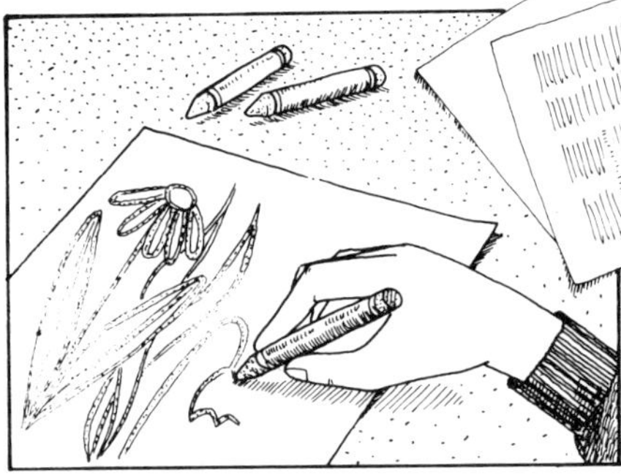

Dieses Material brauchst du:

Zeichenpapier DIN A4 oder A3
Saugpapier derselben Größe
Wachsstifte
Zeitungspapier
Bügeleisen

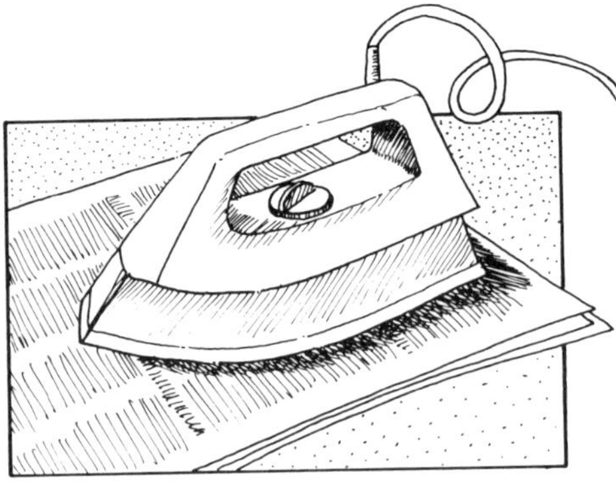

Und so wird's gemacht:

Zeichne mit den Wachsstiften ein Bild auf das Zeichenpapier. Drücke dabei kräftig auf. Lege sodann das Saugpostpapier auf die Wachszeichnung. Darauf legst du Zeitungspapier. Anschließend bügelst du mit einem mittelheißen Bügeleisen darüber, damit die Wachsfarbe schmilzt und sich auf das Saugpostpapier abdrückt. Ziehe sodann das Saugpostpapier vorsichtig ab.

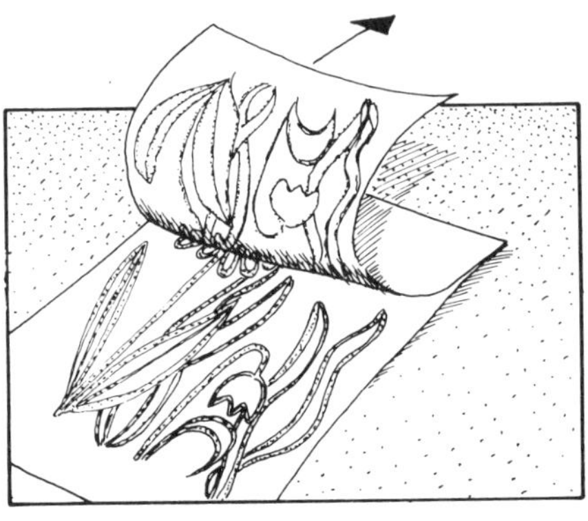

Puppen

Das Spiel mit Puppen ist so alt wie die Menschheit, es ist das Spiel mit dem Wunderbaren, in dem alles möglich ist und nichts unmöglich. Eine Puppe ist keine Imitation des Menschen, sondern ein einfaches, aber eindringliches Symbol, das in sich gleichermaßen das Gute und Böse verkörpert, das in unseren Händen zum Leben erweckt wird, zu einem Medium der Zwiesprache mit uns selbst wird.

Warum spielen wir mit Puppen?

Der Mensch spielt eigentlich nicht *mit* der Puppe, sondern agiert und spricht *durch* sie mit seinem Ich und seinen Mitmenschen. Was das Spiel mit der Puppe für den Menschen so wichtig macht, ist die Tatsache, daß es ihm einen Freiraum ohne Tabus einräumt, den er sich sonst nicht gestatten würde; es kann immer geltend gemacht werden, daß hier nicht der Mensch spreche und agiere, sondern die Puppe. Das Spiel mit Puppen ist ein Mittel des Selbstausdrucks wie auch der Kommunikation. Im Spiel mit der Puppe können Ängste und Konflikte ausagiert werden, ohne daß hierdurch Anlässe für neue Ängste und Konflikte geschaffen würden. Dies macht das Spiel mit Puppen gerade auch für die Schule so wertvoll und wichtig. Oft schafft der Umgang mit Puppen für Schülerinnen und Schüler überhaupt die erste und einzige Gelegenheit, ohne Hemmungen und Angst vor Sanktionen ihre Ängste, Frustrationen und Aggressionen auszuagieren. Hinter der Puppe kann man sich verbergen – und fühlt sich zugleich geborgen. Schwierigkeiten mit der Gruppe, das Sich-Hineinleben in sie, die Konflikte und das Sich-Behaupten in der Gruppe und vieles andere mehr können ausagiert werden. Andere Rollen können erprobt und so die Fixierung auf die eigene Rolle durchbrochen werden. Das Kind drückt sich mittels der Puppe anders aus, deutlicher und eindeutiger, als es dies auf rein verbale Weise je könnte. Es vergißt sich selbst – und damit seine angeblichen Unzulänglichkeiten.

Warum bauen wir uns selbst Puppen?

Warum eigentlich sollten wir Puppen bauen, wo es doch so viele zu kaufen gibt, hochstilisierte, aufwendig herausgeputzte (und teuere)? Der Grund ist einfach: Derartige Puppen schränken gerade die Möglichkeiten ein, die ich eben skizziert habe. Sie legen die Kinder auf die jeweilige Rolle der Puppe fest. Das selbstbestimmte Spiel durch die Puppe wird zu einem weitgehend fremdbestimmten, durch den Charakter der Puppe festgelegten Puppenspiel. Das Kind agiert nicht mehr durch die Puppe seine eigenen Gefühle, Freuden und Ängste aus, sondern spielt das durch die Puppe vorgegebene Rollenspiel. Entscheidend ist nicht, wie schön oder perfekt die Puppe gestaltet ist, sondern vielmehr welche Möglichkeiten sie dem Kind bietet, sich mit ihrer Hilfe auszudrücken. Erinnern wir uns an die Fähigkeit des Kleinkinds, das Holzklötzchen gleichermaßen zu einem Haus wie zu einem lachenden Kobold und zu vielem anderen mehr werden zu lassen. Es kommt also darauf an, welchen Geist wir dem Holzstückchen einhauchen – und dafür gibt es in der schönen Literatur viele Beispiele, vom *Pole Poppenspäler* bis zum *Pinocchio.*

Das „Bauen“ einer eigenen Puppe gibt Kindern die Möglichkeit, eigene Vorstellungen und Intentionen zu verfolgen, sich schon beim Bauen der Puppe mit dieser zu identifizieren. Dabei kann es geschehen, daß während des Arbeitens an der Puppe, was zugleich auch ein Arbeiten an sich selbst sein kann, sich die Absichten in bezug auf Charakter und Einsatzmöglichkeit der Puppe ändern – und damit auch das Aussehen der Puppe.

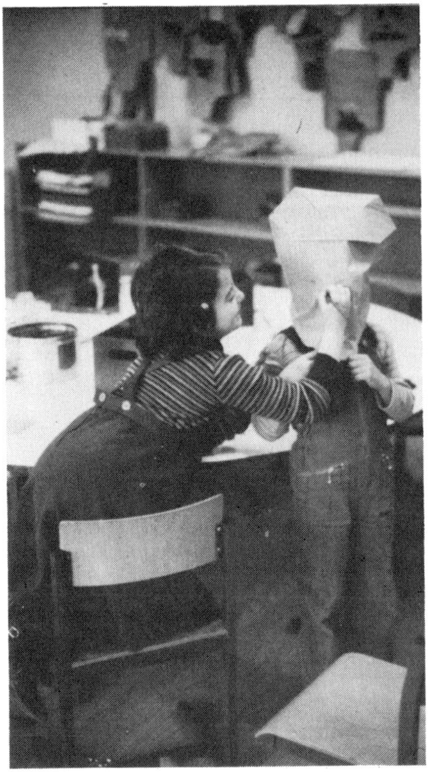

Gibt es etwas, was man beim Bau einer Puppe besonders beachten sollte?

Die hier vorgestellten Puppen sind sehr einfach; sie können und wollen nicht mit ihren hochkünstlerischen Schwestern (und Brüdern) konkurrieren, denen man vor allem im professionellen Theaterspiel begegnet. Unsere Puppen erfordern kein großes künstlerisches oder handwerkliches Geschick. Darum brauchen wir uns bei technischen Details auch nicht weiter aufzuhalten. Ich beschränke mich deshalb auf einen Hinweis, der sich aus meiner Auffassung ergibt, daß Puppen in erster Linie dem Selbstausdruck dessen dienen sollen, der mit ihnen spielt. Dieser Intention ist es eher abträglich, wenn der Puppe ein unverwechselbarer Charakter gegeben wird. Zu große Realität und die Festlegung auf einen bestimmten Charakter bergen die Gefahr der Einengung der Phantasie in sich. Das Gefühl des „oh, wie gut getroffen“ oder „oh, wie niedlich“ bei der anscheinend besonders gelungenen Gestaltung eines spezifischen Charakters kann schnell der Langeweile Platz machen. Man muß sich also überlegen, ob es nicht eher anzuraten ist, eine zu enge Eingrenzung des Charakters der Puppe zu vermeiden, um so die Variablität unterschiedlicher Handlungsweisen zu erhalten. Manchmal können da ganz einfache Mittel helfen. Ein immer lachender Mund kann nicht weinen, ein immer weinender nicht lachen. Also könnte man daran denken, den Mund nicht zu ausgeprägt zu gestalten, um ihn je nach Bedarf lachen, weinen, schreien oder schweigen zu lassen.

Socken-Puppe

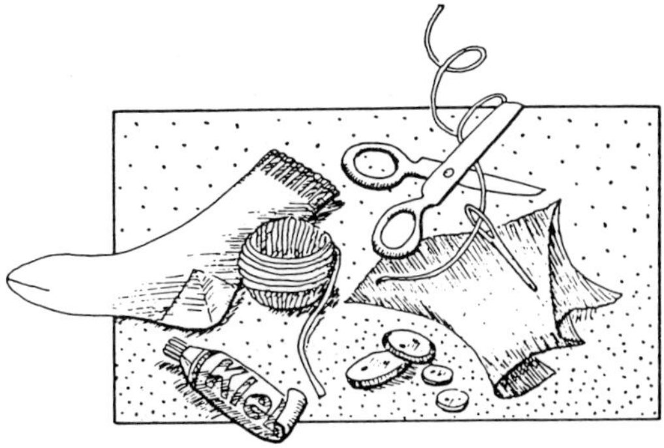

Dieses Material brauchst du:

Alte Socken
Nähnadeln
Knöpfe
Stoff- und Wollreste
Nähfaden
Schere
Alleskleber

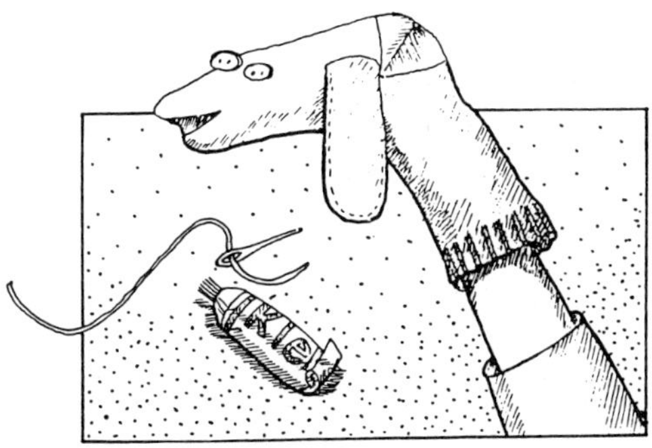

Und so wird's gemacht:

Ziehe den Socken über die Hand und probiere aus, wie man daraus eine Puppe machen könnte, indem man Stoff- und Wollreste und Knöpfe hinzufügt.
Nähe oder klebe die Stoff- und Wollreste an, z. B. Wolle für die Haare, Stoffreste für die Kleidung, Knöpfe für die Augen usw. Du kannst auch aus Stoffresten oder aus Buntpapier einen Hut formen und der Puppe aufsetzen.

Papiertüten-Puppe

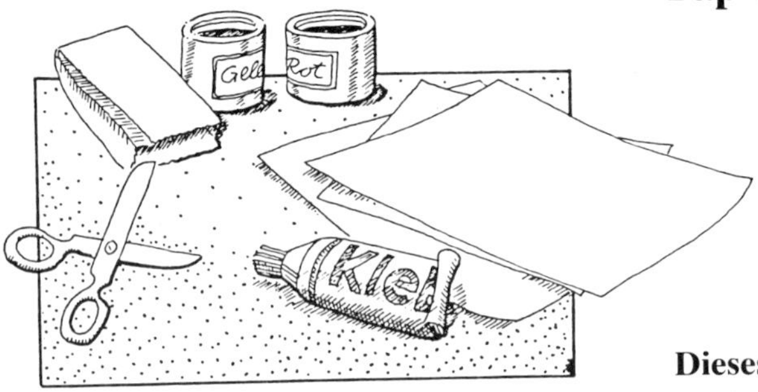

Dieses Material brauchst du:

Papiertüte, die unten rechteckig ist
Buntpapier
Kleber
Farbe
Pinsel
Wasser
Schere

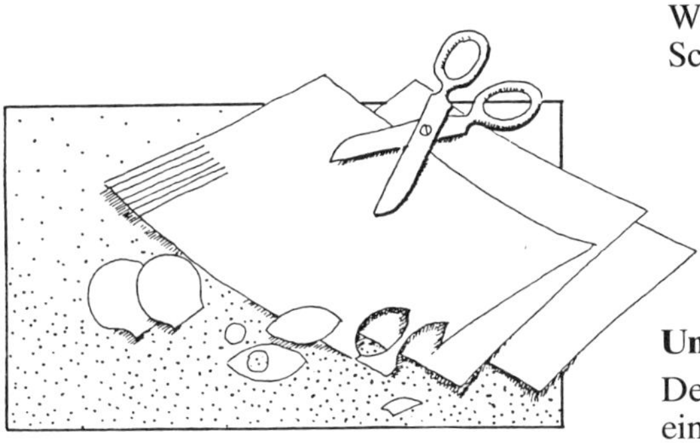

Und so wird's gemacht:

Denke dir einen Kopf aus, z. B. den einer Katze.
Schneide Formen (du kannst sie vorher auf das Papier zeichnen) für Ohren, Zunge usw. aus dem Buntpapier aus.
Bemale den Boden der Tüte mit Augen und Nase. Noch schöner wird das „Gesicht" der Katze, wenn du die Augen ausschneidest und innen Buntpapier darunterklebst.
Klebe dann die Ohren und die Zunge an.
Du kannst mit der Katze (oder was auch immer sonst du hergestellt hast) spielen, indem du mit der Hand in die Tüte hineinfährst und den Boden der Tüte bewegst.

Finger-Puppe

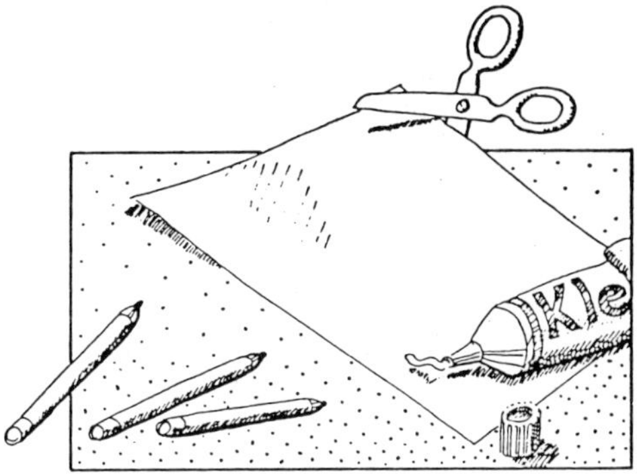

Dieses Material brauchst du:

Zeichenpapier
Schere
Kleber
Filzstifte

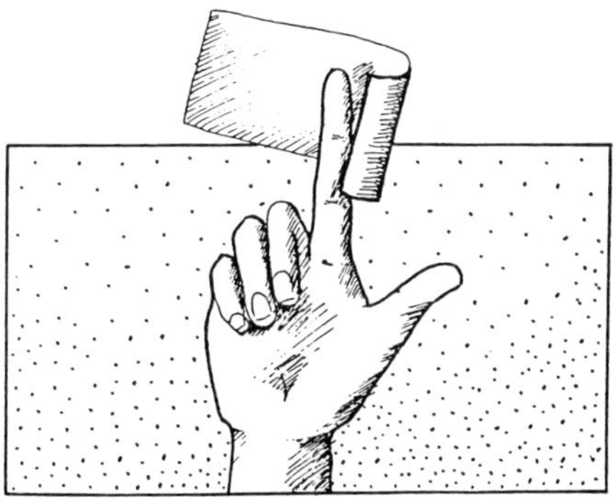

Und so wird's gemacht:

Wickle Papier um den Zeige- oder Mittelfinger und markiere, wie viel Papier du brauchst, damit man den Finger einwinkeln kann (natürlich kannst du dir dabei helfen lassen). Schneide das entsprechende Papierstück ab.
Klebe das Papierstück so zusammen, daß dein Finger hineinpasst. Am besten machst du das am Finger selbst.
Ziehe die Umhüllung wieder vom Finger, male ein Gesicht mit Filzstiften darauf.
So kannst du verschiedene Puppen für deine Finger fertigen und hast am Schluss eine ganze Schauspielertruppe.

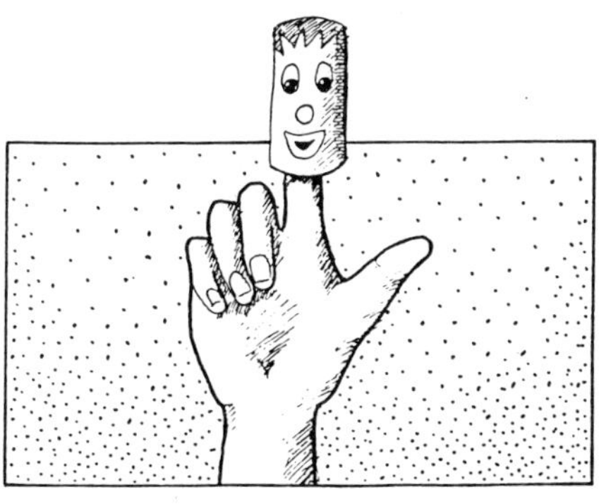

Hausschuh-Puppe

Dieses Material brauchst du:

Alte Hauspantoffeln
(oder alte Schuhe)
Zeichenpapier
Kleber
Deckfarbe
Pinsel
Wasser
Filzstifte

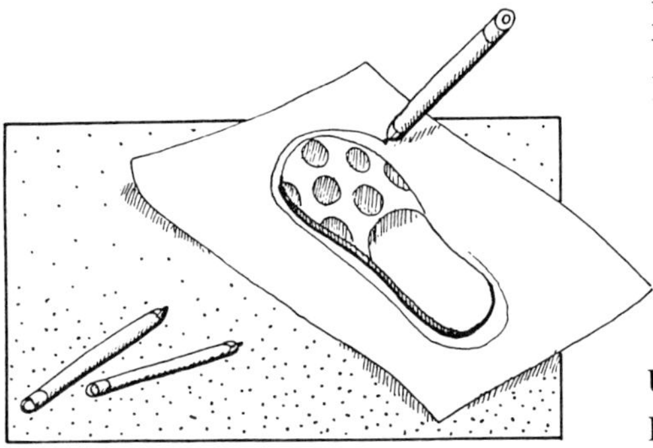

Und so wird's gemacht:

Lege die Sohle der Pantoffel oder des alten Schuhs auf ein Blatt Zeichenpapier und zeichne die Umrisse nach.
Male darauf mit Stiften und Farben ein lustiges Gesicht. Schneide die Gesichtsumrandung aus und klebe das Gesicht auf die Sohle des Pantoffels oder Schuhs.
Fahre mit der Hand in die Pantoffel oder den Schuh – schon hast du eine Theaterpuppe.

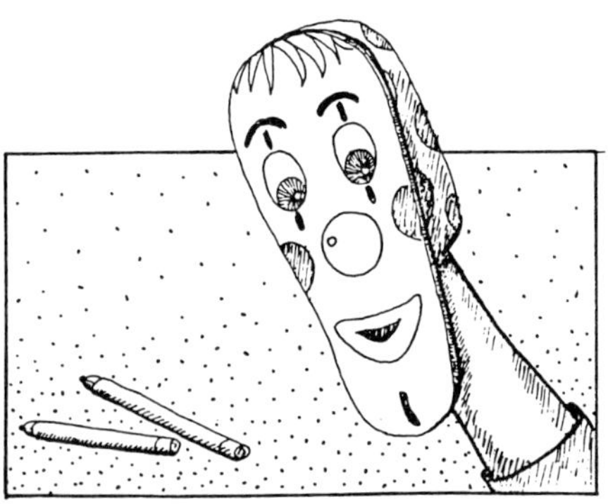

Styroporkopf-Puppe

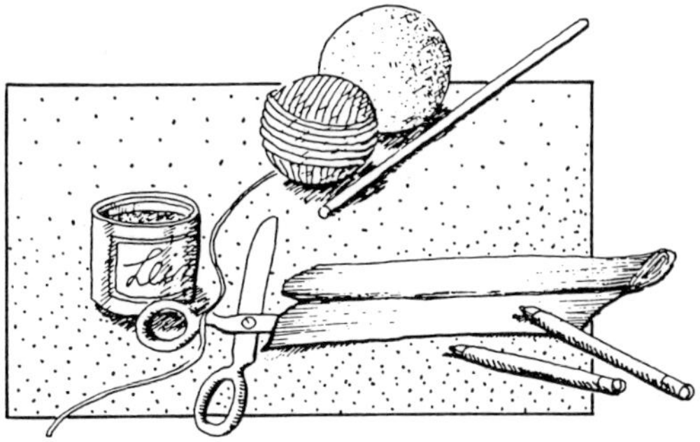

Dieses Material brauchst du:

Kleine Styroporkugel
(zu kaufen in Hobbygeschäften)
Leimkleber (kein Alleskleber, da dieser das Styropor auflöst)
Krepppapier
Schere
Stoff- und Wollreste
Holzstöckchen
Filzstifte

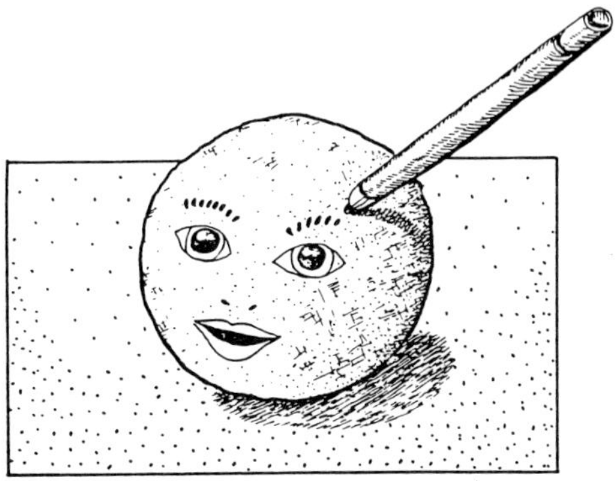

Und so wird's gemacht:

Male mit Filzstiften ein Gesicht auf die Styroporkugel.
Klebe Wollreste als Haare daran.
Ziehe die Puppe mit Stoffresten oder Krepppapier an (diese Teile kannst du ankleben).
Stecke in die Unterseite der Styroporkugel ein Holzstöckchen ein, damit du die Puppe an dem Holzstäbchen bewegen kannst.

Literatur zum Kunstunterricht in der Grundschule (1982–1991)

Folgende Zeitschriften werden abgekürzt zitiert:

BDK	BDK-Mitteilungen
BWT	Bildnerische Erziehung, Werkerziehung, Textiles Gestalten
GM	Grundschulmagazin
GRU	GRUNDSCHULE
GZ	Grundschulzeitschrift
KE	Kunsterziehung
K+U	Kunst+Unterricht
LG	LehrerJournal Grundschulmagazin
PW	Pädagogische Welt
ZfK	Zeitschrift für Kunstpädagogik

Adolphs, H.-P.: Wie fördere ich das „Eigene" der Schüler von Klasse 1 an? In: KE 31 (1984), 190–192.

Aissen-Crewett, M.: Zeichnen Kinder, was sie sehen oder was sie wissen? In: BDK 21 (1985), H. 4, 20–22.

–: Kunstunterricht in der Grundschule? In: Beispiele 4 (1986), H. 2, 6–8.

–: Vom Kunst- und Musikunterricht zur ästhetischen Erziehung. In: Grundschullehrer 2 (1986) H. 12, 4–7.

–: „Unsere Stadt Fantasia". In: GRU 18 (1986), H. 12, 34–35.

–: Räumliche Vorstellung und Darstellung bei Kindern. In: K+U 105/1986, S. 14–19.

–: Das Ästhetische in der Erziehung. In: BDK 23 (1987), H. 1, 15–18.

–: Schülerzentriertes Musikmalen. In: Musik und Bildung 19 (1987), 185–190.

–: Musisch-Ästhetische Erziehung in der Grundschule. In: GRU 19 (1987), H. 7–8, 29–36; H. 9, 38–45; H. 10, 58–61; H. 11, 41–45; 20 (1988), H. 2, 70–74; H. 4, 54–57; H. 5, 68–73; H. 9, 49–51; H. 11, 23–27; 21 (1989), H. 5, 56–58; H. 6, 56–59; H. 10, 56–58; 22 (1990), H. 1, 52–54; H. 2, 65–66; H. 5, 46–49; H. 9, 60–62; H. 10, 62–63.

–: Wie reagieren Kinder auf Kunst? In: Zeitschrift für Ästhetik und allgemeine Kunstwissenschaft 32 (1987), 226–242.

–:. Kinderzeichnungen verstehen. München 1988.

–: „Ich kann mehr als ich dachte ...". Wie werden Grundschullehrer und -lehrerinnen zu ästhetischen Erziehern? In: GRU 20 (1988), H. 1, 28–31.

–: Geschlechtsspezifische inhaltliche Unterschiede in Zeichnungen von Schulkindern. In: BDK 24 (1989), H. 1, 26–33.

Altenkirch, B.: Der Seidenlauben-Vogel sammelt alles, was blau ist. In: K+U 82/1983, 81–82.

Appel, K.: Mädchenspielzeug – Jungenspielzeug. In: K+U 120/1988, 32–35.

Bamberger, W.: Kunst kommt von Können. In: PW 43 (1989), 502–507.

Bareis, A.: Praxis der Kunsterziehung in der Grundschule. Donauwörth [3]1989.

–: Vom Kritzeln zum Zeichnen und Malen. Donauwörth [8]1990.

Barthel, H.: Miró im Kunstunterricht. In: GRU 21 (1989), H. 12, 66.

Bartholmeß, G.: Heilung – Streuung – Ballung. In: GM 10 (1983), H. 4, 23–24.

Beck, A.: Kinder zeichnen in der Freizeit. In: LehrerJournal 53 (1985), 307–310.

Behrens, B. u. a.: Kinderbilder. In: LG 2 (1987), H. 7–8, 9–13.

Bernhard, H.: Zur farbgrafischen Arbeit mit Filzstift in Klasse 4. In: KE 35 (1989), 201–203.

Beyer, M.: Ein Wandbild. In: K+U 122/1988, 20–21.

–: Milchbar in der Schule. In: K+U 138/1989, 19–21.

Bleckwenn, R.: Textilgestaltung in der Grundschule. Limburg [2]1984.

Böhm, E.: Künstlerische Erziehung in der Unterstufe. In: KE 33 (1986), 98–101.

Böhm, W.: Neue Unterrichtsmodelle zum Bildnerischen Gestalten in Grund- und Hauptschule. Ansbach 1982.

Bohn, E.: Malen und Zeichnen. Zürich 1989.

Bräuer, G. u. a.: Zugänge zur ästhetischen Elementarerziehung. Tübingen 1989.

Bräutigam, G.: Bleistiftzeichnung. In: GM 11 (1984), H. 1, 27–28.

–: Phantasievolles Gestalten von Schmuckformen. In: Blätter für Lehrerfortbildung 37 (1985), 167–174.

–: Realisierungsmöglichkeiten zum Lehrplan für Kunsterziehung in der Grundschule. In: PW 41 (1987), 256–260.

Brookes, M.: Zeichnen lernen mit Kindern. Reinbek 1990.

Brosch, U.; Herrera, E.: „Sieht man das?". In: K+U 76/1982, 58–63.

Brügel, E.: Unterrichtsbeispiele zum Arbeitsbereich Drucken. Baltmannsweiler [2]1990.

Bruhn, G.: Reine und getrübte Farbigkeit. In: KE 35 (1988), 191–192.

Brunnhuber, D.: Puppenbau und Puppenspiel in der Grundschule. In: Ans Werk 25 (1987), H. 5, 18–20; H. 6, 13–18; 26 (1988), H. 1, 16–20; H. 2, 25–26.

Buhl, C.: Stundenblätter Gestalten mit Papier. Stuttgart 1985.

Caspers, R.: „Das bin ich!" Figuren formen. In: GZ 8/1987, 14.
Christgau, R.: Den Mapucheindianern auf der Spur. In: K+U 140/1990, 20–22.
Criegern, A. von: Ästhetisches Lernen in der Grundschule – Beobachtungen in einer ersten Klasse. In: H. G. Schütz; W. Schiementz (Hrsg.): Kunstpädagogische Einsichten. Baltmansweiler 1987, 42–60.
–: Kunst im Dialog. In: K+U 141/1990, 24–28.
Czuray, J.: Möglichkeiten der Kunstbetrachtung in der Unterstufe. In: BWT 21 (1983), H. 4, 1–5.
Daucher, H. (Hrsg.): Kinder denken in Bildern. München 1990.
Dech, R.: Phantasie angeregt. In: KE 34 (1987), 243–244.
Demandewitz, U.: „Die große Flora D". In: K+U 144/1990, 21–24.
Demel, C.: Chagall für Grundschüler? In: LehrerJournal 54 (1986), 305–308.
Diener, B.: Umweltbilderbuch. In: LG 3 (1988), H. 5, 25–26.
–: Wir drehen einen Film. In: LG 3 (1988), H. 10, 29–30.
–: „Frederick". In: LG 4 (1989), H. 3, 29–31.
–: Wir machen einen Gruselfilm. In: LG 5 (1990), H. 3, 49–52.
Dittmann, M.: Was Kinderbilder erzählen. In: Theorie und Praxis der Sozialpädagogik 90 (1982), 242–247.
Dornhaus, E. R.: Pfützenspringer. In: K+U 131/1989, 29–30.
Egger, B.: Bilder verstehen. Gümligen 1984.
Ehl, G: Das Traumfresserchen. In: K+U 98/1985, 34–35.
–; *Falk, T.:* Die Sache mit dem Feuerdrachen. In: GRU 17 (1985), H. 4, 20–23.
Eucker, J.: Mähdrescher malen im 4. Schuljahr. In: K+U 74/1982, 35–41.
–: Ästhetische Erziehung ist mehr als ein bißchen Zeichnen und Malen. In: Grundschullehrer 2 (1986), H. 9, 2–6.
–: Veranstaltungsplakate. In: K+U 113/1987, 46–50.
–: Ästhetische Erziehung und Sachunterricht. In: GZ 3/1987, 6–8.
–; *Ruppik, B.:* Kunstunterricht 1–2. Weinheim 1983.
– u. a.: Drei über ein Buch: Ausgerechnet Seerosen. In: GZ 25/1990, 43–45.
–: „Jüngere Kinder haben mehr Phantasie". In: K+U 156/1991, 49–52.
Fischer, K.-J.: Leitlinien für die Farbe in meinem Unterricht. In: KE 32 (1985), 193–197.
Fitza, S.: Musikalisch erzählende Malerei. In: ZfK 12 (1983), H. 6, 45–51.
–: Farbwahl und Farbausdruck bei Kindern. In: PW 39 (1985), 508–510.
–: Erlebnisorientierte Farberziehung. In: Grundschullehrer 2 (1986), H. 6, 13–15.
–: Malen nach Musik. In: PW 40 (1986), 522–525.
Flämig, B.: Malen, zeichnen und kleben in Klasse 1. In: KE 37 (1990), 17–23.
Frank-Flies, R.: „Ist der Fisch der König von den Fischen?". In: GRU 18 (1986), H. 1, 32–33.
Freeß, D.: Entwicklung von bildnerischem Können der Schüler in Klasse 4 bei der Ausbildung bewußten schöpferischen Bildgestaltens. Diss. Universität Leipzig 1984.
–: Zum Bildgestalten in den unteren Klassen auf der Grundlage von Verfahrenskenntnissen. In: KE 33 (1986), 198–204, 224–228.
Funk, G.: Action Painting. In: H. G. Schütz; W. Schiementz (Hrsg.): Kunstpädagogische Einsichten. Baltmannsweiler 1987, 118–123.
Gallwitz, K. (Hrsg.): „Mit Kinderaugen gesehen". Frankfurt a. M. 1988.
Gansel, B.: Auftakt in Klasse 1. In: KE 35 (1988), 84–85.
Gerlach, A.: Handpuppen im Unterricht einer Vorbereitungsklasse. In: ZfK 12 (1983), H. 6, 28–32.
Giebel, E.; Kruthoff, A.: Kinder nähern sich Kunstwerken. In: GRU 22 (1990), H. 7/8, S. 82–83.
Glötzl, H.: Kunsterziehung in der Grund- und Hauptschule. In: PW 44 (1990), 518–525, 571–575.
Gollowitsch, M.; Zankl, G.: kind+raum. In: BWT 23 (1985), H. 1, 1–17.
Goy, A.; Goy, O. H.: Die Klassenraumtür – das Tor der Träume. In: BDK 22 (1986), H. 1, 25–27.
Grasser, D.: Das Malen mit Wasserfarben. In: Junglehrer 28 (1985), H. 10, 14–19.
Grießhaber, E.: Unterrichtsbeispiele zum Arbeitsbereich Zeichnen/Grafik. Baltmannsweiler [4]1990.
Größel, W.: Kunsterfahrungen des jüngeren Schulkindes und deren Nutzung für eine effektive Bildgestaltung in den Klassen 2 und 3. Diss. Akademie der Pädagogischen Wissenschaften der DDR 1988.
Großhauser, E.: Der dicke fette Pfannekuchen. In: K+U 137/1989, 23–24.
Grüneisl, G.; Zacharias, W.: Die Kinderstadt. Reinbek 1989.
Grünewald, D.: Arcimboldi: Der Bauer (1567). In: K+U 77/1983, 27–30.
–: Märchenhexe. In: K+U 81/1983, 58–59.
–: Die Kinder und der Schmetterling. In: K+U 82/1983, 22–25.
–: Ein neuer Besucher kommt gerade ins Schlaraffenland ... In: K+U 83/1984, 28–30.
–: Die Tiere auf dem Sportfest. In: K+U 95/1985, 18.

–: Märchenbriefmarken. In: BDK 22 (1986), H. 3, 31–32.
– u. a.: Simultanbild: Der Dorstfeldsche Hans im Glück. In: K+U 137/1989, 18–19.
–: Bilderbücher im Unterricht. In: GZ 46/1991, 4–13.
–: Der Schmied und der Tod. In: K+U 150/1991, 39–40.
Hagedorn, O.: Kinder zeigen, wo sie wohnen. In: K+U 84/1984, 18–19.
–: Die Stadt verändert sich. In: K+U 84/1984, 20.
–: Wir Radfahrer. In: K+U 88/1984, 22.
–: Unter der Dusche. In: GZ 3/1987, 32.
–: Pflanzen zeichnen. In: GZ 3/1987, 33.
–: Carmen, Schäferhündin. In: GZ 3/1987, 40–43.
Hallmann, A.; Westerholt, K.-H.: Stempel machen und stempeln. In: PRAXIS GRUNDSCHULE 1984, H. 5, 24–25.
Hamm, H.-D.: Erzählen mit eigenen Bildzeichen. In: K+U 135/1989, 26–27.
Harwerth, B.; Spahn, B.: Kinder machen Kunst. In: G. Pommerin (Hrsg.): „Und im Ausland sind die Deutschen auch Fremde!". Interkulturelles Lernen in der Grundschule. Frankfurt a. M. 1988, 194–202.
Hedderich, B. u. a.: Mit dem ganzen Körper lernen. In: K+U 89/1985, 28–29.
Heimlich, W.: Im Gründland. In: GM 9 (1982), H. 3, 35–36.
–: Der Wundervogel im Käfig. In: GM 9 (1982), H. 7, 31–32.
–: Der Zauberer im Grauland. In: GM 10 (1983), H. 10, 29–30.
Heinig, L.: Die Kinderzeichnung als Grundlage von Unterrichtsplanung. In: F. Menzer (Hrsg.): Forum Kunstpädagogik. Baltmannsweiler 1985, 312–319.
Heinl, E.: Vogel Rock fliegt mit Sindbad übers Meer. In: Blätter für Lehrerfortbildung 36 (1984), 7–12.
Heise, W.: Musik und Malen. In: W. Gundlach (Hrsg.): Handbuch Musikunterricht Grundschule. Düsseldorf 1984, 252–263.
Herles, D.: Kunst für Kinder. in: GRU 18 (1986), H. 5, 26–27.
–: Werkstatt Museum. In: GRU 18 (1986), H. 5, 28–29.
–: Lebendige Begegnung. In: GRU 18 (1986), H. 5, 30–31.
Hermes, U.; Klein, H.: Unsere beiden Bilderbücher. In: GZ 40/1990, 22–25.
Herwald, H.: Sinneserfahrungsräume. Ein Grundschulprojekt. In: G. Selle (Hrsg.): Experiment Ästhetische Bildung. Reinbek 1990, 95–116.
–; *Thorig, W.:* „... die saßen wie die Leichen da...". In: K+U 79/1983, 37–41.
Hessischer Kultusminister (Hrsg.): Primarstufe, Sekundarstufe I. Kunst. Wiesbaden 1983.
Hinkel, H.: Kinderalltag – Kinderspiel – Kinderspielzeug. In: K+U 72/1982, 36–39.
–: Adventskalender, Weihnachtskrippen, Weihnachtsgeschenke ... In: K+U 75/1982, 20–25.
–: „Katze und Vogel?" In: K+U 78/1983, 68–69.
–: Eine spielerische Bearbeitungsform des Schlaraffenland-Themas. In: K+U 83/1984, 31–32.
–: „Ich stelle mich vor". In: K+U 86/1984, 52–54.
–: Bilderbuch. In: D. Grünewald; W. Kaminsky (Hrsg.): Kinder- und Jugendmedien. Weinheim 1984, 45–58.
–: Erschrecken und Angst. In: K+U 89/1985, 31–32.
–: Fantasielandschaften. In: K+U 92/1985, 25.
–: Der Ball. In: K+U 95/1985, 20–21.
–: „Hilfe – ich versinke!" In: Grundschullehrer 1 (1985), H. 2, 16–17.
–: Wir suchen Hector. In: K+U 101/1986, 17–19.
–: „Wem gehört das Flugzeug?". In: K+U 110/1987, 21.
–: Die Geburtstagstafel. In: K+U 115/1987, 16–18.
–: Umgang mit Fotografie. In: GZ 8/1987, 59.
–: Prinzessin oder Zirkuskind? In: K+U 121/1988, 24–27.
–: Das Kind auf der Straße. In: K+U 136/1989, 21–23.
–: „Überraschungsbilder". In: K+U 145/1990, 12–16.
–: Die Geschichte mit dem Ball. In: GZ 46/1991, 14–19; K+U 155/1991, 49–53.
Imme, B.: Die Entwicklung der bildnerischen Gestaltungsfähigkeit und des schöpferischen Verhaltens der Schüler durch die Arbeit mit künstlerischen Medien. Diss. PH Erfurt-Mühlhausen 1984.
–: Kunstwerke als Vor-Bilder für das bildnerische Tun des jüngeren Schulkindes. In: KE 33 (1986), 94–97.
Ipsen-Salkowsky, M.: Beschriftete Schatzkarten. In: K+U 135/1988, 21–22.
Jaeger, W.; Heilger, M.: Aktives Lernen am Bild in Kunsterziehung. In: PW 43 (1989), 543–547.
Jaeger, W.; Müller-Jaeger, A. M.: „Traumbild". In: PW 39 (1985), 511–513.
–; –: Lauter preisgekrönte Milchkühe. In: PW 41 (1987), 497–500.
Janisch, C.: Schatten und Schemen. In: Grundschullehrer 2 (1986), H. 4, 30–31.
Jansen, G.: Das Auto am Strand oder Das gestrandete Auto. In: ZfK 12 (1983) H. 6, 14–18.
–: Fenster sind wie Augen. In: K+U 134/1989, 14–17.

Junker, H. D.: Bildsequenzen in der Grundschule. In: K+U 137/1989, 20–22.
Kähne, H.: Die Darstellung des nackten Körpers – (k)ein Thema für die Grundschule? In: BDK 23 (1988), H. 4, 26–27.
–: Krank sein. In BDK 24 (1989), H. 3, 20–21.
–: Jagen und gejagd werden. In: BDK 25 (1990), H. 2, 35–36.
Kämpf-Jansen, H.: Körper. In: K+U 93/1985, 28–29.
–: Die schönen starken Ungeheuer der Nacht. In: K+U 98/1985, 30–31.
–: „Ach wie niedlich" oder die allmähliche Verkuschelung der Welt. In: K+U 103/1986, 12–15.
–: Eine Robin de la Roche und ein blaugrüner Hosenknopfstein. In: K+U 124/1988, 43–45.
–: Ich wünsche mir von Dir ein süßes Mäuse-Tier oder: von der ungeheuren Verschiedenheit gleicher Produkte. In: K+U 132/1989, 17–20.
–: Mädchenästhetik und Jungenästhetik. In: GZ 40/1990, 4–10.
–: Mädchen-Dinge und Jungen-Dinge. In: GZ 40/1990, 14–18.
Kaiser, A.: Mädchen sehen es anders. In: Demokratische Erziehung 11 (1985), H. 12, 30–33.
Kaiser, G.: Unterrichtsbeispiele zum Arbeitsbereich Farbe. Baltmannsweiler [4]1990.
Kalben, S. von: Wir machen die böse Märchenhexe. In: GM 12 (1985), H. 4, 23–24.
Kallinich, J.: Schule und Museum. In: LG 2 (1987), H. 7–8, 5–8.
Kappel, E.: Kunsterziehung. Jg.-Stufe 1/2. Regensburg 1986.
Katzig, G.: Über einige Besonderheiten in Klasse 1. In: KE 32 (1985), 189–190.
Kauer, H. A.: Salto. In: Die Gestalt 44 (1982), 15–16.
Kentner, E.; Wasmuth, G.: Schmelztiegel auf Sparflamme. In: K+U 79/1983, 27–31.
Kieffer, E.: Wir stellen Rindenbilder her. In: LG 3 (1988), H. 4, 35–36.
Kießling, H.: Der neue Grundschullehrplan im Fach Kunsterziehung. In: Blätter für Lehrerfortbildung 34 (1982), 154–159.
Kläger, M.: Farbausdruck durch Malen. In: GRU 16 (1984), H. 5, 36–37.
–: Malbücher. In: GRU 21 (1989), H. 12, 46–48.
–: Phänomen Kinderzeichnung. Baltmannsweiler (1989) [2]1990.
Klein, O.: Zur Fähigkeit von Lehrerstudenten (IfL), die produktiv-künstlerische Tätigkeit der Schüler im Kunsterziehungsunterricht der unteren Klassen zu motivieren. Diss. PH Potsdam 1985.
Knauf, A./T.: „... damit ich weiß, wie gut oder schlecht ich bin". In: K+U Sonderheft 1982, 133–134.
Knopp, U.; Lemke, G.: Experimente mit körperlicher Ausdrucksfähigkeit. In: K+U 76/1982, 64–68.
Konopka, C.: Zu Orientierungsphasen und -prozessen im bildnerischen Unterricht der unteren Klassen zur Herausbildung bildnerisch-schöpferischer Fähigkeiten und Verhaltensweisen. Diss. PH Erfurt-Mülhausen 1982.
Koranda, J.: Vom ein- zum zweifarbigen Kartondruck. In: PRAXIS GRUNDSCHULE 1984, H. 5, 32–33.
Krempien, C.: 50 Bildnerische Techniken. Weinheim 1991.
Kremser, B.: Wie lehrt man Gestaltungsmittel in der Unterstufe? In: KE 33 (1986), 192–195.
Kühl, R.: Tonarbeiten. In: GRU 17 (1985), H. 12, 36–39.
Lange, M.: Künstlerisches Lernen und Phantasieentwicklung durch Orientierungsaufgaben. In: KE 34 (1987), 150–154, 172–177.
–: Verknüpfung von Übungs- und Entscheidungsaufgaben. In: KE 34 (1987), 237–239.
Laurisch, C.: Kunstgemäßes Bildbetrachten mit Unterstufenschülern. In: KE 31 (1984), 200 bis 202.
–: Empirische und theoretische Untersuchungen zur systematischen Entwicklung bildkünstlerischer Kenntnisse als Grundlage ästhetisch-künstlerischer Prozesse im Kunstbetrachtungsunterricht der Unterstufe. Diss. Humboldt-Universität Berlin 1987.
Legler, W.: Innere Differenzierung im Kunstunterricht. In: ZfK 12 (1983), H. 1, 1–9.
Lentz, H.: Ungegenständliche Malerei in der Grundschule? In: K+U 126/1988, 19–21.
Lütjen, H. R.: „... Und mein Pappi hat keinen Pfennig dazubezahlt!" In: K+U 132/1989, 21.
Mack, S.: Kritzeln, Kunst und Kunstunterricht. In: J. G. Prinz von Hohenzollern; M. Liedtke (Hrsg.): Vom Kritzeln zur Kunst. Bad Heilbrunn/Obb. 1987, 234–244.
Maier, C.: Bilder und Musik. In: GRU 16 (1984), H. 5, 31–34.
–: „Stehst da, als wärst du Supermann". In: GRU 16 (1984), H. 5, 40–43.
Manertz, R.: Linienzeichnung. In: PW 37 (1983), 347–348.
Mann, R.: Altrömischer Schnellimbiß. In: K+U 149/1991, 20–22.
Manthey-Bail, H.: Prozesse und Produkte bewerten. In: K+U Sonderheft 1982, 135–136.
Matthies, K. u. a.: Ästhetische Erziehung in der Primarstufe. In: BDK 18 (1982), H. 1, 4–9; H. 2, 22–26; H. 3, 4–6; H. 4, 6–9.
–: (Hrsg.): Ästhetische Erziehung in der Grundschule. Frankfurt a. M. 1987.
Meier, W.; Wiesmüller, C.: Ein Heft zum Kunstunterricht. In: PW 42 (1988), 496–503.

Merkel, W.: Weder tabula rasa noch halbgebildet. In: KE 33 (1986), 220–223, 243-244.
Merz, M.: Grundkurs Drucktechniken. Frankfurt a. M. 1982.
–: Grafische Techniken. Frankfurt a. M. 1983.
–: Dreidimensionales Gestalten. Frankfurt a. M. 1984.
–: Bildbetrachtung I. Frankfurt a. M. 1985.
–: Techniken mit Wachskreiden. Frankfurt a. M. 1986.
–: Bildbetrachtung II. Frankfurt a. M. 1987.
–: Fächerübergreifende Aufgaben mit Papier. Frankfurt a. M. 1988.
–: Spiele selbst gemacht. Frankfurt a. M. 1990.
–: Deckfarben II. Frankfurt a. M. 1991.
Meyer-Petzold, R.: Buchstabenwald. In: K+U 135/1989, 19–20.
Michelic, E.: Kunst betrachten und verstehen. In: Unsere Kinder 43 (1988), 125–135.
Miedl, D.: Volksschüler im Museum. In: BWT 26 (1988), H. 2, 5–8.
Mieth, R.: Objekte für eine gemeinsame Aktion „Zeitgenosse“ mit einer 4. Klasse in Straßburg. In: K+U 147/1990, 28.
–: „Das Pferd fing lauthals an zu quaken“. In: GZ 46/1991, 20.
Müller, A.: Drucktechniken. Möglichkeiten in der Grundschule. In: Ans Werk 26 (1988), H. 4, 16–18; H. 5, 14–17; H. 6, 7–13.
Müller, B: Im Spiegelbild von Kinderzeichnungen. In: GRU 17 (1985), H. 7+8, 58–59.
Müller, E.: Bildnerische Eigentätigkeiten im Religionsunterricht der Primarstufe. Frankfurt a. M. 1990.
Najok, C.: „Ich sehe keinen Lachschatten“. Kinder interpretieren Kinderbilder von Harald Duwe. In: Religion heute 20 (1988), H. 1, 21–25.
Nennmann, S.: Nimm Farbe, Pinsel und Papier. München 1984.
Nette, A.: Fleiß mit Floß. In: K+U 120/1988, 22–23.
Neumann, D.: Radierung, Texte, Arbeitsbericht. In: K+U 118/1987, 40–41.
Ott, C.: Kinder erleben Bilder von Claude Monet und die Malerei des Impressionismus. In: Schweizer Schule 76 (1989), H. 12, 3–7.
Otto, G.: Malbuch. In: D. Grünewald; W. Kaminsky (Hrsg.): Kinder und Jugendmedien. Weinheim 1984, 99–113.
–: Kinder zeichnen Räume anders. In: K+U 105/1986, 24–25.
–; Otto, M.: Ästhetisches Verhalten lehren als Aufgabe der Grundschule. In: GRU 18 (1986), H. 6, 14–19.
–; –: Sammeln – Machen – Verstehen. In: GRU 18 (1986), H. 7/8, 68–71.
Otto, M.: Phantasieren mit Magritte. In: GZ 28/1989, 7–12.
Pagany, D.: Praktische Hinweise zur Kunsterziehung in der Grundschule. In: PW 38 (1984), 258–265.
–: Bild- und Kunstbetrachtung in der Grundschule. In: PW 39 (1985), 223–227.
Pech, A.: Wenn man Kinder nur machen läßt ... In: K+U 141/1990, 18–19.
–: Freie Schüleraktivität und Handlungsstrategien der Lehrerin. In: K+U 143/1990, 18–19.
Pilar, G.: „Die Nase hoch“. In: BWT 26 (1988), H. 2, 14–15.
Pohl, I.: Plastisches Gestalten. In: BWT 22 (1984), H. 4, 16–19.
Polzin, M. (Hrsg.): Ästhetische Erziehung in der Primarstufe. Bremen 1986.
Precht, M.: Von der Kunstbetrachtung zu eigenen Gestaltungsversuchen. In: PW 39 (1985), 228–229.
Pricks, S.: Fisch ist nicht gleich Fisch. In: GZ 3/1987, 8–11.
–: „Licht kommt in die Geisterbahn“. In: K+U 119/1988, 53–54.
Prüll, H.: Kunsterziehung. Regensburg 1986.
Rappsilber-Kurth, D.: Bildnerische Erziehung in Grundschulen in Japan. In: K+U 128/1988, 5–8.
Reffert, G.: Radio malen. In:GRU 19 (1987), H. 7+8, 40–41.
Reichgeld, M.: Paul Klee: Der Bote des Herbstes. In: LG 4 (1989), H. 9, 49–50.
–: Pieter Brueghel: Gemalte Sprichwörter. In: LG 4 (1989), H. 11, 31–33.
Reithmann, M.: Autoralley „Paris-Dakar“. In: K+U 140/1989, 33.
Reuter, H.: Schon in der Unterstufe Bildgestaltung und Kunstbetrachtung sinnvoll verbinden! In: KE 29 (1982), H. 7/8, 11–13.
Reuter-Rautenberg, A.: Kleider und Verkleiden im Museum. In: K+U 133/1989, 48–50.
Richter, H.-G.: Die Kinderzeichnung. Düsseldorf 1988.
Richter, W.: Industriebilder. In: ZfK 13 (1984), H. 3, 39–41.
Riedl, M.: Große Fische fressen die kleinen. In: GM 10 (1983), H. 9, 25–26.
–: Pieter Bruegel: Kinderspiele. In: GM 10 (1983), H. 12, 27–28.
–: Henri Rousseau: Die Ballspieler. In: GM 11 (1984), H. 3, 29–30.
–: Pieter Brueghel: Das Schlaraffenland. In: GM 11 (1984), H. 5, 23–24.
–: Henri Rousseau: Die Hochzeit auf dem Lande. In. GM 11 (1984), H. 7, 23–24.
–: Marc Chagall: Die Akrobatin. In: GM 12 (1985), H. 2, 27–28.
–: Paul Klee: Der goldene Fisch. In: GM 12 (1985), H. 10, 23–24.
–: Die Heiligen Drei Könige. In: GM 13 (1986), H. 1, 25–26.

–: Zeitgenössische Kunst als ein Ausgangspunkt für Kunsterziehung. In: GM 13 (1986), H. 2, 3–6.
–: Fernand Leger: Die Rast. In: GM 13 (1986), H. 5, 23–24.
–: Materialdruck: Indianerhäuptling. In: GM 13 (1986), H. 7/8, 25–26.
Rindfleisch, F.: Begegnungen mit Kunstwerken in der Grundschule. In: Blätter für Lehrerfortbildung 37 (1985), 162–166.
Roloff, M.: „Die kleine Maus überlistet den großen, bösen Drachen". In: KE 35 (1988), 67–68.
Rude, C.: Ein Bilderbuch entsteht. In: GRU 16 (1984), H. 10, 30–34.
Ruppik, B.: Auf dem Pausenhof. In: K+U 111/1987, 18–23.
–: Spielzeuge selber machen. In: GZ 3/1987, 31.
–: Zootiere formen. In: GZ 19/1988, 55.
–: Buchstabenfiguren. In: K+U 124/1988, 46–50.
Sahm, W. u. a.: Alters- und Geschlechtsunterschiede in Menschenzeichnungen von Kindern zwischen 4 und 10 Jahren. Münster 1983.
Sandtner, H.: Unterrichtliche Faktoren der Entwicklung von Mal- und Zeichenfertigkeit. In: J. G. Prinz von Hohenzollern; M. Liedtke (Hrsg.): Vom Kritzeln zum Zeichnen. Bad Heilbrunn/Obb. 1987, 215–232.
Sawitzki, G.: Wir zaubern mit Tinte. In: LG 2 (1987), H. 2, 31–32.
–: Krieg der Bienen und Hornissen. In: LG 2 (1987), H. 10, 25–26.
Schäfer, M.: „Bimbo und sein Vogel". In: GZ 46/1991, 21–23.
Schewski, E.; Claus, S.: Familie – Wohnen – Straße. In: K+U 73/1982, 30–33.
Schleip, H.: Fingerdruck. In: LG 2 (1987), H. 4, 31.
–: Drucken mit Stoff. In: LG 2 (1987), H. 7–8, 43–44.
–: Menschen, die für uns da sind. In: LG 3 (1988), H. 5, 27–28.
–: Unsere Katze. In: LG 3 (1988), H. 9, 45–46.
–: Weihnachtsbaum. In: LG 3 (1988), H. 12, 45–46.
–: Winterwald. In: LG 4 (1989), H. 1, 31–32.
–: „Wir fahr'n heut fort mit'm Omnibus". In: LG 4 (1989), H. 6, 27–28.
–: Pflanzen auf der Fensterbank. In: LG 4 (1989), H. 7–8, 57–58.
–: Faschingsmaske. In: LG 5 (1990), H. 1, 31–32.
–: Der süße Brei. In: LG 5 (1990), H. 3, 47–48.
–: Die kleine Hexe. In: LG 5 (1990), H. 7–8, 45–46.
–: Ich füttere Vögel im Winter. In: LG 5 (1990), H. 12, 47–48.
–: Spielen auf dem Schulhof. In: LG 6 (1991), H. 6, 49–50.
–: Glückwunschkarten drucken. In: LG (1991), H. 7/8, 45–46.
Schmidt, B./F.-H.: Läßt sich Gehörtes und Gefühltes malen? In: KE 30 (1983), 202–204.
Schneider, G. (Hrsg.): Ästhetische Erziehung in der Grundschule. Weinheim 1988.
Schreier, H.: Drucken mit Naturdingen. In: PRAXIS GRUNDSCHULE 1984, H. 5, 16–20.
Schubert, R.: „Kind mit Taube" von Pablo Picasso (1901). In: Unterricht/Erziehung 7 (1988), H. 6, 21–24.
Schulz-Koelling, U.: Rubbelbilder aufgenommen und gesucht. In: PRAXIS GRUNDSCHULE 1984, H. 5, 21–23.
Schutte, T.: Kunst aktiv erleben. In: LehrerJournal 52 (1984), 109–112.
Seber, O.: Kopf Herz Hand. In: BWT 22 (1984), H. 4, 13–15.
–: Bildnerische Erziehung, ein Fundament der Grundschulerziehung. In: Erziehung und Unterricht 141 (1991), 75–81.
Seinfeld, M.: „Abenteuer". In: Die Scholle 50 (1982), 96–104.
Seitz, R.: Zeichnen und Malen mit Kindern. München ^{5}1990.
–: Kunst in der Kniebeuge. München ^{6}1990.
–: Ästhetische Elementarbildung München ^{6}1991.
– (und das Münchner Team): Kinderatelier. Ravensburg 1986.
–; Haberlander, T.: Schule der Phantasie. Ravensburg 1989.
Seminar der Universität/Gesamthochschule Duisburg – WS 1982/83: Das Auto als Gegenstand von Kunstunterricht in der Primarstufe. In: ZfK 12 (1983), H. 6, 6–13.
Seufert, K. K.: Fächerintegrierender Kunstunterricht in der 3. Jahrgangsstufe. Regensburg 1988.
–: Fächerintegrierender Kunstunterricht in der 4. Jahrgangsstufe. Regensburg 1988.
–: Zwerg Nase – Probleme eines Außenseiters. In: K+U 130/1989, 18–20.
Simon, E.: Unser Klassen-Museum. In: K+U 128/1988, 16–17.
Sommer, D.: „Dann würde ich viel aufgeregter zur Schule gehen ...". In: K+U 129/1989, 12–14.
Stark, S.: „Laßt Kinder malen." Malen und Zeichnen; Formen und Bauen in der Grundschule. Heinsberg 1991.
Staudte, A.: Therapeutische Aspekte Ästhetischer Erziehung in der Grundschule. In: Kunst & Therapie 4/1983, 44–52.
–: Lernbereich Ästhetische Erziehung. In: D. Lenzen (Hrsg.): Enzyklopädie Erziehungswissenschaft, Bd. 7, Stuttgart 1985, 369–373.
–: Primarstufe. Ästhetische Erziehung in der Schule für alle Kinder. In: K+U 107/1986, 35–37.

–: Masken und Maskierung. In: GRU 18 (1986), H. 7/8, 50–53.
–: Zeichnen und Malen nach Vorbildern. In: GRU 18 (1986), H. 11, 34–38.
–: Sinn-volle ästhetische Erziehung. In: GZ 8/1987, 4–6.
–: Lernen am eigenen Leib. In: GZ 8/1987, 24–25.
–: Handtheater. In: GZ 8/1987, 57.
–: Wie ein Torwart beim Elfmeter. In: GZ 8/1987, 58.
–: Ein Abenteuerfloß bauen. In: GZ 28/1989, 50–54.
–: Deine Geschichte. In: K+U 136/1989, 46–50.
–: Ästhetisches Lernen auf neuen Wegen. In: GRU 21 (1989), H. 12, 42–45.
Steck, A.: Ein Buch über und für unsere Klasse. In: K+U 71/1983, 30–32.
Steigner, M.: Kunsterziehung. In: Lehrplan für die Grundschule in Bayern. Donauwörth 1982. Bd. 1, 379–402; Bd. 2, 359–379.
Steven-Humborg, U.: Ein Bleistift ... ist ein Bleistift ... ist ein Bleistift ... ist ein Bleistift ...! oder mehr? In: K+U 134/1989, 18–21.
Stohlmann, L.: Malen nach Musik. In: GRU 23 (1991), H. 3, 10–13.
Straßner, E.: Kunsterziehung in Vor- und Grundschule. Wolfenbüttel 1984.
Suckow, H. u. a.: Handpuppen mit Schülern gestaltet. In: KE 36 (1989), 89–94.
Tacke, M.: Bewegung darstellen. In: K+U 88/1984, 18–19.
–: „Starr" versus „bewegt". In: GRU 18 (1986), H. 3, 36–38.
–: Bewegung durchleben, beobachten und wiedergeben. In: GRU 18 (1986), H. 11, 41.
–: Bewegung schaffen mit „Fridolin" und „Max". In: GRU 18 (1986), H. 11, 42–43.
–: Bildbetrachtung mit Grundschulkindern. In: GRU 19 (1987), H. 7+8, 50–54.
Thiele, J.: „An dem Abend, als Max seinen Wolfspelz trug". In: K+U 98/1985, 32–33.
Thume, P.: Eine Ausstellung von „Bildern mit Musik". In: U. Günther u. a.: Musikunterricht 1–6. Weinheim 1982, 145–158.
Tietz, U.: „Ihr jetzt Filzstifte nehmen!" In: K+U 79/1983, 42–43.
Tiltmann-Fuchs, U.: Wurzel-Zwerge. In: ZfK 13 (1984), H. 4, 33.
Tunn, E.: Selbstvertrauen kontinuierlich entwikkeln. In: KE 33 (1986), 196–197.
Ullrich, H.: Drucken mit Styropor. In: PRAXIS GRUNDSCHULE 1984, H. 5, 6–7.
–: Kartontheater. In: GZ 19/1988, 22–23.
–; Ullrich, E.: Zeichnen, Malen, Werken. Ravensburg ²1982.
Vogt, M.: Museumspädagogik heute. In: GRU 18 (1986), H. 5, 22–23.
–: Zwischen Hosentaschenmuseum und berühmter Kunstsammlung. In: GRU 18 (1986), H. 5, 32–34.
Wagner, R.: Collage. In: GM 9 (1982), H. 10, 33–34.
–: Wir drucken Geschenkpapier. In: GM 9 (1982), H. 11, 35–36.
Walch, J.: Minotaurus im Labyrinth. In: K+U 117/1987, 34–35.
Wandt, R.; Gräser, L.: Untersuchungen zur Ausbildung von Handlungsorientierungen zur Betrachtung von Bildkunstwerken bei Schülern der Klassen 1 bis 4. Diss. PH Erfurt Mühlhausen 1985.
Watzke, O. (Hrsg.): Bildergeschichte und Comics in der Grundschule. Donauwörth ²1982.
Weindl, E.: Was und wie Kinder zeichnen. In: Die Gestalt 44 (1982), 88–89.
–: Märchenbilder. In: Die Scholle 50 (1982), 83–88.
Weinrebe, H. M. A.: Buchstabe für Buchstabe. In: Schweizer Schule 70 (1983), 486–494.
–: Den eigenen Sinnen trauen. In: Schweizer Schule 74 (1987), H. 5, 5–11.
–; *Lämmle, F.:* Darstellung von Bewegung. In: Schweizer Schule 70 (1983), 19–30.
Werner, K.: Die Beurteilung von Schülerleistungen im Kunstunterricht. In: Unterricht/Erziehen 8 (1989), H. 1, 40–41.
Wichelhaus, B.: Der Traum vom Fliegen. In: ZfK 13 (1984), H. 2, 33–34.
Wiemann-Kranenberg, R.: Landschaft ja – aber wie? In: K+U 74/1982, 24–28.
Wiesner, H.: Kinder arbeiten mit Material. In: KE 37 (1990), 198–201.
Wilhelm, G.: Kinder „illustrieren" Märchen. In: GRU 17 (1985), H. 1, 32–35.
Wilhelm, G.; Wloka, J.: Handbuch Kunstunterricht. Band I: Unterrichtsmodelle Primarstufe. Düsseldorf ²1983; Band II: Unterrichtsmodelle Primarstufe. 3. Schuljahr. Düsseldorf 1981; Band III: Unterrichtsmodelle Primarstufe. 4. Schuljahr. Düsseldorf 1986.
Winter, K.: Kinderbahnhof Lokomotive. Frankfurt a. M. 1982.
Wirth, H.: Mit Schrift gestalten. In: GRU 22 (1990); H. 2, 51–53.
Zunker, A.: Traumzauberbäume. In: KE 35 (1988), 66–67.

Fotonachweis:

Meike Aissen-Crewett: S. 15, 18, 20, 31, 61, 76, 100, 113 sowie Titelbild.
Christine Albert: S. 66, 105, 121, 124.
Bärbel Welbrink: S. 143.
Michael Bahns: S. 156.